# SEI MUTIG

## UND DIR GEHÖRT DIE WELT

**Lola Weippert**

# INHALT

**Vorweg ein wichtiger Hinweis ...**

In diesem Buch werden Themen zu Mobbing, Stalking, psychischer Gewalt und Morddrohungen behandelt. Es werden auch Themen besprochen, die als Trigger wirken können, u. a. (psychische) Krankheit und Panikattacken. Die Inhalte sind ausschließlich zu Informationszwecken bestimmt und kein Ersatz für die Beratung und Behandlung durch professionell ausgebildete und anerkannte Fachärztinnen und -ärzte. Wenn es dir nicht gut geht – vor allem über eine längere Zeit –, nimm auf jeden Fall professionelle Hilfe an! Die erste Anlaufstelle dafür ist ärztliches Fachpersonal.

*Anlaufstellen*
Die Nummer gegen Kummer
• Für Kinder, Jugendliche, junge Erwachsene:
  Per Telefon: 116 111, per E-Mail und Chat unter
  https://www.nummergegenkummer.de/kinder-und-
  jugendberatung/online-beratung
• Für Eltern: 0800-111 0 550

Die TelefonSeelsorge
Per Telefon unter 0800-111 0 111, 0800-111 0 222 oder 116 123, per Mail und Chat unter https://online.telefonseelsorge.de

*Lokale Anlaufstellen*
In einigen Städten gibt es speziell eingerichtete Sorgen- bzw. Krisentelefonnummern oder Beratungsstellen.

# SEI MUTIG UND DIR GEHÖRT DIE WELT!

Keine Sorge, du hältst hier nicht meine Memoiren in der Hand, das wäre mit meinen 28 Jahren dann doch etwas zu früh und dafür bleibt hoffentlich noch viel Zeit.

Ich bin erst Ende 20, aber mein Leben fühlt sich so intensiv und erlebnisreich an, dass ich meine bisherigen Erfahrungen nicht für mich behalten möchte. Mittlerweile habe ich meinen Flow gefunden, sodass ich aufpassen muss, was ich mir wünsche, denn es könnte sofort wahr werden. Ängste und Zweifel gehören nach wie vor dazu. Aber ich habe gelernt, besser damit umzugehen. Wenn du wissen möchtest, was mir bisher geholfen hat, so viele meiner Träume wahr werden zu lassen, dann bist du hier richtig. Wenn du erfahren möchtest, was mich in dunklen Momenten wieder das Licht am Ende des Tunnels hat sehen lassen und wie ich weder den Kopf in den Sand noch zu viel Sand in den Kopf gesteckt habe.

Ich schreibe dieses Buch voller Erfahrungen und persönlicher Tipps für dich. Damit du genauso wie ich erkennen kannst: Du bist genug. Du bist wichtig. Und du bist einzigartig. Niemand ist wie du und es gibt einen Grund, dass du gerade jetzt auf dieser Welt

bist und dieses Buch in den Händen hältst. Gemeinsam können wir so viel bewegen. Die Welt braucht jede und jeden einzelne*n von uns. Besonders uns Frauen, denn immer noch wird die Welt mehrheitlich von und für Männer regiert. Es ist Zeit zu heilen, aufzustehen und laut zu sein. Wir sind rund vier Milliarden Frauen und Mädchen auf der Welt. Lasst uns viele sein und Vorbilder für die Generationen, die nach uns kommen. Bist du dabei?

Nutze gern jedes Kapitel wie ein kleines Ritual: Zünde dir eine Kerze an, höre deine Lieblingsmusik und nimm dir einen Stift für Notizen. Markiere alles, was dich unterstützen kann. Dieses Buch darf markiert und geknickt werden!

## HAB MUT, SEI MUTIG, TU'S FÜR DICH!

Mein Antrieb ist, dir mit diesem Buch Mut zu machen, weil ich sehe, wie viele Menschen ein gigantisches Potenzial haben, aber zu viel Angst und zu viele Blockaden, um all das Potenzial auszuschöpfen. Ich möchte, dass du nach dem Lesen etwas wagst und einen neuen Schritt in deinem Leben gehst, damit sich etwas für dich zum Positiven verändert. Angst ist die größte Bremse. Das finde ich so schade, weil ich mir immer denke: Hab Mut, sei mutig, bitte tu's für dich und dein einzigartiges, limitiertes Leben! Wir sind nur für eine kurze Zeit Gäste hier auf der wunderschönen Erde, mach etwas daraus. Für dich und andere Menschen. Denn du kannst alles schaffen, wenn du mutig bist.

Diesen Mut nach außen zu bringen, ist für mich die höchste Form des Lebens. Je mutiger du bist, desto erfüllter kannst du dein Leben leben. Erlaube dir, anders zu sein. Mache Dinge, wie du sie intuitiv fühlst, und nicht, wie sie sein sollten. Anderssein ist deine

Superpower. Bringe deine Besonderheit in die Welt und mache sie für alle bunter!

## MEIN MUT IST MEIN MOTOR

Rückblickend ist mein Mut bis heute immer der Motor in meinem Leben gewesen. Mut ist meine Tankstelle. Ich bin das Auto (und manchmal fühle ich mich wie ein getunter Porsche, manchmal eher wie ein alter Fiat Punto mit wortwörtlichem Dachschaden) und mein Mut lädt mich immer wieder mit Kraft und Energie auf, damit ich weiterfahren kann.

Jetzt sitze ich hier in meiner ersten eigenen großen Wohnung in Berlin-Charlottenburg mit dem Laptop auf den Knien, habe all meine Kerzen angezündet (die ganze Fensterbank steht voll und ich hoffe sehr, dass die Fensterbank vor lauter Lodern nicht gleich Feuer fängt!), höre meine Lieblingsplaylist auf Spotify (diese findest du samt persönlichen Tipps und Empfehlungen am Ende des Buches) und freue mich so unglaublich, dass ich meine Erfahrungen mit dir teilen darf. Es fühlt sich unbegreiflich an, dass ein Buch, welches ich selbst geschrieben habe, noch mehr Menschen als meine Mama freiwillig lesen. Ich danke dir aus tiefstem Herzen.

Ich schließe kurz meine Augen und wünsche mir, dass meine Worte in dir etwas auslösen. Das würde mich so unendlich freuen. Und wenn es nur ein Satz ist oder diese Erkenntnis: »Na, wenn Lola das schafft, dann schaffe ich das auch!« Und genau so ist es. Wenn ich es schaffe, mir mein Traumleben aufzubauen, dann kannst du das auch. Ich bin bereit, dir alles zu erzählen, mit dir viel mehr zu teilen als auf Instagram oder in einem Podcast. Ich bin ein offenes Buch für meine Freunde und Freundinnen – und diese Seite(n)

lernst du nun auch kennen. Du wirst am Ende des Buches sogar noch mehr als viele meiner Freundinnen und Freunde wissen. Du wirst erfahren: Mein Leben hätte auch ganz anders verlaufen können und ich bin immer wieder in tiefe Löcher gefallen.

Wenn ich an mein Leben denke, dann kommt mir oft das Bild einer Lotusblüte in den Sinn, die nur in Dunkelheit und Schlamm wachsen kann. Je dicker und tiefer der Schlamm, desto schöner und stärker ist die Blüte.

Dunkelheit und Schlamm gab es bei mir eine Menge. Aber ich habe immer weitergemacht und nicht aufgegeben. Auch wenn es leider als Frau immer noch nicht so einfach ist, sich durchzusetzen und dabei selbstbewusst und authentisch zu bleiben. Wenn mir jemand in meinem Leben gesagt hat, wie ich es machen soll, dann habe ich es genau anders gemacht und bin gegen den Strom geschwommen. Das ist vielleicht anstrengender und rückblickend sicher auch nicht immer clever gewesen, weil sich mir viele Türen verschlossen haben, aber ich bin mir selbst immer treu geblieben.

Und ich werde weiter gegen den Strom schwimmen und Dinge wagen, von denen mir andere abraten. Ich werde es wie einen inneren Wegweiser wiederholen. Wenn mir jemand meine Pläne ausreden möchte, mich klein macht oder ausbremst, sage ich: »Sei mutig und dir gehört die Welt!«

# EIN PERSÖNLICHES VORWORT VON STEFANIE STAHL

*Ganz nach dem Motto »Sei mutig und dir gehört die Welt« habe ich meine Lieblingsautorin Stefanie Stahl gefragt, ob sie mir ein Vorwort schreiben würde. Ich hätte niemals damit gerechnet, dass sie ihre kostbare Zeit dafür opfert und meine Anfrage überhaupt liest, aber wollte es nicht unversucht lassen. Das Schlimmste, was passieren konnte, war, dass sie Nein sagt. Aber dann die Überraschung: Sie sagte zu, ich schickte ihr voller Aufregung mein Manuskript und bekam ein Vorwort zurück, das mich zu Tränen rührte:*

Das Bedürfnis nach Kontrolle, gehört zu unseren Grundbedürfnissen. Dabei üben wir nicht allein Kontrolle aus, um bestimmte Ziele zu erreichen, wir wollen uns auch vor Verletzungen schützen. So kann ich den starken Wunsch hegen, dass ich meinen Traumjob bekommen werde aber gleichzeitig Angst vor dem Scheitern haben. Die Frage ist dann: Nehme ich die Angst in Kauf und setze mich aktiv für eine Jobzusage ein? Oder möchte ich mich eher vor einem etwaigen Scheitern bewahren und verzichte deshalb auf eine Bewerbung? Psychologen sprechen in diesem Zusammenhang von Annäherungs- und Vermeidungszielen. Bei der Annäherung habe ich ein klares Ziel vor Augen und weiß, wo es hingehen soll. Bei der

Vermeidung bewege ich mich von etwas weg. Ein typisches Vermeidungsziel ist es, wenn wir unseren Selbstwert vor einer Kränkung schützen wollen.

Die deutsche Fernsehmoderatorin Lola Weippert richtet ihr Leben eher nach Annäherungszielen aus und das, obwohl sie Ängste sehr gut kennt. Verlust- und Versagensängste, die Angst angefeindet, verfolgt oder nicht wertgeschätzt zu werden. Sogar Todesängste hat sie ausgestanden, Panikattacken. Und Angst ist eine so starke und grundlegende Emotion, die unseren Alltag bewusst und unbewusst dominieren und uns in allem, was wir tun, blockieren kann. Wenn da nicht der Mut wäre, der natürliche Gegenspieler der Angst. Für Lola bedeutet Mut, zu ihrer Verletzbarkeit zu stehen, sich aber nicht von ihr abhalten zu lassen. Es ist der Glaube an uns selbst, der uns vorantreibt und befähigt, die Ziele zu erreichen, die wir uns gesetzt haben.

»Sei mutig und dir gehört die Welt«, lautet Lolas Mantra, mit dem sie auch ihr erstes Buch betitelt hat. Ein Buch, das vom Mut erzählt und zugleich dazu anregt, selbst öfter mal ein Wagnis einzugehen. Lola schreibt: »Du bist die Autorin deines Lebens. Du schreibst dein Drehbuch, und du hältst den Stift in der Hand. Lass dir diesen Stift von niemandem aus der Hand reißen« – aus psychologischer Sicht ein absolut zutreffender Gedanke. Lolas Drehbuch lernen wir hier nun kennen, ihren »riskanten Seiltanz zwischen Mut und Risiko«, wie sie ihren bisherigen Lebensweg nennt. Von den ersten Kindheitsjahren auf einem Bauernhof über ihre zum Teil als traumatisch erlebte Schulzeit bis hin zu ihrem erfolgreichen Berufsleben in der Medienbranche. Ein steiniger Weg ist es gewesen, auf den Lola mit einer ermutigenden Erkenntnis zurückblickt: Dass es sich lohnt, für seine Träume zu kämpfen, egal, was die anderen sagen.

Lola ist heute bekannt für ihre mitreißende Energie, dabei ist ihr das Gefühl sehr vertraut, wenn die Kraft nachlässt, Energie nicht mehr vorhanden ist. Weil sie entschlossen vorangeht und ihr Leben in die eigene Hand nimmt, was Kraft kostet. Das liegt auch daran, dass Lola gerne gegen den Strom schwimmt und sich einsetzt, für die Gleichberechtigung der Frau etwa oder gegen den Hass im Netz. Sie wählt selten den einfachen Weg, hinterfragt ständig ihr eigenes Denken, Fühlen und Handeln – mit dem Ziel, Probleme zu erkennen und Veränderungen zu schaffen. Und sie wagt immer wieder einen Realitätscheck, bei dem es um die Überprüfung der tatsächlichen Gegebenheiten geht und den Abgleich mit den eigenen Wahrnehmungen und Annahmen. Und Selbstreflexion ist ganz sicher das beste Mut-Training, denn um mutig handeln zu können, müssen die Überzeugungen in Bezug auf die eigene Wirksamkeit und das Selbstvertrauen größer sein als die Angst vor dem Scheitern.

Lola Weippert handelt manchmal auch mutig, ohne dass sie zu dieser Überzeugung gelangt ist. Auch das kann psychologisch gesehen sinnvoll sein. Denn manchmal müssen wir erst auf die Nase fallen, damit wir uns weiterentwickeln können und Erkenntnis möglich wird. Dass wir etwa nicht das tun, was wir gut können und entsprechend nicht das für uns passende Leben führen. Wenn nämlich immer alles glatt läuft, besteht für uns keine Notwendigkeit, uns zu hinterfragen. Und in dem Fall werden wir nichts über uns lernen, werden uns weder verändern noch wachsen können. Auch würden wir ohne Misserfolge nicht die Erfahrung machen, dass wir mit Frustrationen und Niederlagen umgehen, sie sogar konstruktiv und kreativ nutzen können. Diese gelernte Fähigkeit verringert im Laufe des Lebens die Anzahl potenziell frustrierender Situationen. All dies scheint Lola intuitiv gewusst zu haben, als sie sich in diversen schwierigen Lebenssituationen immer wieder fürs Weiterkämpfen entschieden hat. Entschieden hat sie sich dabei auch für das Vertrauen in die eigenen Stärken und dass sich am Ende die eigenen Träume verwirklichen lassen. Wenn man nur fest genug daran glaubt.

Lola hat den Glauben an die Erfüllung ihrer Träume nie verloren, egal wie viele Rückschläge sie erfahren und wie viel Gegenwind sie ertragen musste. Sie ist viel gestolpert, häufig auch gefallen – immer aber wieder aufgestanden. Während ich ihre Geschichte las, kam mir die Lotusblume in den Sinn, mit ihrer beeindruckenden Eigenart, äußere Einflüsse, die ihr nicht guttun, einfach an sich abperlen zu lassen. Aufnehmen tut diese Blume nur das, was förderlich für ihr Wachstum und ihre Gesundheit ist. Wer dieses Buch liest, kann das Lotusblumenprinzip für sich selbst entdecken und lernen, es umzusetzen. In dem Moment werden mutige Entscheidungen auch keine so große Herausforderung mehr sein, auch nicht die Handlungen, die ihnen folgen.

Stefanie Stahl

# 1. ZWISCHEN BURNOUT UND FOMO

## WARUM ICH MIR EINE AUSZEIT NEHMEN MUSSTE

**Journal-Eintrag vom 17. September 2023**

*Ich hätte niemals gedacht, dass mir das passiert. Ich kann nicht mehr, meine Batterien sind leer und ich fühle mich ausgebrannt.*

*Ich bin jetzt 27 Jahre alt und erlebe bereits zum zweiten Mal ein Burnout und wiederkehrende Panikattacken. Ich arbeite seit zehn Jahren gefühlt 16 Stunden pro Tag, sieben Tage die Woche.*

*Zumindest war das bis vor zwei Tagen der Fall. Bis ich alles abgesagt habe. Zum ersten Mal in meinem Leben habe ich aufgegeben. So fühlt es sich zumindest an. Ich dachte immer, dass mir niemals so etwas passieren würde. Jetzt sitze ich hier. Im Garten meines eigenen Bauernhofs in Brandenburg.*

*Der Wind streichelt meine kurzen Monchichi-Haare auf der Haut und lässt sie tanzen. Die Schwalben sammeln sich an der alten Eiche vor mir und singen so laut, dass es einem Chor gleicht. Und ich sitze hier. Im Paradies, in meiner Hängematte, umgeben von den Klängen der Natur und inmitten meiner Wiese. Klingt himmlisch – und jetzt der tiefe Fall, der mich wahnsinnig macht: Es fühlt* sich alles andere als entspannend und himmlisch an. Es fühlt sich gerade in mir einfach nur nach einem an: nach purer Verzweiflung und Überforderung.

Der Tipp meiner Freundinnen und Freunde: »Mach etwas, das dir guttut, das dir gute Laune bringt.« Wenn das nur so einfach wäre. Ich weiß gerade gar nichts mehr. Ich weiß noch nicht einmal, was mich glücklich machen würde. Produktivität, das bringt mir Zufriedenheit. Und so sitze ich hier und hacke meine Gedanken in die Tasten ohne die leiseste Ahnung, wohin das Ganze führt. Mal sehen. Könnte eine wilde Achterbahn werden. Denn ich fühle mich so nutzlos und komisch wie noch nie zuvor.

Von außen sieht mein Leben oft so perfekt aus: Alles läuft, ich strahle (fast) immer in die Kamera und bin eine sehr privilegierte junge Frau.

Doch vor zwei Tagen hatte ich morgens einen Gedanken, der mir Angst bereitete. Ich lag da, öffnete die Augen und dachte mir: Wow, es ist scheißegal, ob ich jetzt aufstehe oder nicht, es ist irrelevant. Ich werde nicht gebraucht, die Welt dreht sich auch ohne mich weiter.

Das kann einen auf der anderen Seite natürlich entspannt zurücklassen, doch mich stresst es ungemein. Ich bin also irrelevant? So fühlt es sich zumindest an. Und dieses Gefühl tut weh. Denn ich liebe nichts mehr als das Gefühl, gebraucht zu werden. Das Leben anderer zu bereichern. Zu wissen, dass ich, wenn ich aufstehe, den Tag meiner Mitmenschen verschönere. Wenn auch nur ein kleines bisschen. Allein die letzten Sätze klingen schon so ambivalent. Es ist, als würden zwei Menschen in mir leben. Ein Engelchen und ein Teufelchen. Das Engelchen sagt mir die ganze Zeit, dass ich besonders bin, dass ich einen Unterschied auf dieser Welt machen kann und hoffentlich werde. Und das Teufelchen, das mir in mein Ohr schreit und damit das Engelchen oft übertönt: Du bist nicht gut genug. Du bist egal, und es ist so was von egal, ob du nun hier bist oder nicht.

Ich bin gerade nicht Herrin meiner Sinne und das macht mir Angst.

*Ich habe Angst vor der Ruhe, Angst vor dem, was hochkommen könnte. Habe ich Angst vor der Angst? Ich kann mich nicht einschätzen. Vor allem nach den Panikattacken in den letzten Tagen und Wochen. Die erste Panikattacke hatte ich mit Anfang zwanzig. Damals konnte ich kaum einschätzen, was es war. Einfach nur ein komischer Moment, eine pure Überforderung, eine Panikattacke oder ein Burnout? Ich weiß es bis heute nicht.*

*Immer wieder kommen plötzliche Geistesblitze wie: Ach, die Sonne scheint, die Vögel zwitschern, die Blätter in der Trauerweide rechts von mir auf der Wiese tanzen im Wind. Eigentlich könnte mein Leben doch nicht schöner sein.*

*Und im nächsten Moment dann wieder der geistige Wahnsinn in die entgegengesetzte Richtung. Ich bin definitiv überfordert und brauche Hilfe. Das ist alles, was ich gerade weiß.*

Vielleicht erinnerst du dich an den Moment, als ich einen für viele überraschenden Beitrag auf Instagram postete: »Hallo, ihr Herzen. Ich nehme mir gerade eine wichtige Auszeit. Passt bitte auf euch auf und bis bald. Fühlt euch gedrückt.« Das war im September 2023.

Danach wurde ich überschwemmt mit Nachrichten und Interviewanfragen. Viele Menschen hatten sich Sorgen gemacht, aber ich las alles erst Wochen später, als ich wieder in der Lage war, aufzutauchen. Ich hätte auf die Frage »Was ist mit dir los?« keine Antwort gehabt. Diese fand ich erst Wochen später. Bis dahin blieb nur die Möglichkeit, komplett abzutauchen. Alles abzusagen. Ich löschte die Instagram-App von meinem Handy und war nur noch für meine Familie und enge Freundinnen und Freunde erreichbar.

Lange habe ich es nicht geschafft, über die Gründe meiner nicht ganz freiwilligen Auszeit zu schreiben oder öffentlich über alle Details zu sprechen. Zu tief saßen der Schock und die Scham, und bis heute sammle ich einzelne Mini-Scherben auf.

Aber jetzt habe ich den Mut gefasst, mit dir auf den folgenden Seiten alles zu teilen: Warum ich diesen radikalen Schritt gehen musste, was ich daraus gelernt habe und was ich seitdem anders mache. Nicht, weil meine Lebensgeschichte wichtiger ist als die von anderen, sondern weil ich dich und mich erinnern möchte: Nur weil wir jung sind, heißt es nicht, dass wir endlos viel Energie haben.

Ich dachte lange, man hätte mir bei der Geburt die endlos laufenden Batterien eines Duracell-Hasen eingesetzt, aber ich wurde definitiv eines Besseren belehrt. Gerade wenn wir mutig sind und etwas riskieren, bedeutet das auch, dass wir doppelt so gut auf uns aufpassen sollten. Denn es kostet im Hintergrund mehr Kraft, als wir oft merken, wenn wir entschlossen vorangehen. Sein Leben

anders zu gestalten und es in die eigene Hand nehmen zu können, ist ein großes Geschenk. Aber wenn du auf dieser Autobahn nicht konzentriert steuerst und beide Hände am Lenker hältst, kann es dich leider schnell aus der Spur werfen.

Ich musste schmerzhaft erkennen, dass auch meine Batterie ohne konstante Akkuladungen ausgeht, selbst wenn ich mich meistens energetisch sehr aufgeladen fühle.

Wie ich das gemerkt habe? Es klingt vielleicht komisch, aber es ist wahrhaftig passiert: Ich habe es mit 27 Jahren plötzlich nicht mehr geschafft, meine Schnürsenkel allein zu binden. Ich erinnere mich noch sehr gut an diesen Schlüsselmoment nach einer Reihe von Panikattacken und emotionalen Zusammenbrüchen: Eigentlich hätte ich zu einem wichtigen Termin gemusst. Es war nichts Außergewöhnliches, denn mein Leben bestand schon seit meinem ersten Job beim Radio immer aus Terminen und langen Arbeitstagen. Wenn ich mal frei hatte, suchte ich im Privaten die Action, traf meine Freundinnen und Freunde oder schaffte mir durch Sport Ausgleich. Wer mich kennt, weiß, dass ich immer dabei bin, wenn es etwas zu erleben gibt. Ich kann gar nicht anders. Ich bin eine absolute Ja-Sagerin. Je verrückter die Idee, desto schneller und unüberlegter sage ich mit meinem Golden-Retriever-Gesichtsausdruck freudig Ja.

**MEINE FOMO SAGT: »NICHTS VERPASSEN!«**

Soweit ich zurückdenken kann, habe ich Angst, etwas zu verpassen. Ich bin der Prototyp für FOMO (»Fear of missing out«, übersetzt: die Angst, etwas zu verpassen). Das fing schon früh an: Wenn mich meine Mama Conny in die Wiege legte, schrie ich so lange, bis sie mich aufrecht setzte, damit ich bloß nichts vom Geschehen

verpasste. Am Ende schlief ich öfter im Sitzen als im Liegen. Aber Hauptsache, ich bekam alles mit. Wenn sie mich beim Spaziergang mit meinem Gesicht zu sich in ihr Tragetuch spannte, gab es das gleiche Drama: Ich schrie so lange, bis sie mich mit dem Kopf nach vorne drehte und ich nichts mehr verpassen konnte. Immer schon wollte ich mitbekommen, was um mich herum passierte und mitten im Geschehen sein. Alles aufnehmen. Immer dabei sein. Ich habe große Teile meines Lebens nur vier oder fünf Stunden in der Nacht geschlafen, um so viel wie möglich in diesem einen Leben unterzubringen, denn mir war und ist bewusst: Wir sind nur eine begrenzte Zeit hier. Nur weil ich jung bin, heißt es nicht automatisch, dass ich alt werde und noch viel Zeit habe. Ich möchte deshalb nicht irgendeinen Beruf machen, sondern mich ständig weiterentwickeln, meine Stimme für Sinnvolles nutzen und bedeutungsvolle Beziehungen führen. Ich möchte nicht irgendwann kurz vor meinem Tod denken: Hätte ich doch mal! Sondern ich möchte das Gefühl haben: Mehr ging nicht! Ich habe alles mitgenommen.

Deswegen sage ich immer einmal mehr Ja als Nein, wenn es etwas zu erleben gibt. Besonders wenn die Chance besteht, etwas Neues zu wagen – wie Bungee-Jumping, spontan aus dem Flieger springen oder eben dieses Buch zu schreiben, was sich genauso waghalsig schön und aufregend anfühlt wie ein freier Fall.

Was mir aber lange nicht klar war und was ich selbst im vollen Bewusstsein immer wieder erfolgreich verdrängte: Irgendwo dazwischen brauche ich auch einen Raum für mich. Das habe ich lange hinten angestellt. Zu lange. Ich dachte wirklich, meine Batterien leeren sich niemals komplett, auch wenn ich nur vier Stunden pro Nacht schlief und am nächsten Morgen nach einer Morningshow in Dauerschleife bis 22 Uhr durchgetaktet war mit Terminen. Ich dachte immer, ich wäre wie ein Fisch, den man nicht fangen oder aufhalten kann und der ohne Rast immer weiter gegen den Strom schwimmt.

Nur wer für seinen Job brennt, läuft auch Gefahr, daran zu verbrennen. Dieser Spruch hat mir geholfen zu verstehen, vor welcher Herausforderung ich damit stehe, denn ich liebe meinen Beruf.

Warum ich mir selten Freiräume und Pausen gönnte, lag auch daran, weil mir das Meiste so einen unendlichen Spaß macht. Und ich bedanke mich bis heute jeden einzelnen Tag dafür, dass ich so privilegiert leben kann: Als Cis-Frau in einem Land ohne Krieg mit gefühlt unendlich vielen Möglichkeiten und einem Beruf als Radio- und TV-Moderatorin, der mir viele weitere Türen geöffnet hat. Mein Wunsch ist es, alles auszukosten und so viel wie möglich zu teilen. Ich möchte einen Unterschied machen. Dabei dachte ich bis zu einem bestimmten Punkt an alles, außer an mich und meine Gesundheit. Ich unterschätze mich bis heute in vielem. Lediglich in einer Sache überschätze ich mich: meiner Energie. Ich denke mir immer wieder: Das geht alles. Aber genau das ist der Fehler! Und das hat mir mein Körper bewiesen.

Wie bei den tanzenden Luftfiguren vor den Autohäusern hat mir mein Körper den Stecker gezogen und damit die Luft rausgelassen.

## DAS NORMALE WURDE FÜR MICH ZUM AUSNAHMEZUSTAND

Denn nur weil ich immer wieder über meine Grenzen gegangen bin, sah ich mir im September 2023 nach Wochen des Durcharbeitens mit Jobs auf der halben Welt selbst dabei zu, wie ich bei den normalsten Dingen überreagierte oder mich anders als sonst verhielt.

Was dazukam, war, dass sich meine Bekanntheit gesteigert hatte und ich zunehmend nicht nur mit dem Arbeitspensum, sondern auch mit den Schattenseiten meines Erfolgs klarkommen musste. Darauf werde ich noch genauer in Kapitel 7 eingehen, aber vorweg solltest du schon einmal wissen, dass ich seit Jahren jeden Tag mit Hass auf Social Media umgehen muss. An manchen Tagen kann ich Hass-Nachrichten weglächeln, doch manchmal holt mich plötzlich alles ein und es trifft mich mitten ins Herz.

Denn am Ende bin ich auch nur ein Mensch mit Gefühlen. Verrückt, oder? Das Absurde: Das vergessen viele anscheinend, wenn sie gerade dabei sind, dir verbal ein Geschäft vor deiner Haustüre zu verrichten. Es lässt mich nicht unberührt, vor allem nicht, wenn ich Morddrohungen erhalte und Wahnsinnige mir schreiben, auf welche monströse Art sie mich umbringen wollen. Genau das ist bei mir und vielen anderen Personen in der Öffentlichkeit leider oft an der Tagesordnung.

## ICH VERLOR MICH, MEIN LEBEN ENTGLITT MIR

Das alles führte in Summe schleichend dazu, dass ich immer weniger meinen Körper, meinen Geist und meine Seele greifen konnte. Sie entglitten mir wie Sand aus meiner Hand. War es pure Überforderung, eine Panikattacke oder ein Burnout? Ich weiß es bis heute nicht so recht. Was ich weiß: Mir ging es noch nie so schlecht.

Ich musste Restaurants oder Gespräche verlassen und sagen: »Es tut mir leid, aber mir wird gerade alles zu viel.« Die vermeintlich normalsten Dinge wurden zu einer Herausforderung. Ich wusste zwischendurch nicht mal mehr, was mir eigentlich so große Angst

machte. Ich hatte Angst vor der Angst entwickelt und sorgte mich, dass ich aus dem Panikattacken-Hamsterrad nie wieder aussteigen könnte. Das Einzige, was mir in dieser akuten Phase der Überforderung noch als Gegenpol einfiel: weitermachen und ablenken.

## PANIKATTACKEN ÜBERROLLTEN MICH WIE EIN TSUNAMI

Wenn andere in meinen Kalender blickten und sahen, dass ich quasi jede Stunde des Tages einen neuen Termin hatte, bekamen sie immer große Augen und sagten: »Oh mein Gott, ich würde bei dieser Taktung durchdrehen.« Aber ich sagte dann immer: »Ich finde im Sturm meine Ruhe.«

Doch diese Worte gehörten jetzt plötzlich der Vergangenheit an, denn: Es gab in mir keinerlei Ruhe mehr, sondern nur noch einen unaufhaltsamen Tsunami nach dem anderen. Bis ich kapitulierte und erkannte, dass ich kein Land mehr sehen würde, wenn ich mich nicht komplett aus dem Auge des Sturms nähme. Jahrelang hatte ich mich über Wasser gehalten und mir ab und zu mal kurz für ein paar Tage freigenommen, aber es war nie genug. Ich behandelte immer nur kurzfristig die Symptome, aber erforschte nie grundlegend die Ursache für meine Einbrüche.

Ich habe mich überhaupt nicht ernst genommen. Ich ignorierte mein Energielevel und meine Schwächen, weil ich so darauf gepolt war, stark zu sein und zu funktionieren. Genauso, wie ich dachte, meine Reserven seien endlos, dachte ich früher auch: Panikattacken? So etwas wird mir doch nie passieren! Aber mein Körper zog die Reißleine …

## ALS ICH DACHTE, ICH WERDE ERMORDET

Dieser Moment war für mich einer der schlimmsten, die ich jemals erlebt habe. Ich saß mit einer guten Freundin und meinem Papa draußen in einem Café. Es war ein wunderschöner, lauer Spätsommertag in Berlin. Die Sonne schien und die ganze Stadt hatte gute Laune. Und das in Berlin, das mag was heißen.

Wir genossen unsere belegten Brötchen und unterhielten uns freudig über das Leben. Plötzlich verstummte ich mitten in einem Gruppenlacher, weil eine schwarze Mercedes G-Klasse mit abgedunkelten Scheiben langsam auf der Straße dicht an uns vorbeirollte. Ich erstarrte, denn vor meinem inneren Auge spielte sich mein größter Albtraum ab: Ich sah einen Mann mit gezückter Waffe aussteigen und auf mich zukommen. Ich war überzeugt, dass das einer meiner Hater war, der mir schon oft geschrieben hatte, dass er mich umbringen wollte, und nun setzte er seine Worte in die Realität um. Er wollte mich erschießen. Ich war mir sicher, dass er mir schon seit Tagen gefolgt war, mich beobachtet hatte und mich in diesem schönen Moment töten wollte. Es war nur ein Gedanke, aber mein Körper reagierte auf den inneren Film. Ich begann zu zittern, mein Herz schlug mir bis zum Hals und ich konnte kaum atmen. Mir wurde heiß, kalter Schweiß lief mir den Rücken hinunter. Der Wagen war längst weitergefahren und so sehr ich auch versuchte, mir nichts anmerken zu lassen, schossen mir Tränen in die Augen, meine Emotionen waren nicht mehr zu stoppen. Wenn ich das schreibe, bekomme ich wieder Gänsehaut, meine Hände schwitzen und mir wird schlecht. Es nimmt mich immer noch emotional mit.

Natürlich existierte auch ein Teil in mir, der wusste: Es ist alles gut, nichts ist passiert. Es droht keine akute Gefahr, es fährt nur ein

Auto vorbei. Deine Reaktion passt gar nicht zu der Situation. Doch die Angst in mir saß so tief und war so stark, dass sie in Panik mündete und mich fast ohnmächtig werden ließ. Ich sehe wieder das geschockte Gesicht meines Papas vor mir. Er hatte mich noch nie so erlebt und fragte mich entsetzt und mit Tränen in den Augen: »Was ist los? Wie kann ich dir helfen?« Ich antwortete noch immer nach Atem ringend: »Ich dachte gerade, ich werde umgebracht.« Er wusste, dass in der kommenden Woche viel anstand, darunter eine wichtige internationale Live-Moderation, und stellte mir besorgt die Frage: »Schaffst du es, morgen auf der Bühne zu stehen und dabei nicht durchzudrehen?«

Ohne zu überlegen, schoss es aus mir heraus: »Nein, auf gar keinen Fall.« Nur der Gedanke daran, vor Hunderten Kameras und Tausenden Menschen zu stehen, löste die nächste Panik in mir aus. Was sonst mein größter Traum war, fühlte sich plötzlich an wie mein größter Albtraum.

»Dann rufe sofort deine Managerin an und sage alles ab.«

In mir sträubte sich alles, denn ich wollte mir nicht eingestehen, dass es mir wohl den Stecker gezogen hatte. Ich versuchte, es wie immer herunterzuspielen, und sagte ihm: »Ach, ich brauche nur kurz etwas Ruhe, in ein paar Stunden sieht die Welt bestimmt schon wieder anders aus.« Und wieder nutzte ich mein gelerntes Ventil, um auf Probleme zu reagieren: Ich lenkte mich ab und ging mit meiner Freundin zu einer Comedyshow. So könnte ich mein Problem doch sicherlich ganz einfach aus der Welt lachen.

Ich dachte ernsthaft, dass mir das guttun würde. Ein bisschen unter Menschen sein und über Sparwitze lachen. Ich weiß noch, wie ich im Publikum saß und eine Sonnenbrille trug, was ich sonst nie mache. Aber ich wollte nicht erkannt werden. Ich wollte, dass mich niemand in meiner Panik sah oder mich nach einem gemeinsamen Foto fragte, worüber ich mich normalerweise immer freue. Ich fühlte mich von allem und jedem bedrängt. Ich versuchte mich so gut es ging zusammenzureißen, weil ich nicht mit meiner Angst auffallen wollte.

Alle um mich herum grölten und lachten, aber ich saß die ganze Zeit mit meiner gigantischen Angst da und versuchte sie zu deckeln, damit sie nicht wie ein Vulkan ausbrach. Doch in mir braute sich eine immer größer werdende Angst zusammen und der Gedanke wurde immer lauter: Ich sterbe jetzt! Du hast richtig gelesen. Es mag absurd klingen, aber das war mein Gefühl. Ich dachte in den schönsten Momenten plötzlich an den Tod, obwohl es dafür keinen erklärbaren Grund gab. Ich fragte mich immer häufiger, ob mir das Leben mit diesen gedanklichen Abgründen etwas sagen wollte? Ich konnte die Botschaft aber nicht lesen und machte wieder weiter.

Die Antwort kam einen Tag später von meinem Körper. Als ich es nicht mehr schaffte, die vermeintlich selbstverständlichsten Dinge zu tun, wie Wasser in meine Trinkflasche zu füllen. Diese sonst so banale Aufgabe war für mich eine riesengroße Herausforderung und ich hatte so einen Knoten im Kopf, dass ich nicht wusste, wie ich nun das Wasser in die Flasche bekommen sollte. Ich war überfordert. Meine Hände zitterten und ich begann, ernsthaft an mir zu zweifeln.

Ich schaffte es nicht mal mehr, meine Schuhe zuzuschnüren. Es fühlte sich an wie eine unlösbare Matheaufgabe. Minutenlang

hantierte ich mit den Schnürsenkeln und schaffte es einfach nicht, sie zu binden. Ich konnte meine Hände nicht kontrollieren, ich konnte ihnen nicht sagen: »Hey, bitte bindet den Schuh zu, wie die tausend Male zuvor!« Funktionieren, genau das klappte nicht mehr und das machte mir große Angst. Dazu mischten sich Gefühle wie Scham, Wut und Traurigkeit. Wenn ich noch nicht einmal meine Schuhe anziehen konnte, was würde ich noch hinbekommen? Und war das nur eine Momentaufnahme oder würde sich diese Unfähigkeit für immer einnisten?

Es fühlte sich an, als würden Geist, Seele und Körper komplett andere Sprachen sprechen und hätten ihre Kommunikationsfähigkeit von der einen auf die andere Sekunde verloren.

Und obwohl ich gerade mit meinem Privatleben kämpfte, ploppte plötzlich wieder mein Beruf auf und ich dachte daran, dass sich andere auf mich verließen, die ich jetzt enttäuschte. Ich hatte Verträge unterschrieben und Jobs angenommen, auf die ich mich seit Wochen freute.

Es fühlte sich so an, als hätte ich einen ganzen Cocktail an unangenehmen Gefühlen getrunken. Ich war überwältigt und dachte, jegliche Kontrolle zu verlieren. Ich kauerte mich im Hausflur meiner Berliner Wohnung zusammen, zitterte am ganzen Körper und heulte. Als meine Hände endlich ruhiger wurden, kroch ich zu meinem Handy und rief meinen Papa an, der als Einziger meiner Familie auch in Berlin lebt: »Ich kann nicht mehr!«, schluchzte ich.

Er reagierte sofort: »Lola, ich hole dich jetzt ab und wir fahren sofort zusammen auf deinen Bauernhof und bleiben dort mindestens eine Woche. Sag alles ab!«

Und zum allerersten Mal in meinem Leben gehorchte ich und rief meine Managerin Leni voller Angst und unter Tränen an. »Leni, es tut mir so leid, ich will niemanden enttäuschen, aber es geht nichts mehr, ich kann einfach nicht mehr.«

Ich hatte so eine große Angst vor diesem Moment, weil ich nicht wusste, wie sie reagieren würde. Es ging um fünfstellige Beträge, Verträge, die wir nun auflösen mussten und nicht erfüllen konnten, und auch dieses Buch musste ich erst mal absagen. Der Druck nahm mir die Luft zum Atmen und ich musste von all den Projekten ablassen, um zur Ruhe kommen zu können. Leni antwortete gefasst: »Alles gut, ich sage alles ab.« Mir fiel ein Stein vom Herzen. Es war mal wieder der Beweis, dass sie die beste Managerin war, weil sie mir auch in so einer Ausnahmesituation den Rücken freihielt, statt mir Vorwürfe zu machen.

Ich packte weinend meine Stricksachen, Bücher, Malutensilien und meine Hängematte ein und wir fuhren immer weiter raus aus der grauen Stadt, rein in die Idylle, aufs grüne Land, zu meinem Bauernhof (über mein »Lolaland« erzähle ich dir noch mehr in Kapitel 2). Dort konnte es nur besser werden ... dachte ich jedenfalls.

## ICH KONNTE SELBST DAS SCHÖNE NICHT MEHR GENIESSEN

Mir war zunächst kaum bewusst, was ich erlebt hatte. Ich konnte es mir erst eingestehen, als ich in der Hängematte meines Bauernhofs in Brandenburg lag, als die Welt um mich paradiesisch und heil erschien, als ich endlich mal wieder einfach so in den Tag leben konnte, ohne funktionieren zu müssen: Ich war 27 Jahre

alt und völlig ausgebrannt. Ich schaute die ersten Tage nur ins Leere, in den Himmel. Ich beobachtete die wunderschönen, uralten Trauerweiden um mich herum, die dort seit Jahren verwurzelt sind. Ich hörte die Vögel fröhlich singen, aber ich konnte es nicht genießen. In mir blieb es dunkel, als wäre eine graue Wolke über mir. Ich fühlte mich in mir selbst gefangen und hatte riesengroße Angst und Respekt vor dieser nun anstehenden Pause, weil ich fürchtete, dass in der Ruhe irgendetwas Schlimmes aufkommen könnte. Vielleicht eine dunkle Erinnerung, die ich erfolgreich verdrängt hatte? Kennst du dieses Gefühl?

Ich fragte mich: Kenne ich mich wirklich? Alle Schatten? Alle Dämonen? Kenne ich meine tiefsten und dunkelsten Ecken oder gibt es Kellerräume, die ich noch nie gesehen habe? Genau das machte mir Angst.

Ich wollte mein Gedankenchaos wie ein Zimmer aufräumen. Also schnappte ich mir meinen Laptop, setzte mich mitten auf meiner Wiese in meine Hängematte und begann, die ersten Seiten dieses Buches zu schreiben. Es fühlte sich an wie eine Therapiestunde, mir flossen die Worte regelrecht durch die Finger auf diese Seiten. Ich stellte mich endlich meiner Angst und traute mich, die Frage zu beantworten, was in und mit mir los war.

Dabei wurde mir bewusst: Mein Körper hatte mir unzählige Alarmzeichen geschickt, damit ich hinhörte und mich endlich mit mir selbst auseinandersetzte. Und plötzlich befand ich mich in einem regelrechten Selbstheilungsprozess: Ich durfte erstmal lernen, mir selbst zu verzeihen. Meine erzwungene Auszeit fühlte sich nämlich wie ein herber Rückschlag an, denn ich hatte die Hoffnung gehabt, aus meinem ersten Zusammenbruch Jahre zuvor gelernt zu haben.

## ICH ERINNERTE MICH AN MEINEN
## ERSTEN ZUSAMMENBRUCH

Damals, als ich das erste Mal eine Panikattacke erlebte, war ich zwanzig Jahre alt, lag im Bett und machte mir Druck, schnell einzuschlafen, damit ich wenigstens ein bisschen ausruhen konnte, bevor ich am nächsten Morgen wieder live die Morningshow bei bigFM um fünf Uhr moderieren würde.

Als ich meine Augen schloss, hatte ich aber plötzlich das Gefühl, in einem Zug zu sitzen. Dieser Zug fuhr immer schneller. Wenn ich rechts und links aus den Fenstern schaute, rasten Sequenzen aus meinem Leben an mir vorbei. In meinen Ohren wurden immer mehr Stimmen lauter und lauter, der Lärm war kaum zu ertragen. Ich konnte die vielen Szenen mit unterschiedlichen Menschen an verschiedenen Orten gar nicht verarbeiten und geriet in Panik. Mein Herz schlug immer schneller. Meine Hände fingen an zu zittern. Die gesamte Situation war für mich total unkontrollierbar. Ich war auf mich allein gestellt, denn ich war in meiner Stuttgarter Wohnung und versuchte, mich irgendwie durch tiefe Atmung zu entspannen. Aber es brachte nichts. Die Stimmen in mir wurden lauter, die Bilder schneller und schneller. Meine Ohren piepsten, ich konnte meine Augen vor Schmerz kaum geschlossen halten, dabei musste ich doch längst schlafen. Ich riss meine Augen auf und fragte mich: Was passiert hier mit mir? Wer kann mir helfen? Ich riss das Fenster auf, um frische Luft zu atmen und mich zu beruhigen. Es klappte alles nicht. Ich hoffte nur, dass die Nacht schnell vorbeiging, damit ich am nächsten Tag meine Ärztin um einen Termin bitten konnte. Irgendwann schlief ich erschöpft ein, die Morningshow war eine Qual. Aber ich wollte niemandem davon erzählen, zu groß war die Scham. Meine Ärztin war wenig überrascht und sagte mir geradeheraus: »Herzlichen Glückwunsch Frau Weippert, das nennt sich Burnout, und das mit Anfang 20.«

Als ich mit wachem Geist darüber nachdachte, wunderte es mich nicht. Mit nur vier Stunden Schlaf täglich und dem Pensum, das ich im Beruf fuhr, wurde mir damals schon klar: Ich muss etwas ändern. Damals versuchte ich als Erstes, mehr zu schlafen und mich beruflich zu verändern (siehe dazu auch Kapitel 5). Über die Jahre ließ ich mich aber vom Strudel weitertreiben, mein Siebhirn vergaß die Vorsätze und kam erneut an den Punkt der kompletten Erschöpfung.

## DEINEN SELBSTWERT BESTIMMST NUR DU

Mein Papa Robert hatte meiner Schwester Lotti und mir früher stets indoktriniert: »Arbeite immer ordentlich und gewissenhaft.« Dieser Anspruch setzte mich oft viel zu sehr unter Druck und sorgte dafür, dass ich meinen Selbstwert über Leistung definierte. Nur wenn ich abends todmüde ins Bett fiel, konnte ich mir selbst sagen: Ich habe alles gegeben, ich habe viel geleistet, ich darf stolz auf mich sein und bin wertvoll. Der negative Glaubenssatz dazu lautet: Nur wenn ich viel leiste, habe ich einen (hohen) Wert.

Dabei richtet sich der Wert eines Menschen natürlich nicht danach, wie viele Stunden er oder sie am Tag arbeitet. Für mich als Schwäbin mit der »Schaffe-Schaffe-Häusle-Baue«-Mentalität einmal schwerer zu verdauen. Der Satz müsste eigentlich heißen: Ich bin immer wertvoll, egal wie viel ich leiste.

Ich könnte genauso gut einfach mal ein paar Tage im Bett verbringen, um mich auszuruhen, wenn ich eine Produktion abgeschlossen habe. Aber das war für mich lange eine qualvolle Vorstellung. Mehrere Tage im Bett? Was da wohl für Gedanken hochkommen und wie viel ich verpassen würde? Ich musste vor geraumer Zeit zwei

Wochen ausschließlich liegen, weil ich eine Unterleibsoperation hatte – und bin fast durchgedreht, weil ich noch nicht einmal um den Block spazieren durfte. Auch wenn ich in dieser Ruhephase vom Bett aus arbeitete und sogar an diesem Buch schrieb, fühlte ich mich unglaublich nutzlos. Und was noch dazukam: Für mich ist es sehr unangenehm, von anderen abhängig zu sein.

Mein Ansporn ist es, finanziell frei zu sein und für mich selbst sorgen zu können. Ich möchte alles allein schaffen und es kostet mich viel Überwindung, jemanden um Hilfe zu bitten. Deswegen bin ich jedes Mal stolz auf mich, wenn ich mir eingestehe: Ich muss nicht alles allein schaffen und kann mir Unterstützung holen. Ob durch Freundinnen und Freunde oder therapeutische Fachkräfte.

Ich bin seit bald zehn Jahren mit Unterbrechungen in Therapie. Damals ließ ich mich vor allem zu Beziehungsthemen unterstützen (darüber erzähle ich dir mehr in Kapitel 8). Während der Auszeit war ich im ständigen Austausch mit meiner Therapeutin. Das waren die einzigen Termine, die ich aufrechterhielt.

Heute habe ich zusätzlich noch eine Anti-Stress-Coachin, eine spirituelle Life-Coachin und investiere viel Geld in mich und mein inneres Wachstum, das für mich genauso wichtig ist wie meine körperliche Fitness. Meine Therapeutin unterstützt mich dabei, meine Themen mit einer objektiveren Sicht zu beleuchten und mich den unangenehmen Situationen zu stellen, die beispielsweise meine Panikattacken auslösten.

Dabei machte ich die entlastende Erfahrung: So schlimm ist es nicht, wenn man sich selbst begegnet und sich mit sich auseinandersetzt. Ich finde, wir sollten uns alle die Frage stellen: Wer bin ich eigentlich?

## MEINE POSITIVSTE DIAGNOSE: ADHS

Auf meiner Entdeckungsreise zu mir selbst habe ich auch ergründet, warum ich immer so eine Kirmes im Kopf habe und dauernd in Action bin, warum meine Emotionen so stark und wechselhaft sind. Woher meine FOMO kommt und warum ich mich so schnell ablenken lasse. Schon oft haben mich Menschen darauf angesprochen, ob ich ADHS habe. Erst empfand ich das eher als Beleidigung und hatte keine Lust auf eine Diagnose oder »abgestempelt« zu werden, aber dann habe ich mich auch dieser Seite von mir gestellt.

Ich habe kurz nach meiner Auszeit einen offiziellen Test gemacht [1] und noch nie schloss ich einen Test mit einer so hohen Punktzahl ab wie diesen: volle Punktzahl!

Der positivste Test aller Zeiten ergab: Ich habe eindeutig ADHS. Das steht für »Aufmerksamkeitsdefizit-Hyperaktivitätsstörung«. Egal, welche Diagnose ich bislang in meinem Leben bekommen habe, diese ist definitiv die Schönste.

Natürlich habe ich sofort meinen Engsten davon erzählt und die waren genauso überrascht wie ich: nämlich gar nicht.

Es fühlt sich dennoch etwas bizarr an, wenn man ADHS plötzlich diagnostiziert bekommt. Ich posaune das nicht heraus, um mich als anders darzustellen oder nach dem Motto: Ich bin so, da wisst ihr Bescheid und könnt euch darauf einstellen. Nein, ich bin auf eine Art einfach entlastet, weil es vieles erklärt und mir hilft, mich noch besser zu akzeptieren mit all meinen Ecken und Kanten.

Mein ADHS ist der Grund, dass ich mich für tausend verschiedene Dinge gleichzeitig interessiere, entweder eine sehr geringe Aufmerksamkeitsspanne (bei meiner Steuer zum Beispiel) oder einen Hyperfokus (jetzt gerade in diesem Moment beim Schreiben) habe, impulsiv und hyperaktiv bin. Das bedeutet nicht, dass ich irgendwo in der Kindheit stecken geblieben bin, sondern dass dies ein Teil meiner Persönlichkeit ist. Ich bin nicht schlechter als andere oder weigere mich aus einer Null-Bock-Haltung heraus stillzusitzen. Nein! Mein Gehirn ist einfach anders verlötet.

Ich kann jetzt sehr viel gnädiger mit mir umgehen, denn für einige Dinge kann ich einfach nichts. Wenn ich beispielsweise in Raum A stehe und etwas erledigen möchte, was in Raum C ist, auf dem Weg von etwas in Raum B abgelenkt werde und drei Stunden später zwar die ganze Wohnung geputzt, Pflanzen gewässert, gestrickt und das Bett gemacht habe, meine eigentliche Aufgabe allerdings immer noch nicht erledigt ist. Ich habe eine regelrechte Autobahn im Kopf – mit zehn Spuren und hunderten bunten Autos. Jedes Auto spiegelt einen Gedanken wider, und so ist in meinem Kopf immer sehr viel los, manchmal gibt's auch Stau, einen kleinen Auffahrunfall oder es liegen Reifenteile oder Schuhe auf der Fahrbahn.

Ich kann das Thema ganz gezielt angehen, indem ich schon seit einer Weile eine Verhaltenstherapie mache und dabei zum Beispiel gelernt habe, dass es mich entlasten kann, andere über mein ADHS zu informieren. Dann wissen sie, dass ich beim Erzählen gerne wie ein Flummi von einem Thema zum anderen springe, bis ich von einem Schmetterling abgelenkt werde. Mir zuzuhören, kann sich wie eine Wildwasserfahrt anfühlen. Man weiß nie, wie der Weg wird und wo man am Ende herauskommt. Manchmal dreht sich auf halber Stelle das Kanu rückwärts oder der Kopf ist plötzlich unter Wasser. Ich baue Details ein, die für andere abwegig klingen, aber für mich ergeben diese Wortschleifen sehr viel Sinn.

Ich gehe in einen Raum und sehe alles, jedes Bild an der Wand und jedes Staubkorn auf dem Boden. Und ich fühle alle Stimmungen. Ich bin wie ein menschlicher Schwamm, der alles aufsaugt – und der nicht immer konsequent ausgewrungen wird oder sich nicht immer selbst auswringen kann. Aber nun weiß ich, dass ich Momente der Stille und des Alleinseins brauche, um alles zu verarbeiten.

Ich kann anderen erklären, warum ich zehn Projekte gleichzeitig mache und mich das nicht belastet, sondern dass das ein Normalzustand für mich ist, weil ich es liebe, von einem ins andere zu springen und dafür zum Teil um die halbe Welt jette. Sicher, ich bin oft rastlos und man wird mich nie länger als ein paar Stunden entspannen sehen, aber dafür kann man mit mir auch sehr viel erleben. Und braucht danach gegebenenfalls erstmal Urlaub, weil es so verrückt und wild wird. Aber hey, ich konzentriere mich auf das Positive und kann in kurzer Zeit sehr, sehr viel schaffen. Und das liebe und schätze ich sehr.

Das ist es auch, was mir geholfen hat, die Diagnose zu akzeptieren: Ich nutze die Vorteile für mich und lerne, mit den Nachteilen gut umzugehen. Ich denke nicht über mich: Oje, oje, ich habe eine Macke, sondern: Challenge accepted, ich habe eine Superkraft. Ich sehe ADHS deshalb nicht als eine Krankheit, die mich schwächt. Denn ich bin mir sicher: Ich bin nur da, wo ich heute bin, wegen exakt diesem verrückten Feuerwerk in meinem Kopf, das mich manchmal in die Irre treibt, doch viel öfter auch antreibt und weitermachen lässt.

Zu den Fähigkeiten gehört bei Menschen mit ADHS ihre Kreativität und ihr anderer Blickwinkel. Ich habe einen sehr wilden, aber eben auch kreativen Geist. Ich kombiniere dort alle meine bunten Eindrücke und bringe sie zum Beispiel beim Malen zum Ausdruck. Nicht zuletzt führe ich auch ein kreatives Leben. Ich habe es mir selbst gebaut und gebastelt, indem ich viele Dinge tue, die mir Spaß machen: Ich bin nicht nur Moderatorin, sondern auch Yogalehrerin und Erschafferin von eigenen Produkten sowie sozialen Projekten, die ich dir auf den folgenden Seiten noch vorstellen werde.

Ich höre oft von anderen, dass ich Menschen gut einschätzen kann und eine sichere Intuition habe. Ich weiß blitzschnell, was gut und was nicht gut für mich ist. Also kann ich sehr schnell Entscheidungen aus dem Bauch heraus treffen und hadere nicht. Außer ein Eichhörnchen lenkt mich ab, dann steht die Welt für mich kurz still und ich frage mich, was das Eichhörnchen wohl gerade denkt und wie es ohne Haare aussehen würde (google es nicht, das sieht schauderhaft aus und du wirst fortan immer daran denken, wenn du ein Eichhörnchen siehst).

Wenn A nicht klappt, habe ich längst Option B und C im Hinterkopf und renne lieber mit Vollgas durch die Wand und riskiere einen blauen Fleck, als erst gar nicht loszugehen und vor lauter Angst festgewurzelt Stillstand zu erleben.

Mir ist es ein Anliegen, auf ADHS aufmerksam zu machen, damit sich Betroffene entsprechend Unterstützung holen können. Zum Beispiel indem sie zur Therapie gehen, Bücher zu dem Thema lesen, Podcasts hören, sich mit Gleichgesinnten austauschen oder ihr Umfeld informieren. Je mehr Menschen aufgeklärt sind, desto einfacher

ist es für alle Beteiligten, mit dem Anderssein zu leben. Solltest du auch ADHS haben: Willkommen im Team von Steve Jobs, Albert Einstein und meiner Wenigkeit! Sei stolz auf dich, denn nur weil wir ADHS haben, sind wir nicht falsch, wir ticken einfach anders und das hat einen Grund. Und jetzt genieße den wilden Ritt!

## MEIN VERTRAG MIT MIR SELBST

Damit ich mich nicht wieder verliere, habe ich mein Leben seit meiner Auszeit neu strukturiert und mir selbst Brücken gebaut, damit ich auch mal Nein sage. Indem ich zu viel Ja sagte, verpasste ich manchmal auch ein Stück meines (privaten) Lebens. Besonders, wenn ich eine zu hohe Anzahl an beruflichen Verpflichtungen einging. Weil ich dachte, dass jede Gelegenheit eine einmalige Chance sei, die nie wiederkehrt, und dass ich sie ergreifen müsse. Manchmal ist es tatsächlich so. Auch im Privaten. Vielleicht kennst du das? Du bist schon in der Jogginghose und liegst auf dem Sofa. Dann schreibt dir eine Freundin per WhatsApp, dass sie auf ein tolles Event geht und fragt, ob du dabei bist. Du denkst gleichzeitig: Oh ja und oh nein! Doch oft hat es sich für mich gelohnt, mich zu motivieren und mich ins Leben zu werfen, weil ich tolle Menschen getroffen habe und dies auch ein Ausgleich zur Arbeit ist.

Aber ich muss zwischendurch auch Nein sagen, um mir selbst ein Ja zu geben. Das war für mich schwer zu akzeptieren – und klang für mich lange wie ein klischeehafter Kalenderspruch, bis ich das Prinzip verinnerlichte.

Es ist grundsätzlich wichtig, mir selbst Gutes zu tun, auch wenn das bedeutet, früher aufzustehen, um eine achtsame Morgenroutine

zu etablieren (lies hierzu gern mehr in Kapitel 9). Ich muss auch Nein zu Menschen sagen, die mir Energie rauben, mich regelrecht aussaugen und mich nach einem Treffen erschöpft zurücklassen, selbst wenn ich sie nicht enttäuschen möchte.

Ich habe mir noch während der Auszeit einen Vertrag mit Versprechen an mich selbst aufgesetzt, den ich auch unterschrieb. Es hört sich vielleicht etwas formell an, aber es wirkt, denn Verträge binden und sind eine klare Erinnerung daran, was ich mir selbst versprochen habe.

Ich teile mit dir gern meine wichtigsten Punkte:

✳  Ich arbeite maximal acht Stunden pro Tag.

✳  Am Wochenende arbeite ich nicht und mache Digital Detox. (Falls doch Termine anstehen, nehme ich mir einen Ausgleichstag unter der Woche.)

✳  Ich nehme mir jeden Tag Zeit für mein Privatleben: Freundinnen und Freunde, Hobbys und Natur.

✳  Ich plane jeden Morgen und/oder Abend eine Sportsession ein (in Form von Yoga oder Workouts).

✳  Ich reserviere mir jedes Quartal Zeit für Urlaub (vor allem in der Selbstständigkeit ein Muss, sonst füllt sich der Kalender und plötzlich ist das Jahr voll und die Batterie leer).

✳  Nach 18 Uhr nutze ich kein Social Media mehr. Ich poste nur und konsumiere nicht.

✳ Ich nehme mir Raum für Sinnvolles: im Altersheim Zeit mit den Bewohner*innen verbringen, Menschen mit Behinderung besuchen, mit Hunden aus dem Tierheim Gassi gehen und soziale Projekte unterstützen wie meine Initiative »Sister Spirit«.

## WIE ICH ABSCHALTE

Natürlich gelingt die Einhaltung des Vertrags nicht immer, aber zumindest versuche ich es. Besonders schwierig ist es für mich, nach 18 Uhr das Handy wegzulegen. Dazu muss ich mich wirklich zwingen. Doch jedes Mal spüre ich, wie gut es mir tut, wenn ich anstatt anderen dabei zuzusehen, wie sie ihr Leben leben, mein eigenes Leben in die Hand nehme und genieße. Vielleicht schaue ich mir eine Ballettaufführung in der Oper an, klettere mit meinen Freundinnen und Freunden auf einen Berg, um den Sonnenuntergang zu genießen oder springe barfuß durch Pfützen, was mein Herz erfüllt. Kein stundenlanges Verweilen auf Social Media, wo mir plakativ kredenzt wird, was andere alles erlebt haben und ich vermeintlich verpasse.

Früher habe ich endlose Stunden bei Instagram verbracht. Bis mir irgendwann bewusst geworden ist, dass unsere Lebenszeit begrenzt ist und ich mir durch das Handy kostbare Zeit stehlen lasse. Jugendliche verbringen laut der Jugend-Digitalstudie 2023 pro Woche im Schnitt rund 64 Stunden im Netz.[2] Mir machen solche Zahlen Angst, vor allem wenn ich an die mentale Gesundheit denke. In diesen 64 Stunden sitzt die Person allein vor dem Handy und schaut sich an, wie andere Menschen unvergessliche Erinnerungen schaffen, anstatt das eigene Leben in die Hand zu nehmen und selbst einzigartige Erinnerungen zu schaffen.

Ich erinnere mich noch sehr gut an diese Dynamik: Ich hatte einen wunderschönen Tag mit Freundinnen und Freunden verbracht, fühlte mich total erfüllt, kam abends nach Hause, legte mich auf die Couch und öffnete Instagram. Plötzlich sah ich, was andere Menschen erlebt hatten und mein erfülltes Gefühl war dahin. Ich begann mich zu vergleichen, war traurig zu sehen, was ich alles vermeintlich verpasst hatte, und ging mit einem komischen, leeren Gefühl ins Bett.

Heute mache ich das bewusst nicht mehr. Ich muss mich aber dennoch zwingen, das Handy aus dem Schlafzimmer zu verbannen.

Ich konsumiere Instagram nur noch ganz bewusst. Ich scrolle nicht mehr stundenlang, sondern ich schaue mir lediglich ausgewählte Accounts an, die mir ein gutes Gefühl geben und mich inspirieren.

Am Wochenende wird nicht mehr wie verrückt gepostet und nicht mehr nur durchs Handy, sondern endlich wieder auch durch das eigene Auge gelebt. Denn ich habe die Realität irgendwann nur noch durch eine Instagram-Linse gesehen. Welcher Moment ist schön genug, um ihn abzulichten? Wenn irgendwo etwas Außergewöhnliches passiert ist, habe ich das Handy gezückt und draufgehalten. Zum Glück hat sich das geändert und ich lasse nicht mehr die fein duftenden Käsespätzle oder Maultaschen kalt werden, nur um das perfekte Bild zu knipsen und hochzuladen. Ich schaue meinen Freundinnen und Freunden beim Anstoßen wieder in die Augen statt auf mein Handy, um den Moment festzuhalten. Das hat mir eine ganz andere Lebensqualität zurückgebracht.

Meiner Meinung nach sind die sozialen Netzwerke leider oft alles andere als sozial. Ich bin dort zwar auch sehr aktiv, versuche allerdings, Menschen daran zu erinnern, dass Social Media auch anders aussehen kann. Es geht nicht nur darum, perfekt bearbeitete und

glatt gebügelte Selfies zu zeigen, sondern auch die ungeschönte Realität einzubeziehen.

Social Media vor allem sozial und sinnvoll zu nutzen, bedeutet für mich, nicht nur schöne Bilder von mir hochzuladen. Ich veröffentliche am liebsten drei Fotos, die unterschiedlicher nicht sein könnten: ein typisches Modelbild und daneben einen Schnappschuss von mir mit wilder Gesichtskirmes und dem passenden Tierfoto, das ähnlich lustig aussieht wie ich. Meist läuft es auf ein Pferd mit aufgerissenem Maul hinaus, das eine ähnliche Mundgarage hat wie ich. Ich liebe den Vergleich, um dir zu zeigen, wie herrlich es ist, über sich selbst zu lachen und dass nicht jedes Bild perfekt ist – und ich schon gar nicht.

Ich nutze auch wiederkehrende Formate wie meinen »Social Sunday«, um Organisationen und Menschen mit meiner Reichweite zu unterstützen. Durch dieses Format konnten wir schon viele Tiere retten, Bäume pflanzen und unzählige Menschen dazu motivieren, sich beispielsweise bei der DKMS zu registrieren oder sich einen Organspendeausweis zuzulegen.

Mein Ziel ist es, Menschen etwas mitgeben zu können. Im Idealfall kann ich sie durch eine Story am Tag daran erinnern, ihren Herzensmenschen zum Beispiel zu sagen, wie sehr sie sie lieben. Oder einen Impuls zu geben, Herausforderungen als Chancen zum Wachstum zu sehen und sich einen Mutausbruch zu trauen.

### ICH SCHREIBE LIEBESBRIEFE AN MICH SELBST

Mir ist während meiner Auszeit auch noch einmal bewusst geworden, wie wichtig es ist, sich selbst die Liebe zu schenken, nach der

man sich sehnt und ich habe deshalb damit begonnen, Liebesbriefe an mich selbst zu schreiben. Das hat nichts mit Selbstverliebtheit zu tun, sondern mit Selbstfürsorge! Es ist empfehlenswert, sich immer wieder Zeit dafür zu nehmen, besonders wenn du dich leer oder einsam fühlst. So oft sehnen wir uns nach etwas oder jemandem in unserem Leben, der uns alle guten Gefühle wie einen Blumenstrauß überreicht oder immer die richtigen Worte findet, damit wir uns geliebt, gesehen und gehört fühlen. Doch wann passiert das? Schreibe jetzt auf S. 264 selbst einen Liebesbrief an dich!

Ich habe aufgehört, darauf zu warten. Ich nehme mir ein Blatt Papier und schreibe einen Brief von der erwachsenen Version meiner Selbst an mein inneres Kind, um ihm die Aufmerksamkeit und Liebe zu geben, die es braucht, wenn ich spüre, dass es Defizite gibt (mehr zu meinem inneren Kind kannst du in Kapitel 3 lesen). Das kann niemand anderes übernehmen. Du kannst anderen nicht die Verantwortung in die Hände legen, dich zu heilen oder von einem Mangel zu erlösen. Die gute Nachricht ist: Das kannst du selbst tun und es fühlt sich für mich jedes Mal magisch an, denn man lernt sich selbst auf eine ganz besondere Art und Weise zu lieben und zu schätzen.

## JEDER TAG KANN EIN GUTER TAG SEIN

Ich kümmere mich regelmäßig um mich, mal besser, mal schlechter. Ich glaube, das ist ein Weg und unser Leben eine Reise. Stell dir vor, du gehst nicht einfach nur einen Berg hinauf, um schnell wieder unten zu sein. Du wanderst für die Aussicht, die Gespräche, die Pflanzen, die Insekten – für alles, was dir auf dem Weg begegnet. Man lässt sich darauf ein und nimmt aktiv teil. Es ist wichtig, die Augen zu öffnen, die Aussicht zu genießen, anstatt den Weg mit Tunnelblick entlang zu hetzen. Ich finde, wir vergessen leider viel zu oft, uns auf eine Parkbank zu setzen, um uns auszuruhen. Und wenn Ruhe einkehrt, nicht direkt das Handy zu zücken, sondern den Moment nur für sich selbst zu genießen. Das möchte ich wieder viel öfter tun.

Deshalb plane ich auch, die Wochenenden wirklich Wochenenden sein zu lassen. Ich habe jahrelang durchgearbeitet und kann jetzt, mit 28 Jahren, sagen, dass ich erfolgreich genug bin, um etwas Druck rauszunehmen. Das fühlt sich absurd an, aber macht mich stolz. Ich möchte nicht mehr pausenlos weiterrennen und nach »höher, schneller, weiter« streben. Das wird uns durch unsere Konsumgesellschaft eingeimpft, aber es ist wichtig, innezuhalten, achtsam und dankbar zu sein für das, was wir haben. Denn nur so – zumindest glaube ich das – empfinden wir Zufriedenheit und Glück.

Und mir geht es trotz meiner Herausforderungen wunderbar. Ich bin ein junger und privilegierter Mensch, habe ein warmes Zuhause, Essen und Trinken. Das ist keine Selbstverständlichkeit für viele Menschen auf der Welt. Wenn ich meine Probleme aus der Vogelperspektive betrachte, erscheinen sie plötzlich ganz klein. Ich schäme mich oft für meine vermeintlichen Probleme, aber sie fühlen sich trotzdem manchmal groß an. Doch weltweit gesehen sind sie nur kleine Herausforderungen. Wir haben so viel zu schätzen, und das möchte ich nie vergessen.

### ANDERER ORT, NEUE PERSPEKTIVE

Deswegen war es auch Teil meiner Auszeit – nach den ersten Wochen der Reflexion und des Ausruhens – zu reisen. Andere Orte lassen mich anders fühlen und bringen mich wieder in den inten-

siven Kontakt mit dem Leben. Ich treffe Menschen, denen ich im Alltag nie begegnen würde, und ich führe Gespräche, die neue Perspektiven zulassen. Damit meine innere Welt weit wird, begebe ich mich unheimlich gern auf Reisen und lasse mich inspirieren.

Als meine ältere Schwester Lotti mich fragte, ob wir unsere Rucksäcke packen und ganz schlicht backpacken, sagte ich sofort zu. Genau das haben wir gemacht! Ohne große Pläne flogen wir nach Kenia und ließen uns dort von Moment zu Moment treiben. Wir übernachteten in Mehrbettzimmern in Hostels und aßen mit den Einheimischen auf den Straßen. Ich hatte tagelang dieselbe Hose und dasselbe T-Shirt an, das irgendwann optisch eine regelrechte Schweiß-Staub-Batik-Technik entwickelte. Meine Haare wusch ich so lange nicht, dass man mit dem Haarfett gefühlt eine Pfanne hätte einfetten können. Ich liebte es! Ich ließ das Handy im Flugmodus und mich ohne Erwartungen und in einem Bummel-Tempo auf das Neue ein. In der Fremde, fernab von allem, puzzlete ich mich wieder zusammen, bis ich bereit war, zurückzukommen und vieles anders zu machen.

Wenn du mich heute fragen würdest, warum ich eine Auszeit genommen habe, würde ich sagen: Die wochenlange innere und äußere Reise hat mich wieder zu mir selbst zurückgeführt und dafür bin ich wirklich sehr dankbar. Ich habe den Weckruf gehört, den ich nun auch dir zurufe: Sei mutig, aber pass auch auf dich auf! Am besten von Anfang an – nicht erst, wenn du schon am Boden liegst und nicht mehr weißt, welches Puzzleteil zu dir gehört.

✳ ✳ ✳

# MEINE HERZENS-EMPFEHLUNGEN:

✳ Wenn du Zeit hast, nimm dir jeden Tag eine halbe Stunde Zeit für dich. Wenn du keine Zeit hast, nimm dir eine Stunde!

✳ Kümmere dich frühzeitig um deine mentale Gesundheit, indem du dir zum Beispiel achtsame Pausen schaffst. Wenn du dich wochenlang erschöpft und überfordert fühlst, du Ängste erlebst, hole dir Unterstützung in Form von Therapie, Coaching usw. und nimm dich und deine Signale bitte ernst.

✳ Mache einen Vertrag mit dir selbst, der deine Work-Life-Balance und deinen Social-Media-Konsum regelt. Wann möchtest du online und wann offline sein? Unterschreibe ihn wirklich! Aber mache dir keinen Druck, ihn immer zu erfüllen. Es ist ein Ziel, in das du hineinwachsen kannst.

✳ Gehe nach dem Aufstehen und vor dem Einschlafen auf keinen Fall direkt auf Social Media! Im Best Case erteilst du deinem Handy Schlafzimmerverbot. Ich empfehle dir die Eine-Stunde-Regel: eine Stunde nach dem Aufstehen und eine Stunde vor dem Einschlafen kein Handy nutzen. Tue es für dich und deine mentale Gesundheit. Nimm dir erst mal Zeit für dich, kreiere dir eine ganz persönliche Morgenroutine mit Dingen, die dir guttun (siehe Kapitel 9).

✳ Sag öfter mal bewusst Nein zu Aufgaben, Terminen und Wünschen von anderen. Damit sagst du Ja zu dir selbst und gibst dir das Gefühl, dass du auf dich selbst achtest und dich priorisierst. Das hat nichts mit Egoismus, sondern mit gesunder Selbstfürsorge zu tun.

✳ Schreibe dir selbst einen Liebesbrief – damit auch dein jüngeres Ich versteht, dass du Verantwortung für deine Gefühle und dein Leben übernehmen kannst. Damit du dich geliebt fühlst. Was liebst du an dir? Was hast du alles schon erreicht? Worauf bist du besonders stolz? Bevor du jetzt direkt weiterliest, schlage Seite 264 auf, hole dir Stift und Zettel und schreibe dir den Brief und spüre die Liebe, die dadurch entsteht. Es ist magisch. Von dir für dich.

✳ Du bist nicht allein und du brauchst nicht alles allein in deinem Leben zu regeln. Frag nach Unterstützung, wenn dir etwas zu viel wird und du Entlastung brauchst.

# 2. MEINE WUNDER-BARE PIPPI-LANG-STRUMPF-WELT

**WIE MICH MEINE KINDHEIT PRÄGTE**

**Journal-Eintrag vom 16. März 2024:**

»Liebe Frau Weippert, versetzen Sie sich zurück in den ersten Moment Ihrer Kindheit, an den Sie sich erinnern können. Wo sind Sie, was machen Sie und wie fühlen Sie sich?«

Ich werde diese Therapiestunde nie vergessen, die Rückführung in meine Kindheit.

Denn es war das erste Mal, dass ich realisierte, dass meine Kindheit auf dem Bauernhof vielleicht doch nicht so perfekt war, wie ich immer gedacht hatte.

Ich saß da, mit geschlossenen Augen, und sofort stiegen mir Tränen in die Augen.

Denn meine erste Erinnerung an meine Kindheit ist nicht, wie ich glücklich mit meiner Schwester im Schlamm spiele, sondern wie ich voller Hoffnung und Verzweiflung auf unserem Bauernhof stehe und warte. Ich warte auf meinen Papa. Und während ich die Worte schreibe, schmerzt es wieder so sehr in meinem Herzen, dass mir große Tränen über die Wangen laufen.

*Ich bin vielleicht fünf Jahre alt und stehe da. Stundenlang. Aber Papa kommt nicht.*

*Je mehr Zeit verstreicht, desto trauriger werde ich. Er hat mich vergessen. Ich bin ihm nicht wichtig. Er liebt mich nicht. Ich bin nicht gut genug, sagt die Stimme in mir.*

*Ich kenne diese Stimme nur zu gut. Ich höre sie bis heute in den verschiedensten Momenten.*

*Es ist mein inneres Kind. Mein Schattenkind. Ich trage die Angst seit meiner Kindheit in mir.*

*Die Angst, dass Papa nicht kommt und mich einfach stehen lässt, weil ich ihm nicht wichtig genug bin und dann wohl auch nichts wert bin. In diese Spirale gerate ich bis heute immer wieder. Und manchmal merke ich es zu spät und bekomme ein regelrechtes Schleudertrauma, werde traurig und verzweifle für einen Moment. Hört das jemals auf? Werde ich jemals das Gefühl verinnerlichen, dass ich gut genug bin? Mit all meinen Ecken und Kanten? Dass ich liebenswert bin? Dass ich nicht vergessen werde? Lange hätte ich diese Frage mit Nein beantwortet, aber all die Therapiestunden und Coachingsessions haben sich gelohnt.*

*Endlich ist sie da. Die Stimme in mir, die mir sagt: Du bist genug! Und damit übertönt sie mein inneres Schattenkind, das immer wieder zweifelt und denkt, ich sei nicht genug.*

*Das Schöne, was ich endlich verstanden habe: Es sind nur Ängste, es hat nichts mit der Realität zu tun, denn wir werden nicht vergessen, wir werden nicht verlassen, wir werden nicht verletzt. Das ist ausschließlich unsere Angst und die darf sich auch jederzeit bemerkbar machen und hochkommen. Wichtig ist dann nur zu verstehen, dass es nur eine Emotion ist, ein unsicheres Kind, das in den Raum rennt und seine Sorgen, Zweifel und sein Misstrauen mitteilen will. Ich darf diese kleine ängstliche Version meiner selbst, mein Schattenkind, in meine Arme schließen, es trösten, es an die Hand nehmen und ihm versichern: Du bist nie allein! Du wirst gesehen, gehört, du bist wertvoll und ich verurteile dich nicht für deine Emotion, sondern höre dir zu, nimm dich ernst und umarme dich liebevoll. Ich danke meinem Schattenkind für die Warnung, danke, dass es mich schützen will, bevor ich wieder verletzt werde.*

*Ich sage ihm: Du brauchst keine Angst haben. Wir dürfen die alten Ängste und Zweifel abstreifen und loslassen, sie dienen uns nicht mehr. Wir entscheiden, wer uns verletzen kann und wer nicht. Wir richten den Fokus auf das schwache Pflänzchen in uns und schenken ihm so viel Aufmerksamkeit und gießen es täglich mit Liebe, damit es zu einer starken, sicheren Pflanze heranwächst, die fest im Boden verankert ist.*

Meine Kindheit hätte sich während meiner ersten Lebensjahre für mich nicht schöner anfühlen können. Ich verbrachte die meiste Zeit mit meiner Mama Conny, meinem Papa Robert, meiner Schwester Lotti und mehr Tieren als Menschen um mich herum auf unserem Bauernhof mitten im Nirgendwo. Wir führten ein einfaches Leben fernab von Medien, roten Teppichen und gepflasterten Straßen. Zum Glück.

Conny ist eine absolute Macherin. Sie ist mein sicherer Hafen und bis heute mein größtes Vorbild, weil sie mir immer zeigt, wie unendlich wichtig es ist, niemals aufzugeben. Meine Eltern Conny und Robert sind beide Klavierbauer*in und haben sich während ihrer Ausbildung kennengelernt. Als Conny mit meiner drei Jahre älteren Schwester Lotti im achten Monat schwanger war, meisterte sie mit Bravour ihre Gesellinnenprüfung zur Klavierbau-Ausbildung. Hochschwanger in einer Männerdomäne, was für eine Kämpferin. Sie absolvierte die beste Abschlussprüfung und wurde daher zur Bundessiegerprüfung geladen, welche sie dann gewann. Conny war das jüngste von neun Kindern. Sie hat in uns schon früh Mut gepflanzt, weil sie uns vorlebte, wie man erfolgreich gegen den Strom schwimmt. Es verlangt zwar viel Anstrengung, aber du erreichst dadurch neue Ziele, die andere vielleicht nie erlangen werden.

Robert ist ein typischer Künstler und ermöglicht es sich, sein Leben kreativ wie einen Vergnügungspark zu gestalten. Mit ihm kann ich mich bis heute auf dieser Ebene super austauschen. Durch ihn fällt es mir nicht schwer, mir zu erlauben, viel auszuprobieren und alle meine Facetten zu leben: von der Geschäftsfrau bis zur Yogalehrerin.

## UNSERE KLEINE BAUERNHOFWELT

Meine Eltern entschieden Anfang der 90er-Jahre: Wir mieten uns einen Bauernhof mitten in der baden-württembergischen Provinz. Die beiden waren echte »Vollblutaussteiger*innen«. Meine Welt erstreckte sich über einen Hof mit einer Scheune. Um uns herum blickte ich in den Wald und auf weite Felder. Ich wachte morgens als Erste auf rannte erst mal barfuß zu unseren Hunden, um mit ihnen zu kuscheln. Schon damals wünschte ich mir, so viel wie möglich vom Leben mitzunehmen und nichts zu verpassen. Es erschien alles so einfach und ich konnte mich im Moment verlieren, wenn ich bei unserer Nachbarsfamilie im Kuhstall ein Kalb streicheln durfte. Sie hatten Kühe, bei denen ich mehr oder weniger wohnte. Meine Hand befand sich nicht auf der Kuh, um sie zu streicheln. Nein, ich steckte sie am liebsten ins Maul der Kuh, da diese dachte, meine Finger seien Zitzen und daran saugte. Die raue Zunge kitzelte mich stundenlang und so entwickelte ich eine tiefe Bindung zu Kühen.

Bei uns bellte und miaute es permanent, wir hatten zwei Hunde: Viva und ihre Tochter Nutella (typischer Hundename, der schon erahnen lässt, dass wir schon immer ein bisschen anders waren). Jedes Jahr gab es unzählige Hundebabys, der Rekord lag bei 14 Babys in einem Wurf. Dazu kamen ebenfalls unzählige Katzenbabys. Unsere Katze Jessi warf auch gerne mal im Kleiderschrank meiner Schwester und wir wunderten uns, wieso der Kleiderschrank plötzlich miaute.

Wir hatten Hühner (wenn sie nicht von Mardern gerissen wurden), Hasen, Schafe, Böcke, Pferde und einige Ziegen und Laufenten. Lotti liebte es, unsere Ziege Laila zu satteln und mich daraufzusetzen. Natürlich dauerte es nur wenige Sekunden, bis ich in hohem Bogen von der Ziege flog. Einer der Gründe, wieso mein Körper gefühlt zu 90 Prozent aus blauen Flecken bestand und unzählige Gehirnzellen dran glauben mussten.

Wir spielten mit unseren Tieren am liebsten Zirkus. Die Hunde und Katzen wurden so lange mit Leckereien gelockt, bis sie über Hindernisse sprangen, und zum krönenden Abschluss unsererseits (und dem mental herausfordernden Abschluss unserer Eltern) spielten wir Seiltanz und hangelten uns in (zu hohen) Höhen an ehemaligen Feuerwehrschläuchen hinauf. Natürlich war es nur eine Frage der Zeit, bis wir uns verletzten. Respekt, dass unsere Eltern uns diese Freiheit schenkten und wir herausfinden konnten, wo unsere Grenzen lagen. Ich habe mich gefühlt wie das glücklichste Kind auf dieser Welt, weil ich innerlich durch den Spaß, die Liebe und die Freiheit so erfüllt lebte und weil meine Eltern mich auch nicht übermäßig regulierten. Damit meine ich: Sie setzten mir zwar gesunde Grenzen, aber ich durfte trotzdem sehr viel ausprobieren und mich frei entfalten. Dafür bin ich ihnen bis heute unendlich dankbar.

## DAS CHAOS GAB MIR HALT

Andere Kinder schauten Filme, wir kreierten unsere eigenen Geschichten und spielten Superstar auf dem Maisfeld. Ein Maiskolben war unser Mikrofon. Wir verspürten nie Langeweile, weil wir sehr kreativ waren und immer eine Beschäftigung fanden. Und falls ich Conny doch mal die Ohren vollheulte, dass mir langweilig sei, antwortete sie mit: »Herzlichen Glückwunsch, genieße es!« Und schon suchte ich mir die nächste Beschäftigung. Ich liebte es zu malen: Hörbuch an, Stift in die Hand und die anderen hatten (endlich) mal Ruhe vor mir. Ich war ein sehr sensibles, emotionales und kreatives Kind und liebte es, stundenlang Klavier zu spielen. Dabei konnte ich meinen Gefühlen freien Lauf lassen und im Moment versinken. Es war wirklich ein Kinderparadies! Ich habe jeden Augenblick geliebt und mich in dem Chaos geborgen gefühlt – eine wunderbare Kraft, die mich auch heute noch durch meine Tage trägt.

Auf fast allen meinen Kinderfotos siehst du mich, wie ich mehrere Kleidungsstücke übereinander trage – außer Schuhe. Ich erinnere mich, dass ich die meiste Zeit meiner Kindheit barfuß lief. Ich zog mir erst zum Schlafengehen Socken an, damit das Bett sauber blieb. Damals handelte ich intuitiv, heute weiß ich, dass es ein Privileg war, mit beiden Füßen auf dem Boden und gleichzeitig so vogelfrei aufzuwachsen. Das Barfußlaufen symbolisiert dies sinnbildlich bis heute für mich, weshalb ich jede Gelegenheit nutze, die Schuhe ins Eck zu schmeißen nackig über den Boden zu rennen.

## ICH WAR STÄNDIG IN GEFAHR, WEIL ICH MICH TRAUTE

Auch meine Schwester Lotti war für mich immer ein Vorbild, weil sie ruhiger und bedachter war als ich. Heute weiß ich, dass ich genau die Eigenschaften mitbekommen habe, die ich für mein Leben brauche: Ich war von Natur aus mutig und willensstark. Mich sahen meine Eltern immer auf dem höchsten Schaukelgerüst und dem wildesten Pferd. Als ich noch nicht schwimmen konnte, wäre ich fast einmal im Schwimmbad ertrunken. Ich erinnere mich lebhaft an diesen Moment: Ich lief übermütig ohne Schwimmflügel ins Wasser, während Conny und Lotti noch in der Sauna schwitzten, und dachte mal wieder nur von Zwölf bis Mittag. Dass ich meine Schwimmflügel nicht anhatte, bemerkte ich gar nicht, und dass ich noch nicht schwimmen konnte, hatte ich im Eifer des Gefechts auch vergessen. Ich sprang ins Wasser und merkte plötzlich, dass Flügel und Seepferdchen fehlten und begann zu strampeln. Ich schluckte Wasser, konnte nicht mehr atmen und in letzter Sekunde riss mich meine Schwester Lotti am Arm aus dem Wasser. Sie hatte mir (wie so oft) das Leben gerettet.

Seit diesem Erlebnis hatte ich eine Riesenangst vor Wasser, die als Respekt vor Wellen anhält. Aber ich surfe trotzdem, denn ich möchte nicht, dass diese alte Erfahrung mich von einer neuen abhält. Ich bin mir als Erwachsene bewusst, was passieren kann, aber ich weiß auch, wie ich das Risiko minimiere. Wenn ich das mit der kindlichen Unbeschwertheit verbinde, komme ich weiter, als für immer all die Vielfältigkeit an Erlebnissen im Wasser zu meiden.

Es passierte oft, dass meine Eltern mich in letzter Sekunde retten mussten und es war schwer, mir Grenzen zu setzen, weil ich so wenig Angst hatte. Zum Glück hatte ich nicht nur einen Schutzengel, sondern eine ganze Belegschaft, die mich 24/7 beschützte. Nur der aggressive Nachbarshund, Prinz, konnte mich das Fürchten lehren. Deswegen warnten mich meine Eltern etwa so: »Wenn du in die Steckdose fasst, dann kommt der Prinz heraus.« Da mein Mut immer über die Angst siegt, schlug ich mit dem Hammer auf die Steckdose. Es gab einen großen Knall und ich flog im hohen Bogen ans andere Ende des Zimmers. Wo war denn nun Prinz? Ich wartete gebannt mit Blick auf die Steckdose. Als Prinz nicht erschien, verlor auch dieses Szenario seinen Schrecken für mich.

Ich war (leider) niemand, die durch Zuhören lernte, sondern durch das Erleben – ich musste die Herdplatte anfassen, um zu wissen, dass sie heiß war und dass ich sie wirklich nicht berühren sollte. So habe ich früh für mein Leben trainiert und meine Grenzen ausgetestet. Dieser Charakterzug ist mir geblieben. Wenn mir alle sagen: »Mach das nicht«, dann mache ich es erst recht. Wenn mir andere Menschen einen Tipp geben, dann befolge ich diesen meist erst mal nicht und mache meine eigenen Erfahrungen. Ich möchte anders handeln, um etwas anderes zu erleben und zu erreichen. Damit riskiere ich zwar, dass etwas mal nicht so gut für mich läuft, aber dadurch lerne ich. Selbst wenn es die Erkenntnis ist, dass ich doch auf die anderen hätte hören sollen. Aber Erfahrungen kann man nun mal nicht lernen.

## MEINE EMOTIONALITÄT IST (MEIST) MEINE STÄRKE

Ich hatte schon als Kind meinen eigenen Dickkopf und geriet sehr schnell in Rage. Wenn ich Klavier übte und das Stück nicht fehlerfrei spielte, war es nur eine Frage der Zeit, bis ich aufsprang und wutentbrannt die Noten zerriss. Irgendwann wurden im gesamten Haus die Türklinken nach oben geschraubt. Warum? Damit ich kleines Rumpelstilzchen im Streit nicht mehr selbstständig die Tür öffnen und abhauen konnte. Abhauen bedeutete, dass ich weinend hinters Haus rannte und mich in die Wiese warf.

Der tiefer liegende Grund dafür war, dass ich im Inneren mit meinen vielen Emotionen nicht umgehen konnte. Ich brauchte diese Reaktion als Ventil, um mich zu entladen. Heute kann ich mich durch Yoga und Meditation viel besser regulieren und reite nur noch bedingt auf meinem selbsternannten Hexenbesen durch die

Gegend, wenn etwas nicht so läuft, wie ich mir das wünsche. Ich bin froh, dass ich bei einer Diskussion nicht mehr wutentbrannt aus dem Raum laufe, sondern Ruhe bewahre, tief durchatme und eine erwachsene Kommunikation führen kann. Ich dachte immer, dass meine Gefühle viel zu viel und viel zu extrem sind.

Aber mittlerweile weiß ich: Meine Gefühle sind keine Schwäche, sondern meine Stärke. Für mich gehört zum Thema Mut, dass ich mir erlaube, verletzlich zu sein und meine Sensibilität zu zeigen. Denn nur so kann ich heute authentisch leben und meine Bedürfnisse ausdrücken.

## RÜCKBLICKEND ERSCHIEN NICHT ALLES PERFEKT

Ich habe unsere Kindheit auf dem Bauernhof sehr geliebt. Gefühlt gab es keine Probleme, die Welt war in Ordnung, wir lebten definitiv nicht im kapitalistischen Luxus und genau deshalb war es für mich der wahrgewordene Traum, denn wir waren inmitten der Natur. Rückblickend habe ich erst verstanden, dass meine Kindheit vielleicht doch nicht so perfekt war, wie ich sie lange Zeit abgespeichert hatte, denn ich hatte immer Angst, verlassen zu werden (hierüber erzähle ich dir noch mehr in Kapitel 3).

Wir hatten nie viel Geld, aber es hat immer ausgereicht. Wir hatten mit Glück warmes Wasser. Manchmal fiel der Boiler im Keller aus und dann gab es stunden- oder tagelang nur kaltes Wasser und auch keine Heizung. Eine Avocado war ein absolutes Luxusprodukt für uns, welches wir uns nur selten leisten konnten. Wir wurden nicht gepampert wie viele andere Kinder und auch wenn ich es mir früher vielleicht gewünscht hätte, bin ich heute unglaublich froh darüber. Denn ich habe mir mein heutiges Leben ohne Vitamin B selbst erarbeitet und brauche nicht viel, damit es mir gut geht und ich zufrieden bin.

## MEINE KINDHEIT BEGLEITET MICH

Ich wohne heute allein in einer Berliner Wohnung und liebe es, denn die Stadt inspiriert mich mit ihrem kreativen Chaos und den verschiedenen Menschen. Aber wer genau hinschaut, erkennt die Spuren aus meiner Kindheit: Über meinem Bett hängt ein riesiges Bild von einem schottischen Hochlandrind. Mitten im Wohnzimmer steht neben meinem Roller mein Klavier, an das ich mich jederzeit setzen kann, um den Alltagsgedanken zu entkommen. Wenn die Sehnsucht nach der Natur zu groß wird, schnappe ich mir mein Fahrrad und radle in den nächsten Park, um mich in die Wiese zu legen und den Enten dabei zuzusehen, wie sie ihr Gefieder reinigen. Ich brauche nicht viel. Das mag unglaubwürdig klingen, aber ich fühle mich am wohlsten, wenn ich zuhöre, wie der Regen aufs Dach trommelt und wie der Wind durch die Bäume pfeift. Im Nu fühle ich mich zutiefst erfüllt und innerlich in Frieden.

Als Landkind werde ich in der Stadt oft belächelt. Aber ich merke, was für ein Geschenk meine Art des Aufwachsens war. Wäre ich in der Stadt groß geworden, würde ich die Einfachheit und Ruhe nicht vermissen. Mir würde viel von dem fehlen, was mir so viel Leichtigkeit und Positivität gibt. Zwischen Bäumen und auf der Wiese bin ich im guten Sinne sprachlos. Ich schalte ab, ich kann durchatmen, ich kann mich voller Vertrauen fallen lassen. Das Gedankenkarussell hört auf, ich kann mich entspannen.

## IM HERZEN IST DIE FREIHEIT MEINER KINDHEIT MEIN SICHERER HAFEN

Wenn ich heute durchgetaktet bin und durch das Leben rattere wie eine Nähmaschine, erinnere ich mich an meine Kindheit, an meinen sicheren Hafen, in den ich immer wieder in meiner inneren Welt zum Ankern einkehren kann. Ich möchte dieses furchtlose, fühlende und naturverbundene innere Spielkind niemals verlieren. Deshalb verhalte ich mich privat manchmal anders, als du es von einer 28-Jährigen vielleicht erwarten würdest. Wenn ich mein Lieblingstier, die Kuh, am Straßenrand sehe, möchte ich jedes Mal anhalten und sie streicheln, weil in mir sofort wieder das Gefühl meiner Kindheit reaktiviert wird. Wenn ich das warme Fell der Kuh spüre und sie dazu beruhigend schnaubt und mich mit ihren lieben Kulleraugen anschaut, bin ich wieder fünf Jahre alt und zurück in meiner freien, wilden und wunderbaren Pippi-Langstrumpf-Welt. Kühe geben mir ein unglaubliches Gefühl von Heimat, Glück und Freude.

Es kommt vor, dass ich zwischen zwei Meetings einen Handstand mache oder nach einem Dreh in meinem Designeranzug in Pfützen springe. Meine Make-up-Artistin sagt oft zu mir: »Lola, Gott hat dir so einen sexy Körper gegeben. Aber darin wohnt ein fünf Jahre altes Kind.« Genauso ist es: Ich kann bei Shootings sexy posen, aber meine Hippie-Kindheit bleibt in mir lebendig. Wenn ich an diese unbeschwerte Zeit zurückdenke, wird in mir eine unbändige Energie frei, die mich dabei unterstützt, ein außergewöhnliches Leben mit verschiedenen Empowerment-Projekten sowie Moderations- und Modeljobs weltweit zu schaffen.

Du fragst dich vielleicht, warum ich dir von dieser Facette zu Anfang meines Buches erzähle? Weil meine Kindheit mich insofern geprägt hat, dass ich heute auf einem stabilen Fundament stehe, von dem aus ich mich in die Welt wage. Meine Wurzeln erinnern mich immer wieder daran, was wichtig im Leben ist, und lassen mich etwas wagen.

Mut in Kombination mit Freude bilden meinen Antrieb, den ich mir mit der Erinnerung an meine ersten Lebensjahre aktiviere. Ich bekomme Lust auf die einzigartigen schwäbischen Käsespätzle meiner Mama, höre mein Kinderlachen, genieße das Gefühl von Leichtigkeit und ich weiß, dass der Tag gut wird – egal, was passiert. Freude und Leichtigkeit sind in meinen Augen auch keineswegs mit Oberflächlichkeit zu verwechseln, sondern drücken für mich wahre Stärken im Leben aus. Wer in der puren Freude ist, kann Berge versetzen.

## WIE ICH MIR DIE LEICHTIGKEIT BEWAHRE, OHNE DIE ERDUNG ZU VERLIEREN

Wenn ich von einem Job zum anderen hetze und bei Regen mit dem Fahrrad sprinte, dann nehme ich jede Pfütze mit und reiße meine Beine ganz bewusst nicht nach oben, um nass zu werden. Dann verdrehen die anderen die Augen oder jubeln mir zu. Für mich ist es der glücklichste Moment, den ich mir in dem Augenblick erschaffen kann, weil er die Erinnerung an alles Natürliche auslöst.

Das ist auch der Grund, warum ich manchmal barfuß durch Berlin laufe und es mir egal ist, wenn dadurch der frische Nagellack von der letzten Show absplittert. Wichtig ist mir die Anbindung an dieses Gefühl, vollkommen im Moment zu sein und offen für alles um mich herum.

Ich liebe den Geruch von nasser Erde und das matschige Gefühl unter den Füßen, wenn ich über eine Parkwiese laufe. Mich bringt

es buchstäblich wieder auf den Boden zurück. Wir müssen für einen erdenden Naturkontakt nicht erst 45 Minuten mit der S-Bahn an einen See oder in einen Wald fahren.

Ich habe mich längst davon frei gemacht, was andere Menschen über mich sagen und denken könnten, wenn ich mich in freier Wildbahn anders verhalte als die Norm. Ich muss nicht allen gefallen und die passenden Menschen verstehen mich. Diese Einstellung ist kinderleicht. Wir dürfen uns immer wieder daran erinnern, dass wir mit fünf Jahren nicht darüber nachgedacht haben, wie die eigene Art bei anderen ankommt. Da haben wir einfach ohne Unsicherheiten unser eigenes Ding gemacht – bis wir beschämt oder bewertet wurden. Wenn ich aber wieder zu dem Moment zurückkehre, in dem ich Sätze wie »Das macht man nicht« vergesse, bin ich frei.

Meistens erlebe ich sogar positive Reaktionen von anderen. Viele denken, etwas Ungewöhnliches würde komisch ankommen und lassen sich dadurch ausbremsen. Kürzlich stand ich in Berlin an einem Straßenbeet und freute mich über den Anblick einer weißen Rose, die sich ihren Weg zwischen dem Asphalt gebahnt hatte. Eigentlich drängte ein Termin. Ich roch dennoch genüsslich an der Blüte. In dem Moment lief eine ältere Frau vorbei und sie sagte: »Ach, wie schön, dass sich so ein junger Mensch noch über eine Blume freuen kann.« Ich wünschte, dass diese Verbundenheit zur Natur und Natürlichkeit noch mehr in unserer Gesellschaft verankert wäre. Ich fürchte, das verlieren wir immer mehr. Dabei ist es unsere Basis.

Wir richten unseren Fokus oft anders aus, weil wir in einer bequemen Abhängigkeit leben. Wir bekommen alles jederzeit in einer Stadt wie Berlin und müssen nicht unbedingt vor die Tür gehen. Berlin ist immer hell beleuchtet wie ein Fußballstadion – dadurch verschwimmen Tag und Nacht.

## DIE VERBINDUNG ZUR NATUR BEWAHRT UNSERE NA-TÜRLICHKEIT

Ich hatte diesen Zugang zu mir und meiner inneren Natur zeit-weise ebenso verloren. Es gab eine Phase in meinem Leben, in der ich nicht mehr wusste, was mir guttat. Ich fühlte nicht mehr, was wichtig für mich war und welche Prioritäten ich setzen sollte. Ich tauchte in die Showwelt ab und vergaß, wieder an die Oberfläche zurückzuschwimmen, um reale Luft einzuatmen. Dabei halfen mir meine Familie und meine Freundinnen und Freunde von früher sowie die Orte meiner Kindheit total, weil sie mir aufzeigten, wer ich wirklich war und bin. Als ich plötzlich auch so perfekt ausse-hen wollte wie die anderen, als ich in Selbstzweifel abrutschte, weil ich die Perfektion anderer wohl nie erreichen würde, erinnerten sie mich: »Lola, das bist nicht du!« Sofort merkte ich, dass ich drin-gend abbiegen musste, um wieder auf meinen Weg der gesunden Stadt-Land-Balance zu kommen.

## WIE ICH MIR MEINEN TRAUM VOM LEBEN AUF DEM LAND ERFÜLLTE

Um auf Dauer das Beste aus beiden Welten zu leben, habe ich mir das wunderbare »Lolaland« erschaffen. Nicht nur für mich, sondern auch für dich. Mitten in der Corona-Pandemie wurde mein Wunsch immer größer, endlich wieder da hinzuziehen, wo ich herkomme: aufs Land. Zudem wollte ich Menschen den Zugang zur Natur wie-der erleichtern, der sich anfühlt wie eine kleine Oase. Denn vor allem Berlin ist eine Stadt, die einen verschlingen kann, wenn du nicht immer mal wieder aus ihr herauskommst. Aus diesem Gefühl heraus rief ich meinen Papa Robert an und erzählte ihm, dass ich gern einen Bauernhof in der Nähe von Berlin kaufen würde.

Er half mir sofort zu suchen. Wie durch ein Wunder entdeckte er auf Kleinanzeigen einen Bauernhof in Brandenburg, den ein älterer Mann verkaufen wollte. Wir riefen an und fuhren wenig später 45 Minuten mit dem Auto aus Berlin dorthin. Ich erinnere mich noch gut, wie aufgeregt ich auf dem Beifahrersitz hin und her rutschte, weil ich fühlte, dass etwas Großes entstehen würde. Dazu sangen wir lauthals Queen, Bohemian Rhapsody. Die Stimmung war kaum zu toppen.

Wir kamen an und ich wusste sofort: Das ist er! Die zum Teil verfallenen Gebäude aus Backstein und grauem Putz überzeugten optisch noch nicht alle, aber mein Herz sagte Ja und ich sah meine Vision direkt vor mir: Dies könnte genauso ein Wohlfühlort werden wie der Hof meiner Kindheit. Für mich und andere. Ich zögerte nicht lange, kaufte sofort und wiederholte dabei mein inneres Mantra: »Sei mutig und dir gehört die Welt!« Es war ein gigantischer Schritt für mich.

Ich entschied blitzschnell nach meinem Bauchgefühl – noch bevor sich mein Kopf einschalten konnte. Ich zögerte nicht. Auch, damit die Zweifel und Ängste erst gar keine Chance bekommen konnten. Dabei hätte es einiges zu bedenken gegeben. Wenn ich vorab alles bis ins Detail durchdacht und kalkuliert hätte, wäre ich diesen Schritt vielleicht doch nicht so leichtsinnig gegangen. Zum Glück wusste ich damals nicht, wie mühsam es ist, sich mit dem Bauamt auseinanderzusetzen und wie lange es dauert, bis man eine Baugenehmigung erhält. Aber endlich haben wir grünes Licht und es kann losgehen! Ich kann dir bei Entscheidungen nur empfehlen, auch mal mit deinem ersten Gefühl zu gehen und nicht alles bis ins allerletzte Detail zu durchdenken. So verpulverst du nur die Energie und du wagst doch nicht, was ein wichtiger Schritt in deinem Leben sein könnte. Und ich finde, es gibt kaum

ein störenderes Gefühl als die Reue, etwas nicht gewagt zu haben. Und ich ahne: Das »Lolaland« wird ein riesengroßes Lernfeld für mich und andere. Ich freue mich so sehr darauf!

Es braucht viel Arbeit, den Ort zu einem Retreat mit Raum für Yoga und Meditation zu transformieren, für uns so umzugestalten, dass sich alle wohlfühlen. Du kannst dir den Ort so vorstellen: Erst mal fährst du aus der grauen Stadt und landest in immer kleineren Dörfern, bis du irgendwann in Gießmannsdorf ankommst. Und so wie es klingt, sieht es auch aus: Es ist ein beschauliches Dorf mit knapp 150 Einwohnern. Die Störche klappern vor der Einfahrt, gegenüber liegt die alte Kirche und wenn du das Tor zur Seite schiebst, erstreckt sich dieser wunderschöne, besondere Hof. Du blickst direkt auf den kleinen Brunnen, der umringt ist von diesem alten Vierseithof. Das Haupthaus, in dem man bereits wohnen kann, befindet sich zu deiner Rechten. Die danebenliegende Scheune und die ehemaligen Stallungen rahmen den Brunnen ein. Alles wird komplett saniert, doch der Bauernhof-Charakter soll erhalten bleiben, und in das ehemalige Hühnerhaus zieht eine Sauna ein. Alles Schritt für Schritt (bleib gern über Instagram @lolaland auf dem Laufenden).

Auch wenn ich ständig für das Projekt telefoniere und organisiere, lasse ich mir den Spaß nicht nehmen, im Gegenteil. Ich freue mich sehr darauf, mit dem Bagger Mauern einzureißen, die Scheune umzubauen und Gemüse anzupflanzen. Ich kann es kaum erwarten, zu lernen, wie ich ein eigenes Beet anlege. Und ich freue mich darauf, in meine knackigen Möhren zu beißen. Selbst Angebautes schmeckt unvergleichlich intensiver und besser, es schmeckt oft sogar ganz anders als das Obst und Gemüse vom Supermarkt. Das erlebe ich nicht, wenn ich gespritztes oder schnell gezüchtetes Gemüse aus Gewächshäusern esse. Ich werde so viel wie möglich mit meinen eigenen Händen werkeln und erschaffen. Dann spüre ich mich, dann bin ich voller Energie. In der Stadt muss ich mich manchmal mehr motivieren, früh aufzustehen, weil ich weniger Elan habe, vor allen anderen wach zu sein. Aber auf dem Hof spaziere ich morgens um sechs Uhr schon mit meinem ersten Kinderkaffee (Kakao) in der Hand nach draußen, um ein Reh oder einen Storch zu sehen. Barfuß natürlich.

In den Morgenstunden passiert hier so viel. So starte ich ganz anders in den Tag. Ich kann manchmal selbst nicht glauben, dass ich mir diesen Traum ganz allein erfüllt und finanziert habe. Es fühlt sich immer noch befremdlich an, das zu sagen, aber ich bin stolz auf die Macherin in mir, die voller Vertrauen in ihre Intuition und ihre Ideen durchs Leben geht und ihre Visionen umsetzt. Natürlich kriechen dabei zeitweise Zweifel und Angst in mir hoch. Aber Mut ist, wenn du es trotzdem wagst. Wenn du nie aufgibst, erst recht nicht, wenn andere es dir nicht zutrauen oder dir Steine in den Weg rollen.

4000 Quadratmeter Natur zu besitzen, ist ein unbeschreibliches Gefühl, das mich schon beim Gedanken daran glücklich macht. Es ist für mich nicht nur ein Geschenk, auf meinem Bauernhof endlich wieder diese Naturverbundenheit ausleben zu können, sondern vor allem eine große Motivation, damit einen sinnvollen Beitrag für Menschen zu leisten, die auf der Suche nach Halt und Unterstützung sind.

## UNSERE WELT BRAUCHT ORTE FÜR INNERES WACHSTUM

Ich glaube, dass Orte für inneres Wachstum wichtig sind. Meine Mission ist es, mit dir in die Naturwelt einzutauchen und mich mit dir darüber auszutauschen, was der Sinn des Lebens ist. Ich sehe mich dort gemeinsam mit dir meditieren, Yoga praktizieren und

ein Feuer entfachen – mit Ästen, die wir selbst zusammengesucht haben. Wir schalten unsere Handys aus, sprechen über deine Vision und wie du den Mut finden kannst, ebenso das Leben zu leben, das zu dir passt. Und dann essen wir einen selbst geernteten Salat mit Gemüse und Wildkräutern aus dem eigenen Garten.

Ich bin dankbar dafür, dass es nun meinen eigenen Hippie-Bauernhof gibt, zu dem ich jederzeit fahren kann, um aufzutanken. Das ist genau der Ausgleich, den ich brauche, um in dieser chaotischen und zum Teil oberflächlichen Welt authentisch zu bleiben. Dieses Versprechen habe ich mir längst gegeben: Ich will für immer so unbeschwert und natürlich sein, wie mein fünf Jahre altes Ich.

# MEINE HERZENS-
# EMPFEHLUNGEN:

✳ Laufe so oft wie möglich barfuß! Ob in deiner Wohnung, in der Stadt oder auf dem Land. Füße kann man waschen, deswegen kannst du nichts falsch machen. Es erdet dich und lässt dich gut fühlen – glaub mir!

✳ Suche dir deinen Kraftort in der Natur. Egal, wo du lebst. Es gibt immer irgendwo Natur – ob es ein Baum oder ein Bach ist. Verbringe hier ein paar Augenblicke länger, als einfach nur hastig vorbeizugehen. Schau dir jede Blume genau an, rieche an ihr – vielleicht macht es dich genauso glücklich wie mich, so eine natürliche Schönheit zu sehen.

✳ Verbringe Quality Time mit den Menschen, die dich daran erinnern, wer du wirklich bist. Das sind die Menschen, von denen du geliebt wirst. Und wo du geliebt wirst, bist du zu Hause.

✳ Erschaffe dir eine Vision oder ein Projekt, das Sinn in diese Welt bringt und glaube daran, dass du es schaffen kannst, diesen Traum wahrwerden zu lassen.

# 3. MEIN INNERES KIND

## WIE ES HEILUNG FAND UND WAS MEINE FAMILIE DAMIT ZU TUN HAT

**Journal-Eintrag vom 17. März 2024:**

*»Wem oder was gilt es noch zu vergeben?« Ich vergebe mir selbst, so hart mit mir ins Gericht gegangen zu sein, mich verurteilt und gegen mich gekämpft zu haben. Ich vergebe mir all die bösen Worte und Gedanken, mit denen ich mich selbst kleingemacht habe. Ich vergebe mir, wie ich mit meinen inneren Stimmen umgegangen bin, vor allem mit meinem Schattenkind, der kleinen, ängstlichen, verletzten Lola. Ich vergebe mir, meine innere Kritikerin verurteilt zu haben, denn ich habe gelernt: »Don't judge the judge.« Ich habe daraus einmal mehr gelernt, auf meine innere Kritikerin zu hören, für mich da zu sein, in mich hineinzuhören und egal, wer von meiner inneren Familie laut wird, allen den Raum zu geben, den sie brauchen und ihnen zuzuhören, sie in den Arm zu nehmen wie ein kleines Kind, anstatt sie zu ignorieren. Das habe ich lange genug gemacht und damit einen inneren Kampf mit mir geführt, der mich sehr herausgefordert hat. Ich habe verschiedene innere Stimmen, die mich begleiten. Mein Sonnenkind, die kleine glückliche Lola mit all ihren schönen, positiven*

Erinnerungen und Gedanken wie: »Ich werde gehört und gesehen, ich bin gut genug.«

Mein Schattenkind, die kleine ängstliche Lola, die das Gegenüber des Sonnenkindes darstellt und die negativen Erinnerungen in sich trägt mit Gedanken wie: »Du bist nicht gut genug, du wirst nicht gesehen und gehört, du bist nichts wert, du wirst vergessen.«

Meine innere Kritikerin, die oft sehr laut wird wegen meines Schattenkindes und der negativen Glaubenssätze, die mich immer wieder kleinhält und infrage stellt, ob ich das Leben und all die wunderbaren Chancen verdient habe und gut genug bin.

Meine innere Cheerleaderin, die mich vor allem in den traurigen Momenten immer wieder aufmuntert, aufbaut und mir sagt, dass alles gut wird und weitergeht, egal wie vermeintlich verloren ich mich gerade fühle.

Meine Grenzensetzerin, die ich bis zu meinen Panikattacken ignoriert und nicht ernst genommen habe. Zu dieser inneren Stimme baue ich gerade das erste Mal in meinem Leben eine Verbindung auf. Denn wenn sie sagte »Ich kann nicht mehr«, machte ich bislang erst recht weiter. Ich habe die Stimme und damit meinen Körper so lange ignoriert, bis sie unüberhörbar wurden, streikten und bei mir nichts mehr ging.

Weitere Stimmen sind meine tatsächliche Stimme, Bibo, meine Guided Angels, das Universum und wahrscheinlich gibt es noch einige, die ich noch kennenlernen darf (mehr dazu später in Kapitel 9).

Ich bin so gespannt auf alles, was das Universum noch für mich bereithält, und freue mich unfassbar auf mein Leben. Ich stehe jeden Morgen auf und bin so dankbar, leben zu dürfen, denn es ist keine Selbstverständlichkeit. Wir sind Gäste auf dieser Welt und wissen nie, wie lange wir hier sein dürfen. Deshalb ist Zeit das höchste Gut und ich versuche, jeden Tag so intensiv wie möglich zu (er)leben, zu genießen und mich weiterzuentwickeln. Mir zu verzeihen, mich und meine inneren Stimmen und Wünsche endlich nicht mehr zu ignorieren,

*mich mit mir auseinanderzusetzen und mit mir eine glückliche Be-*
*ziehung einzugehen, ist das Schönste, was ich mir hätte vorstellen*
*können. Ich habe mich endlich für mich entschieden und bin mein*
*Zuhause, das ich so lange im Außen gesucht habe. Danke, liebes Leben*
*und liebes Universum, und danke an mich selbst, dass ich mir endlich*
*wichtig genug bin und diese Erfahrung machen darf.*

Für mich erschien meine Kindheit lange perfekt. Bis ich vor ein paar Jahren mit einem neuen Blick darauf schaute und merkte, dass es Kratzer gab, die für mich nicht sichtbar und vor allem nicht fühlbar waren. Denn von außen betrachtet erschien alles gut in meinem Leben: Ich traute mich furchtlos in die Welt, lebte meine Träume und war meistens gut gelaunt. Mich kann bis heute kaum etwas bremsen. Allerdings musste ich erkennen, dass es doch Befürchtungen gab – in meiner inneren Welt. Und sie entstanden in meiner Kindheit.

Ich hatte als Kind riesengroße Angst, verlassen zu werden. Ich fürchtete, dass mein Papa mich nicht von der Schule abholte, dass er mich vergaß, dass ich ihm nicht wichtig genug war. Dieses Gefühl war für mich der Horror. Ich habe immer bitterlich geweint, wenn er gehen musste. Manchmal kletterte er sogar durchs Küchenfenster, damit ich nicht merkte, dass er ging. Als mein Papa einmal allein auf uns aufpasste, schnappte ich mir meine Bettdecke und ein Kissen, schlich nach unten vor die Eingangstür und legte mich dorthin, damit er nicht unbemerkt gehen konnte.

Es gibt keine Universität, die Eltern ihren Job beibringt, und es ist unvermeidbar, dass Fehler passieren. Wenn ich als erwachsene Frau darüber reflektiere, entsteht in mir der Eindruck, dass mein Papa sich oft selbst priorisiert hat. Ich kann ihn bis heute nicht immer richtig greifen. Bitte verstehe das nicht falsch! Ich liebe meine Eltern sehr, ich habe viel Gutes von ihnen mitbekommen und es vergeht keine Woche, wo ich nicht mit ihnen telefoniere oder sie treffe. Sie tun alles für mich, was sie können. Dennoch hatte ich bereits früh große Angst, dass ich im Leben meines Papas nie dieselbe Relevanz haben würde, die er in meinem Leben einnimmt. Leider wurde genau diese Angst bestätigt.

## DURCH TRENNUNGEN
## ENTSTEHEN UNSICHERHEITEN

Als ich zehn Jahre alt war, sind wir vom Land in die Stadt gezogen. Wir haben unseren Bauernhof nahe Deißlingen verlassen und bezogen ein Haus in Rottweil. Nach diesem Umzug scheiterte die Beziehung meiner Eltern und sie trennten sich. Mein Papa zog aus und lebte schon bald sehr weit weg, in Berlin. Das war für mich ein sehr einschneidender Moment, ein wahrgewordener Albtraum. Nicht nur für mich – für alle. Wir alle waren verletzt und überfordert, weil unsere Familie plötzlich aus zwei Teilen bestand. Wir Schwestern befanden uns irgendwo hilflos dazwischen und Conny gab alles, um uns in dieser schweren Zeit so gut es geht zu unterstützen und hat Berge versetzt, um uns ein Lächeln ins Gesicht zu zaubern. Sie ist und bleibt für mich die beste Mama, das kann ich nicht oft genug sagen. Ich fasste damals einen Entschluss: Sobald ich alt genug bin, ziehe ich nach Berlin, um meinem Papa näher zu sein.

Egal, wie Eltern mit diesem Einschnitt umgehen, ich habe erlebt, dass dennoch Unsicherheiten bei den Kindern entstehen. Schon Eltern fällt es schwer, die Erlebnisse richtig einzusortieren. Wie sollen ein kindliches Gehirn und Herz das richtig verstehen? Nicht selten suchen Kinder bei sich selbst Fehler und tief im Inneren graben sich tiefe Wunden in das Selbstwertgefühl. Zwischenzeitlich dachte ich, ich selbst sei der Fehler im System. Meine Eltern waren für mich stets meine Vorbilder, sie wirkten auf mich immer groß und toll. Ich dachte daher, dass ich mitverantwortlich für die Gefühle und das Leben meiner Eltern sei. Ich spürte die Last auf meinen Schultern, als mein Papa uns verließ.

Als Kind war mir der Ursprung dieser ständigen Begleiter namens Angst, Schuld und Unsicherheit nicht bewusst. Diese Erfahrungen und Erkenntnisse konnte ich erst im Erwachsenenalter sammeln.

## DEIN INNERES KIND BRAUCHT HEILUNG

Besonders während der Zeit meiner Ausbildung zur Yogalehrerin beschäftigte ich mich intensiver mit mir und meinem Innenleben, meinen Emotionen und typischen Verhaltensweisen. Zwangsläufig landest du dabei in der Kindheit, die ein prägender Teil deines Lebens ist. Dort werden wir sozialisiert, dort ist unsere Basis. Als Kind lernst du bereits viel über Gefahren – du sollst nicht auf die Straße rennen, nicht mit fremden Menschen mitgehen –, aber über die inneren Ängste, die sich tief in uns verstecken, dachte ich während meiner Kindheit nicht nach. Ich merke, dass das Bewusstsein dafür erst aufbricht und Eltern sich auch ihrer Verantwortung gegenüber ihren eigenen inneren Wunden klarer werden.

Mir ist bewusst, dass wir alle Menschen sind und immer unser Bestes geben. Aber manchmal schaffen wir es nicht, der anderen Person auch wirklich das Gefühl zu geben, gesehen, gehört und verstanden zu werden. Besonders verletzlich und hilflos sind natürlich Kinder, die abhängig von ihren Eltern sind, da sie sonst nicht überleben können. Dabei geht es nicht nur um Nahrung und ein Dach über dem Kopf, sondern auch um menschliche Zuneigung. Kinder würden alles tun, um diese Liebe zu spüren. Oft entstehen Wunden in einem nicht, weil Dinge passiert sind, sondern weil etwas nicht passiert ist. Fehlende Zuwendung, fehlende Liebe, fehlende Aufmerksamkeit. Ich nenne sie die »Pipetteneltern«, die ihre Zuwendung so gering dosieren, weil sie es nicht besser können oder zu sehr mit sich selbst beschäftigt sind.

## WIR KÖNNEN UNS UNTERSTÜTZUNG HOLEN

Wir haben heutzutage zum Glück viele Möglichkeiten, durch verschiedene Therapie- und Coachingmethoden diese Themen aufzuarbeiten. So kann verhindert werden, dass dich im Erwachsenenleben die Situationen der Kindheit negativ beeinflussen und du in alte Traumata zurückgeworfen wirst.

Ich möchte dir ein Beispiel nennen: Wenn du Anerkennung und Bestätigung von einem Chef oder einer Chefin suchst und es dich fertig macht, wenn du diese Aufmerksamkeit nicht bekommst, dann verwechselst du deine Vorgesetzten vielleicht mit einer Bezugsperson aus deinem Privatleben. Du suchst verzweifelt nach diesem heilsamen Gefühl, gesehen oder bestätigt zu werden. Aber niemand wird sein eigentliches Bedürfnis auf diesem Weg stillen können.

Oder wenn du das Vertrauen in Beziehungen in der Kindheit verloren hast, dann fällt es schwer, dich auf eine enge Bindung im Erwachsenenalter einzulassen. Die Beziehung zu unseren Eltern ist die erste enge Bindung, die wir erleben dürfen. Sie prägt unser Verhalten und unsere Erfahrungen mit Beziehungen. Daher müssen wir sie genauer anschauen, wenn wir uns verändern möchten.

Dass man sich dieser Dynamik bewusst wird, ist meiner Erfahrung nach der erste wichtige Schritt. Es lohnt sich, denn es befreit,

wenn du nicht in den alten Verhaltensmustern gefangen bist und nicht immer wieder in Situationen gerätst, die das Alte und damit Bekannte wiederholen. Deswegen kann ich dir nur sehr ans Herz legen, wenn du das Gefühl hast, dass noch etwas in dir nicht im Frieden mit deiner Vergangenheit ist: Hole dir Unterstützung! Schau dir deine Baustellen Schritt für Schritt an. Entscheide, dass sich etwas für dich ändern darf, und reflektiere den eigentlichen Grund für dein Verhalten, wenn dich deine Emotionen überwältigen. Gefühle sind ein wichtiger Kompass in unserem Leben, aber wir sollten sie angemessen regulieren können.

## SCHATTENKIND & SONNENKIND

Bei der Aufarbeitung meiner Kindheit haben mir besonders meine Therapeutin und das aufschlussreiche Buch »Das Kind in dir muss Heimat finden« geholfen. In dem Buch beschreibt die Diplom-Psychologin und Psychotherapeutin Stefanie Stahl sehr genau und gut verständlich, wie uns unsere Kindheit prägen kann – im guten und im schlechten Sinne. Sie erklärt, wie du das innere Kind heilen kannst.

Der Begriff »inneres Kind« bezeichnet die Vorstellung, dass jeder Mensch kindliche Anteile in sich trägt, die für bestimmte Erinnerungen, Gefühle und Bedürfnisse wie zum Beispiel Sicherheit und Akzeptanz stehen. Die Idee ist, durch die Auseinandersetzung mit dem inneren Kind, diese emotionalen Wunden oder Verstrickungen aus der Vergangenheit anzuerkennen, zu verstehen und zu heilen.

Das kann durch Therapie, Achtsamkeitspraktiken und Selbstreflexion passieren. Ich wende am liebsten alles an. Ich spreche mit meiner Therapeutin über meine Erfahrungen aus der Kindheit, ich gehe in einen Dialog mit meinen inneren Kindern, zum

Beispiel auch durch Visualisieren von bestimmten Schlüsselmomenten während einer Meditation. Ich reflektiere über meine Gefühle, indem ich journale und ich mir durch das Aufschreiben bestimmter Situationen klar darüber werde, wie mich meine Kindheit geprägt hat. Mein Wunsch ist es, das alles aufzuarbeiten, um es nicht weiterzugeben. Du kannst das für dich machen – egal, ob die anderen Familienmitglieder mitziehen können oder wollen. Mache für dich einen Unterschied, auch wenn die anderen nicht involviert sind.

Stefanie Stahl spricht in ihrem Buch von den beiden Begriffen »Sonnenkind« und »Schattenkind«, um kindliche Anteile in uns zu definieren, die uns unbewusst immer noch beeinflussen können. Das Sonnenkind hat hierbei eher positive Glaubenssätze verinnerlicht, wie zum Beispiel: »Für mich wird gesorgt.« Ich habe gelernt: Auf dieser Ressource können wir als erwachsener Mensch aufbauen, indem wir ein Urvertrauen in allen Lebenslagen haben, weil wir uns geborgen fühlen und grundsätzlich ins Leben vertrauen. Das Sonnenkind ermutigt uns, mehr Spaß zu haben und nicht zu verbissen durchs Leben zu gehen.

Das Schattenkind hingegen schleppt die schweren Erlebnisse und daraus gewonnenen Erkenntnisse mit sich herum und entwickelt negative Glaubenssätze wie: »Ich bin nicht (gut) genug« oder »Ich bin allein«. Diese kennen wir alle, oder?

Übrigens müssen diese Verletzungen nicht immer die großen Themen wie körperliche Gewalt und Missbrauch sein. Innere Wunden können auch durch scheinbar belanglose Momente entstehen. Als Kind hast du die Situation aber vielleicht anders wahrgenommen und viel schlimmer eingeschätzt, als sie möglicherweise war, weil wir so verletzlich sind als Kinder, besonders die sensiblen. Natür-

lich musst du nicht alle Momente aufarbeiten, aber es geht darum, zu erkennen, welche Verhaltensweisen du dadurch entwickelt hast.

Es kann sein, dass wir unsere eigenen Grenzen nicht achten, weil wir uns in der Kindheit immer angepasst haben, um es anderen recht zu machen. Was damals eine Überlebensstrategie oder ein Schutzmechanismus war, bringt uns als Erwachsene nicht viel. Im Gegenteil: Wenn ich eine People Pleaserin bin, mache ich es allen um mich herum recht, aber nicht unbedingt mir selbst. Wenn es mir aber nicht gut geht, dann kann ich nicht wirklich für andere da sein und aktiv am Leben teilhaben. Ich bleibe in einer passiven Opferrolle und verliere mich darin.

Wenn wir uns nicht wirklich dem Leben öffnen, dann fahren wir immer mit angezogener Handbremse. Die Wahrheit ist: Wir müssen schwimmen, um nass zu werden. Wir müssen alles fühlen, auch das Leid, um auch die guten Gefühle in unser Leben zu lassen. Das ist jede Rückschau in die Vergangenheit wert – egal, wie schmerzhaft sie sein mag. Es wird nie wieder so weh tun wie damals, versprochen! Gefühle wie Wut oder Traurigkeit werden verschwinden, bis sie irgendwann ganz geheilt sind. Schritt für Schritt. Wenn ich es schaffe, dann schaffen wir es alle. Ich bin ein Mensch, der Gefühle sehr intensiv spürt. Das Gute daran, und das mache ich mir immer wieder bewusst, ist: Wer tief fühlen kann, der spürt auch die schönen Gefühle besonders stark – die Freude und die Leichtigkeit.

Das Sonnenkind, das Spaß-Potenzial in uns, auf das wir zugreifen können, ist bei mir das Kind, das du bereits im zweiten Kapitel kennengelernt hast. Die freie, wilde und furchtlose Lola, der kein Abenteuer zu groß ist und die sich in ihrer Welt auf dem Bauernhof vollkommen sicher fühlt. Das Sonnenkind in mir ist die naturverbundene und kreative Lola, die sich an den kleinsten Dingen erfreuen kann und unendlich Spaß hat. Bis heute liebe ich es, stundenlang zu malen und mich kreativ auszuleben. Das ist für mich erholsam und belebend zugleich, und dafür brauche ich mein Sonnenkind.

Die sonnige Seite in mir konnte nur Raum und Ausdruck finden, weil ich mich geborgen und in meiner Art bestärkt gefühlt habe. Meine Konstante verkörperte immer meine Mama Conny. Sie ist bis heute unbändig stark und ich liebe sie sehr. Mir kommen fast die Tränen beim Schreiben, so dankbar bin ich, dass sie uns nie aufgegeben hat und uns niemals im Stich lassen würde. Sie hat mich und meine Schwester Lotti immer durchgeboxt und uns eine erfüllte Kindheit verschafft. Ich erinnere mich sofort, wie sie nächtelang die schönsten Kindergeburtstagsmottokuchen gebacken hat. Jedes Tier, das wir uns gewünscht haben, zauberte sie für uns.

Wir besaßen vielleicht nicht viel Geld, aber Conny hat immer mit wenigen Mitteln einen Weg gefunden, uns glücklich zu machen und uns eine schöne Kindheit zu ermöglichen. Während andere Familien ihre Zeit in einer Badewelt verbrachten oder einen Trip mit dem Flugzeug in ein Familienhotel mit Kinderklub buchten, hatte Conny ihre eigenen Ideen und rief uns zu: »Packt Schlafsack und Isomatte ein! Wir machen eine Überraschungsfahrt.« Sie erntete schnell etwas Gemüse im Garten, packte Brot und Käse dazu – und schon waren wir weg. Wir hüpften aufgeregt vor Freude in unsere Orangina – ein umgebauter Lieferwagen mit Matratze – und fuhren los.

Lotti und ich platzten vor Neugier und fragten alle zwei Minuten: »Wohin fahren wir? Wann sind wir da?« Stunden später kamen wir irgendwo im Nirgendwo an und übernachteten in einer abgelegenen

Höhle mitten in der Natur. Oder wir wachten auf, schauten plötzlich auf das Meer und alle um uns herum sprachen Französisch.

Sie hat nichts unversucht gelassen, um uns in Staunen zu versetzen oder ein Lächeln ins Gesicht zu zaubern. Das war für mich ein großes Glück.

Natürlich habe ich mir auch immer gewünscht, dass diese für mich in der Kindheit heile Familie irgendwann wieder genauso heil wird. Das war nicht möglich und das musste ich mir schließlich eingestehen. Es wurde nie wieder so wie früher, aber damit kann ich mittlerweile leben, denn wir haben eine echte Löwenmutter. Danke an die beste Mama auf dieser Welt: Conny!

Durch Gespräche mit meiner Therapeutin habe ich auch mein Schattenkind erkennen können. Wie der Name schon sagt, ist es nicht leicht zu entdecken, weil es sich im Unterbewusstsein aufhält. Nach und nach fiel mir auf, wie einsam die kleine Lola war. Sie wartete auf die Rückkehr ihres Papas. Aber er kam nicht zurück. Dadurch setzte sich in mir Traurigkeit fest. Ich wollte einfach nur, dass mir mein Papa Aufmerksamkeit schenkte. Und diese Gefühle von diffusen Ängsten, Hilflosigkeit und Einsamkeit holten mich lange noch oft ein.

## ICH FÜHLE MICH EINSAM

Bis heute überkommt mich immer wieder das Gefühl der Einsamkeit, auch wenn ich mit vielen Menschen zusammen bin und enge Freundschaften pflege. Ich weiß, ich kann jederzeit jemanden anrufen oder treffen. Aber das Gefühl der Einsamkeit bleibt

doch hartnäckig. Dann erlebe ich wieder Momente, in denen ich mich so verloren fühle und mich frage: Wer bin ich und wo gehöre ich hin?

Lange Zeit dachte ich, ich kann das Gefühl eindämmen, indem ich mich dauernd beschäftige und es vermeide, allein zu sein. Aber das funktionierte nicht und kostete sehr viel Energie. Du machst dich abhängig, wenn du auf die Liebe und Aufmerksamkeit von anderen hoffst. Es ist ein Fass ohne Boden. Du kannst etwas hineinschütten, aber es bleibt nichts hängen und du brauchst immer mehr. Das habe ich lange nicht verstanden.

Das Gute ist: Jetzt bin ich die Erwachsene und kann mich um mein inneres Schattenkind kümmern. Ich kann ergründen, was dieses Kind gebraucht hätte. Ich kann ihm die Lage genau erklären. Es ist jederzeit möglich, mit diesem Teil in dir zu sprechen und ihm damit die Ängste zu nehmen. Eine tolle Übung ist: Schreibe deinem inneren Kind einen Brief. Halte darin fest, was du über dein Leben weißt und, dass du für das Kind und seine Bedürfnisse da bist. Damit es sich gesehen und geliebt fühlt. Gib dir selbst die Tipps und Ratschläge, die du gebraucht hättest. Auch wenn es sich ein bisschen ungewohnt anhört, möchte ich dir sagen: Bei mir hat es gewirkt. Und ich hoffe, das tut es bei dir auch. Du kannst vollständig werden und innerlich wachsen.

Ab und zu braucht es Geduld. Es passiert mir, dass ich im Flugzeug sitze und mich einsam unter Menschen fühle. Die Heilung des inneren Kindes ist ein Prozess, der eine Weile dauert, aber sich immer lohnt. Bei mir führt diese Versöhnung dazu, dass ich mehr Selbstbewusstsein entwickle und meine Bedürfnisse besser einordnen kann. Ich habe mich durch diese Auseinandersetzung noch einmal neu kennengelernt und endlich ein Mitgefühl für mich entwickelt. Ich weiß nun, warum und weshalb ich oft so emotional reagiere. Ganz automatisch verhalte ich mich dadurch achtsamer, denn ich beobachte mich mehr.

Ich bin immer noch emotional, aber ich lasse weniger zu, dass mich diese Emotionen ganz einnehmen. Ich versuche, mir stets zu denken: Ich bin nicht die Wut oder ich bin nicht die Einsamkeit. Ich kann besser reflektieren und mir selbst sagen: Du fühlst dich einsam und du hast Angst, verlassen zu werden. Aber der Realitätscheck beweist mir, dass ich niemals allein in dieser Welt bin, denn ich habe immer mich selbst! Niemand hat vor, mich zu verlassen. Wenn ja, dann liegt es nicht daran, dass ich falsch oder schlecht bin. Es liegt daran, dass etwas nicht passt oder andere Menschen ihren Fokus anders ausgerichtet haben, nicht gegen mich, sondern für jemanden oder etwas anderes.

Ich bin gut, so wie ich bin, und ich darf gesunde Grenzen setzen, um mein inneres Kind zu schützen. Konkret bedeutet das für mich, öfter mal Nein zu anderen zu sagen und Ja zu mir selbst, auch wenn es unbequem wird. Die Reaktion der anderen können wir nicht kontrollieren. Es kann sein, dass jemand verärgert oder enttäuscht ist, wenn ich eine Verabredung absage. Aber er oder sie könnte auch gelassen reagieren, darauf habe ich keinen Einfluss. So zeigt sich das Programm des Gegenübers, dann sitzt sie oder er in seinem Film, für den jede*r selbst das Drehbuch schreibt.

Nicht nur mein Schattenkind musste ich an die Hand nehmen, denn oft genug ist auch mein Sonnenkind irritiert. Es kommt aus dieser heilen Welt meiner ersten Lebensjahre und kann sich den Hass mancher Menschen nicht erklären.

Ich dachte, es geht im Leben darum, dass alle miteinander und alle füreinander da sind. Ich habe nie verstanden, warum Menschen grundlos negativ sind, warum sich Menschen daran ergötzen, wenn es anderen schlecht geht. Wie kann es für jemanden die größte Freude sein, jemand anderen scheitern zu sehen oder abzuwerten? Ich verstehe es nicht!

Aber seit ich in die Schule ging, war ich fast täglich damit konfrontiert, dass es viele hasserfüllte Leute gibt und sie nicht an sich arbeiten, sondern stattdessen ihre schlechten Gefühle an anderen abreagieren, um sich besser zu fühlen. Ich fragte mich seit jeher: Warum gibt es diese Menschen, was ist mit ihnen passiert? Immerhin ist mir nun die Dynamik bewusst: Es schreien verletzte, unsichere und einsame innere Kinder in die Welt. Aber kaum jemand kümmert sich um sie. Diese Menschen werden niemals glücklich werden, wenn sie ihre Frustration durch blinde Wut in die Welt hinaustragen. Nur dann fühlen sie sich nicht allein in ihrer Negativität oder wissen: Es geht jemandem noch schlechter als mir. Doch auf diese Weise kommen wir nicht weiter im Leben. Ich finde es feige. Wir sollten lieber mutig hinschauen und uns eingestehen: Es geht nicht um die anderen, es geht um uns selbst. Wir haben es in der Hand, mit uns ins Reine zu kommen. Nur so können wir dafür Sorge tragen, dass sich die schlechten Erlebnisse und Erfahrungen nicht immer wiederholen. Und vor allem – dass sie sich auch nicht im Leben unserer Kinder wiederholen.

Wir brauchen Menschen mit einem starken Ich in unserer Welt (nicht zu verwechseln mit dem Ego). Ich gebe nicht auf, bis alle inneren Kinder in mir geheilt sind. Das Gute ist, dass nicht alle verletzt sind, sondern auch einige da sind, um uns als Erwachsene daran zu erinnern, wieder Freude, Spontanität und Neugier zu empfinden. Dazu gehört, einfach nicht so viel zu grübeln, sondern zu machen!

## WIR KÖNNEN UNSERE INNEREN WUNDEN HEILEN

Mich wundert nicht, dass das Buch von Stefanie Stahl schon seit Jahren in den Bestsellerlisten steht, denn ich glaube, dass die Zeit reif ist, dass wir unsere inneren Wunden heilen und damit unsere inneren Potenziale ausgraben. Nur so können wir es mit uns selbst – und langfristig auch mit anderen – besser aushalten. Es erfordert Mut, sich mit den eigenen Schwachstellen auseinanderzusetzen und noch einmal hinzuschauen, welchen Ballast wir mit uns tragen, den wir lieber verdrängen würden. Deswegen habe ich beschlossen, nicht wegzulaufen und auch nicht die Schuld bei anderen zu suchen. Ich möchte nicht als Gefühlszombie leben.

## WUT IST EINE STARKE KRAFT

Besonders viele Frauen haben gelernt, nicht vor Wut zu toben. Dabei ist Wut eine starke Energie und wenn wir sie unterdrücken, sind wir gehemmt und halten uns zurück. Es ist wichtig, diese Wut zu fühlen und dann angemessen damit umzugehen. Natürlich solltest du Wut nicht blind ausleben. Aber du solltest sie fühlen und die Kraft als Motivation nutzen, als Energie, um etwas zu ändern. Um an diesen Punkt zu gelangen, finde ich es wichtig, sich Unterstützung zu holen. Ich bin sehr froh, dass wir heutzutage so viele Methoden haben, um innerlich zu reifen. Das ist für mich ein wahrer Luxus und deswegen investiere ich viel in meine Persönlichkeitsentwicklung. Ich halte dies für eine wesentlich bessere Investition als eine Designerhandtasche. Nichts gegen schöne Kleidung, aber wie willst du das alles genießen, wenn du innerlich nicht erfüllt bist? Es bringt mir nichts, viel zu besitzen, wenn ich mit meinem Leben unzufrieden bin. Dann ist der Luxus nur eine Ablenkung oder Ersatzbefriedigung.

## TRAUE DICH, DIE UNBEQUEMEN GESPRÄCHE ZU FÜHREN

Nach der Selbstreflexion folgte der Realitätscheck. Ich musste auf eigenen Beinen stehen und erwachsen werden, bis ich mich traute, mit meinen Eltern über meine Gefühle zu sprechen. Es fiel mir sehr schwer. Ich wollte keine Vorwürfe oder Schuldzuweisungen anbringen. Ich nahm mir vor, zu verstehen und zu verzeihen. Ich wollte nicht immer so tun, als sei alles gut zwischen uns – obwohl es sich nicht zu 100 Prozent danach anfühlte.

Ich war zwar ein lautes Kind, aber ich war auch sensibel und hatte feine Antennen. Ich nahm viel von den Stimmungen innerhalb der Familie wahr und auch auf. Das überforderte mich teilweise und ich wusste nicht, wohin mit meinen Gefühlen. Ich teilte mich nicht mit. Ich wollte nicht die Anstrengende sein und diejenige, die hinterfragt und ankreidet.

Bis heute will ich anderen nicht zur Last fallen. Ich zog mich deswegen oft zurück und machte meine Probleme mit mir selbst aus. Wenn es mir schlecht ging, verkroch ich mich und meldete mich nicht bei meinen Freundinnen und Freunden. Wenn ich mich wieder gefangen hatte, kroch ich aus meinem Loch heraus und berichtete, wie ich das geschafft hatte. Dann schauten mich meine Freundinnen und Freunde verwundert an und fragten: »Aber Lola, warum hast du nichts gesagt?« Ich antwortete: »Ich wollte euch nicht zur Last fallen.« Dahinter steckt in der Tiefe der Glaubenssatz, dass ich zu anstrengend und nicht liebenswert sei und keine Unterstützung verdient habe. Es war für mich ein sehr langer Weg, das zu verstehen, weil ich stets dachte, dass ich nicht wichtig genug sei und dass alle anderen und alles andere viel mehr Aufmerksamkeit verdient hätten.

Bis ich mich wichtig genug nahm und klärende Gespräche mit meinen Eltern führte.

Ich brauchte dafür auch einen Schubs von jemand anderem und ich gebe diesen Schubser hier gern an dich weiter. Während eines Retreats auf Ibiza führte ich mit einem Teilnehmer ein Gespräch über meine Familiendynamik. Dieser Mann hat mir etwas ganz Wichtiges mit auf den Weg gegeben: »Du trägst 50 Prozent deiner Mutter und 50 Prozent deines Vaters in dir. Wenn du so negativ über deine Eltern sprichst, trägst du diese Negativität immer mit dir herum. Vergib ihnen, damit du positiver durchs Leben gehen und ein bisschen Ballast aus deinem Rucksack herausnehmen kannst.«

Erst fühlte ich mich etwas angegriffen. Doch dann bemerkte ich: Da ist etwas Wahres dran. Es fehlte mir Versöhnung, damit Frieden einkehren kann.

Ich weiß noch, wie ich wenig später meinen Papa anrief und ihn direkt fragte: »Robert, ich würde dich gern zu meiner Therapeutin mitnehmen. Wann hast du Zeit?« Robert tat meine Überrumpelung auf seine ganz eigene Art ab: »Ich dachte, du rufst wegen etwas Wichtigem an.« Ich fühlte mich bestätigt und vor den Kopf gestoßen. Doch nach einigen klärenden Sätzen sagte Robert schließlich zu. Deshalb bin ich froh, dass ich mich in diesem Moment offen gezeigt hatte, denn so verstand er, wie wichtig es mir wirklich war. Hätte ich beleidigt aufgelegt, hätte sich vermutlich nichts zwischen uns zum Positiven verändert.

Als meine Therapeutin uns gegenüber saß, fragte sie meinen Papa: »Herr Weippert, was ist Ihre Aufgabe in der Beziehung zu Ihrer Tochter?« Er antwortete zögerlich: »Unterhaltung! Dass ich sie zum Lachen bringe.«

Mir wurde im Laufe des Gesprächs eines ganz klar: Mein Papa hatte nicht gewusst, was ich in meiner Kindheit eigentlich gebraucht hätte, nämlich einen sicheren Ansprechpartner. Er dachte, ich sei stark genug und würde alles in meinem Leben allein schaffen. Ich war schließlich früh autonom. Ich habe vieles ohne vermeintlich große Probleme geschafft: die Schule, das Abitur und meinen Berufseinstieg. Ich sagte meinem Papa endlich offen, dass ich mir eine starke Schulter in meiner Kindheit gewünscht hätte. Ein persönliches Gespräch vor meiner letzten Abiturprüfung zum Beispiel: »Lola, du schaffst das. Ich glaube an dich.« Denn das war immerhin das Wichtigste meines bis dahin jungen Lebens. Wie oft hatte ich mich damals gefragt: Hat er es vergessen? Ich war am Boden zerstört. Er rechtfertigte sich: »Ich habe doch an dich gedacht, hast du das nicht gespürt?« Nein, damals hatte mir das nicht gereicht. Ich hatte einfach nur gewollt, dass er sich meldet. Aber mein jüngeres Ich hatte mein Bedürfnis nicht aussprechen können.

Wir setzten uns nach dem Therapiegespräch zusammen und redeten stundenlang. Ich habe sehr viel geweint in unserem Gespräch. Ich sagte ihm alles, was er in meinen Augen nicht richtig gemacht hatte und womit er mich enttäuscht hatte. Das Gespräch und die Auseinandersetzung mit Robert forderten mich. Es hat mich unendlich viel Kraft gekostet, mein Inneres in Form von Worten und Gefühlen nach außen zu stülpen und mich verletzlich zu machen. Aber durch das Gespräch habe ich auch gelernt, wie wichtig es ist, andere zu informieren, was in einem vor sich geht. Die Menschen um dich herum können nur spekulieren, warum du dich entsprechend verhältst.

Ich habe ein besseres Verständnis dafür bekommen, wie Robert aufgewachsen war und welchen Rucksack er von seinen Eltern mitbekommen hatte.

Ich bin so froh, dass ich das Gespräch mit meinem Papa auf Augenhöhe führte. Er konnte nachvollziehen, wie ich mich gefühlt haben musste, und er hat mir versichert, dass wir immer verbunden sind – egal, wo er lebt. Dabei wurde mir bewusst, dass das Verlassenwerden nie an mir lag. Oder besser gesagt: Ich war nicht das Problem! Was für ein entlastendes Gefühl. Danke, Robert!

Kinder können es nicht beeinflussen, wie ihre Eltern mit ihnen umgehen. Sie sind hilflos und schnell die Opfer, bis sie ihr Leben selbst in die Hand nehmen können. Daran darf ich mich immer wieder erinnern, wenn Unsicherheiten in mir hochkommen. Es tut gut, meine Befindlichkeiten auszusprechen, damit sich keine Missverständnisse einbrennen.

Deswegen habe ich auch ein intensives Gespräch mit meiner Mama geführt, das ich lange gescheut hatte. Ich habe mit ihr meine Ausbildung zur Yogalehrerin in Costa Rica absolviert – das hat uns nochmal auf eine tiefere Ebene der Verbundenheit gebracht. Währenddessen habe ich gelernt, offener zu sprechen, ohne Angst vor Ablehnung und Bewertung. Wir fürchten oft zu diskutieren, aber es bringt Klarheit, wenn du ausdrückst, was Momente mit dir gemacht haben. Wenn du von deinen persönlichen Erfahrungen sprichst, kann dir niemand etwas vorwerfen, denn es handelt sich um dein Erleben. Stehe zu dir und deinen Gefühlen!

Als Conny und ich also mehr als zehn Jahre später in Costa Rica am Meer saßen, mitten im Paradies, mit den Füßen im Wasser, habe ich den Mut gehabt, sie noch einmal auf etwas aus meiner Jugend anzusprechen. Vielleicht auch, weil um uns herum alles so perfekt erschien. So hatte ich das Gefühl, der Moment kann diese schlimme Erinnerung aushalten. Conny schaute mich nach meiner Offenbarung entsetzt an. Sie wusste nicht mal mehr, dass sie die Worte einst gesagt hatte, die ich bis heute in mir trug. Conny begann zu weinen und sagte mir: »Lola, das habe ich ganz sicher nicht so gemeint. Es tut mir leid. Wir weinten beide und es fühlte sich befreiend an. Verrückt, ich habe diese Geschichte lange allein getragen. Wie unnötig! Denn du sagst eben in einer emotionalen Extremsituation etwas, das du nicht so meinst. Oder du verstehst es anders und speicherst es nur halb richtig ab. Es ist so wichtig, dass du Themen erneut adressierst, bevor du Geschichten teilweise jahrelang oder ein Leben lang negativ abspeicherst. Wir haben einen Mund, um zu sprechen, und wir sollten ihn verdammt noch mal nutzen! Selbst wenn es unangenehm wird, lohnt es sich.

Es ist immer ratsam, gewaltfrei zu kommunizieren. Denn wir wissen nie, was bei dem anderen hängen bleibt, wenn wir etwas verbal »heraushauen«. Es bewährt sich, freundlich zu bleiben, keine Du-Botschaften zu senden und den anderen nicht zu bewerten. Stattdessen empfiehlt es sich, aus der eigenen Perspektive zu erzählen, wie es uns mit einer Situation geht und wie wir diese wahrnehmen. Danach geben wir anderen den Raum, ihre Perspektive zu äußern.

Du kannst von großem Glück sprechen, wenn deine Eltern ihre Verantwortung verstehen, die mit der elterlichen Rolle einhergeht. Manchmal wünsche ich mir sehr, dass Eltern einen Fragebogen beantworten müssten, bevor sie Kinder bekommen, damit sie über folgende Frage intensiv reflektieren: »Kann ich diese Verantwortung wirklich übernehmen?«

Wenn zum Beispiel Ängste nicht bearbeitet wurden, dann spüren Kinder diese mit ihren feinen Antennen und übernehmen sie wie ihre eigenen Gefühle. Wir müssen aber nicht die Last der Generationen weitertragen und weitergeben. Ich sehe es als sehr großes

Privileg, dass wir die Chance haben, uns von all den unterdrückten Gefühlen zu befreien.

## ICH WAR NIE DER FEHLER IM SYSTEM

Ich habe irgendwann unterm Strich erkannt: Es liegt nicht an mir, ich bin kein schlechtes Kind, ich bin kein schlechter Mensch. Es liegt an den Umständen. Ich empfand es als sehr wichtige Erkenntnis, dass jeder Mensch seinen Eltern in gewisser Weise ausgeliefert ist. Ab und zu wissen sie es einfach nicht besser und können nicht reflektieren. Die Einsicht hat mich heilen lassen.

Du kannst dir deine Familie nicht aussuchen. Du hast aber eine Wahl: Du darfst es anders machen und dir deine Wunschfamilie selbst zusammenstellen, etwa in Form von engen Freundinnen und Freunden oder einer eigenen heilen Familie.

Niemand sollte sich von der Gesellschaft den Druck aufbürden lassen, dass man mit seiner Familie auskommen muss. Wenn emotionale und psychische Gewalt in einer Familie herrschen – und niemand anderes bereit ist als du, etwas daran zu ändern –, dann darfst du mit gutem Gewissen gehen und dir deine eigene Familie suchen. Das können auch Freundinnen und Freunde sein oder eine Gemeinschaft. Du brauchst dich nicht dafür zu schämen, wenn deine Familie nicht perfekt ist und sie nicht dem Bild entspricht, das wir aus Werbung oder klischeehaften Filmen kennen. An Weihnachten musst du dich nicht verbiegen und so tun, als sei alles harmonisch, wenn es das gar nicht ist. Verbringe die besinnliche Zeit mit den Menschen, die dich lieben und verstehen. Es können auch wildfremde Menschen sein, mit denen du in einem

Retreat oder auf einer Reise die Feiertage verbringst. Ich feiere seit einigen Jahren Weihnachten meist mit meiner Schwester – ohne meine Eltern, um mich weder für Conny noch für Robert entscheiden zu müssen. An Silvester bin ich meistens mit einer großen Gruppe von Freundinnen und Freunden zusammen.

Nicht jede*r hat das Glück, in einem guten Verhältnis zu den Eltern aufzuwachsen. Wir alle können nur versuchen, zu verarbeiten und stärker zu werden. Du kannst tiefe Wunden heilen und dich zu einem reifen Menschen mit Erfahrung entwickeln. So können wir Negatives zu Positivem wandeln. Wir brauchen diese Menschen mit Mitgefühl für sich und andere, denn dann gibt es mehr gegenseitiges Verständnis und wir wachsen alle gemeinsam. Nur Mut!

# MEINE HERZENS-EMPFEHLUNGEN:

✳ Begegne deinen inneren Kindern. Rede mit ihnen, schreibe ihnen Briefe und sage ihnen jeden Tag, dass du für sie da bist und dass sie wundervoll, geliebt und gesehen sind.

✳ Besorge dir das Buch »Das Kind in dir muss Heimat finden« von Stefanie Stahl, um herauszufinden, wie dich deine Kindheit geprägt hat, und um inneren Frieden, Freiheit, Freude, Selbstbewusstsein und Erfüllung zu finden. Begleitend zu diesem Buch gibt es ein sehr gut erklärtes Arbeitsbuch, das du in deinem eigenen Tempo durcharbeiten kannst. Das ist zu schaffen! Tue es für dich und für deine eigenen Kinder oder Menschen in deinem Umfeld.

✳ Sprich mit den Menschen, die dir wichtig sind, über das, was dich bewegt. Rede offen, gewaltfrei und ehrlich, aber nicht anklagend. Traue dich, unbequeme Gespräche zu führen. Es lohnt sich immer, Klarheit zu finden.

✳ Du bist niemals »zu viel« oder eine Last. Du kannst dich anderen zumuten. Frage nach Unterstützung.

✳ Beginne eine Therapie, wenn du die Themen aus deiner Kindheit nicht allein reflektieren und bewältigen kannst oder möchtest.

✳ Finde deine Wahlfamilie! Damit meine ich Gleichgesinnte – die Herzensmenschen, die dich verstehen und die an deiner Seite bleiben – egal, was ist. Es müssen nicht viele sein, aber finde die Menschen, die so ticken wie du und bei denen du authentisch sein kannst.

# 4. »DU HÄSSLICHER BREITMAULFROSCH«

## WARUM MOBBING ENDLICH AUFHÖREN MUSS

**Journal-Eintrag vom 3. Dezember 2022:**

*Ich erinnere mich noch genau daran. Ich wurde Breitmaulfrosch genannt, Mondgesicht, Segelohr, als hässlich beschimpft. Die Folge: Ich versteckte mein Lächeln hinter meinen Händen, die anscheinend auch zu dick waren. Weiter ging es mit meinen Armen, die für ein Mädchen ja viel zu haarig, muskulös und zu männlich waren. Meine Klamotten, die von keiner Marke, sondern secondhand waren und damit natürlich viel zu uncool und peinlich. Klar.*

*Ein Lehrer, der mir im Unterricht auf den Hintern klatschte. Sprüche von Lehrer\*innen wie »Du bist ja gar nicht so dumm, wie du aussiehst« oder »Auch wenn ich dir die vergessenen Punkte gebe, bekommst du eh keine bessere Note«. Eine Lehrerin, die mein Facebook-Profil vor der ganzen Klasse zeigte, als Beispiel, wie man sich im Netz bloß nicht präsentieren sollte. Ich aß mein Pausenbrot auf dem Klo, hatte Angst, in die Schule zu gehen. Vor allem eine Mitschülerin hatte bis zuletzt versucht, mir das Schulleben zur Hölle zu machen. Aber ich habe mich nie unterkriegen lassen. Ich habe gekämpft, habe nicht*

gezeigt, wie sehr mich das alles verletzt hat. Ich wollte ihnen die Tränen nicht gönnen, sondern habe immer weiter gelächelt.

Kennst du dieses Gefühl, dich falsch zu fühlen? Auch wenn niemand etwas sagt, reicht bei mir an schlechten Tagen eine hochgezogene Augenbraue von einem fremden Menschen, eine Gruppe hämisch lachender Menschen oder allein mein Spiegelbild – und ich fühle mich nicht gut genug. Dann beginnt die Abwärtsspirale, an deren unterem Ende mich Einsamkeit und Isolation einnehmen. Erinnerungen an meine Schulzeit im Gymnasium kommen hoch, in der ich gemobbt wurde. Ich versuche, dieses Gespenst aus der Vergangenheit seit Jahren endgültig abzuschütteln, aber der Schmerz sitzt tief und die Narben sind für mich immer noch fühlbar.

Es gibt Menschen, die von ihrer Schulzeit schwärmen, ich sage immer: »Ich bin froh, dass diese Zeit zu Ende ist!« Zum Glück bin ich nicht mehr abhängig von Lehrer*innen, die nicht an mich glauben. Ich sitze nicht mehr neben Schüler*innen, die über mich lachen und die mir das Leben schwer machen.

Wenn ich meine Augen schließe, sehe ich sofort Bilder von mir als Gymnasiastin: Wie ich mich in den Pausen auf dem Klo versteckte und dort mein Brot aß. Aber alles erschien mir besser, als herumgeschubst und beschimpft zu werden oder allein auf dem Schulhof zu stehen und dabei feindselig angeschaut zu werden. Besonders von den anderen Mädchen. Ich höre das missgünstige Lachen und gemeine Schimpfworte und sehe Finger, die auf mich zeigen. Ich fühlte mich damals ohnmächtig und hilflos. Alles, was ich wollte: dass die Pause endete. Während des Unterrichts kicherten die anderen hinter mir und bewarfen mich mit Papierkügelchen. Ich fühlte mich allein gelassen und konnte nicht verstehen, warum die Kinder so gehässig waren. Alles begann, als wir in die Stadt zogen und ich auf das Gymnasium in Rottweil wechselte. Damals habe ich zum ersten Mal in meinem Leben die schmerzliche Erfahrung gemacht, ausgegrenzt zu werden. Und mir wurde erstmals bewusst, dass ich wohl anders war als die anderen, weil ich nicht der Norm entsprach. In der Waldorfschule, auf der ich die ersten Schuljahre verbrachte, wurde ich so gelassen, wie ich war, und die anderen Kinder auch. Alles war viel freier und ich eckte nicht mit meinem Aussehen oder meiner Art an. Ich ahnte nicht, dass sich das ändern würde. Aber als wir vom Land in die Stadt zogen und ich aufs Gymnasium wechselte, landete ich in einer neuen Welt mit anderen Regeln. Ich war schockiert! Ich vermisste so viel von meiner geliebten Idylle, wie du dir sicher vorstellen kannst. Ich fühlte mich entwurzelt und in ein nicht artgerechtes Umfeld verpflanzt.

Ich fuhr mit den öffentlichen Verkehrsmitteln, statt dass mein Papa uns mit seinem alten Traktor laut knatternd in die Schule fuhr. Ich wurde schnell als »uncool« eingestuft. Meine Mitschüler*innen nannten mich »Dorfkind«, was nicht nett gemeint war, sondern mich als »zurückgeblieben« betiteln sollte. Sie dachten, weil ich von der Waldorfschule kam, dass ich nur meinen Namen tanzen konnte und wir alle immer nackt herumliefen und auf einem Baum unterrichtet wurden. Meinen Namen tanzen kann ich tatsächlich. Aber nackt rannte ich nur auf unserem Bauernhof herum – mit einem Huhn unter dem Arm. Ich hatte zu viele Fragezeichen im Kopf, auf die mir niemand eine Antwort geben konnte: Warum waren die Kinder alle so komisch zu mir? Was hatte ich getan? Sie kannten mich doch gar nicht! Wieso spielte es eine Rolle, auf welcher Schule ich vorher war oder wie meine Eltern lebten? Wo blieben die Herzlichkeit und der Respekt?

## ICH WAR IMMER SCHON ANDERS

Ich hatte mich bis dahin nie hinterfragt und wollte für immer so bleiben, wie ich war. Ich mochte keine rosa Kleidung und wollte auch

93

nicht, wie die anderen Mädchen, reiten gehen. Wenn meine Mama mir etwas Rosafarbenes zum Anziehen herauslegte, das vielleicht sogar noch mit Rüschen und Schleifchen verziert war, gab es ein großes Gezeter, bis ich das Schleifchen wegriss.

Ich bin froh, dass sich diese typischen Geschlechterbilder mittlerweile auflösen und Mädchen nicht mehr nur für Rosa stehen und Jungen für Hellblau, aber damals war das leider noch der Fall und ich war dementsprechend in meiner jungen Wahrnehmung nicht das typische Mädchen. Aber das war in Ordnung für mich. Ich wollte lieber zu den Jungs gehören, die sich in den Pausen beim Fußballspielen die Schuhe dreckig machten und durch den Schlamm rannten. Und ich wurde mit meiner sportlichen Statur als ein eher burschikoser Typ abgestempelt. Was für mich in meinem zehnjährigen Kopf normal war, war für die anderen Kindern offensichtlich nicht normal. Denn ich eckte bei den anderen Mädchen an. Ich interessierte mich nicht für deren Themen und sie sich nicht für meine. Ich wollte zu den Jungs gehören und verbrachte meine Zeit so oft es ging mit ihnen. Ich verstand nicht, dass ich mich, je mehr ich mich den Jungs näherte, umso weiter von den Mädchen distanzierte.

Ich änderte auch meinen wilden und bunten Stil nicht und zog immer noch alles übereinander an, was ich in meinem Kleiderschrank fand. Besonders oft sahen die anderen mich in meiner Cord-Schlaghose mit einem großen Teddybär-Flicken, weil bei uns immer alles getragen wurde, bis es auseinanderfiel. Ich besaß sogar einen Kuhfell-Rucksack. Alles sah eher altmodisch aus, weil wir nicht genug Geld hatten, jede Saison eine neue Garnitur zu kaufen. Bis zu meinem Schulwechsel war das niemandem negativ aufgefallen.

Plötzlich machte sich bemerkbar, was andere Kinder als normal erlebt hatten und ich nicht. Ich war diejenige, die oft nicht mitreden konnte, weil wir keinen Fernseher und keine Computerspiele auf unserem Bauernhof hatten. Ich kannte die Abkürzung »GZSZ« nicht und trug keine Markenschuhe. Ich wusste nicht, was angesagt war, weil es bis dahin nie eine Rolle in meinem Leben gespielt hatte.

Die Einfachheit meines Lebens, die ich sehr genossen hatte und auf die ich stolz war, kam plötzlich nicht mehr gut an. Ich konnte nicht damit glänzen, dass wir Welpen und unser eigenes Gemüse hatten. Wir wohnten nicht mehr auf einem großen Bauernhof, sondern meine Mama Conny, meine Schwester Lotti und ich lebten nun in der Stadt und unsere Nachbarinnen und Nachbarn waren keine Kühe mehr, sondern echte Menschen. Was wir damals auf dem Bauernhof gehabt hatten, war für uns das Allergrößte. Einfache Verhältnisse wurden in der Stadtwelt aber gleichgesetzt mit Mangel – und arm hatte ich mich absolut nie gefühlt. Die anderen Kinder sind zwar nach China zum Schulaustausch gereist und haben die weite Welt gesehen, aber dafür nahm Conny mich auf die spannendsten Fahrradausflüge mit und kündigte sie vielversprechend an: »Wir fahren von Rottweil nach Stuttgart und das ist unser großes Abenteuer. Du wirst es sehen!« Ich aß nicht mit Stäbchen und die anderen erlebten nicht, wie es ist, mit eigener Kraft in die nächste Großstadt zu radeln, um dort ein Eis zu essen. Ich konnte das niemandem erklären, weil mir keiner zuhörte und sich kaum jemand für das interessierte, was mich beschäftigte.

Ein paar Mädchen an der Schule waren meine Freundinnen, aber so richtig traute ich ihnen nicht. Ich hatte immer das Gefühl, dass sie sich im Zweifel auch auf die Seite der Mehrheit schlagen und nicht für mich einstehen würden, wenn ungefragt und permanent mein Aussehen bewertet wurde. Ich dachte, sie seien nur aus Mitleid mit mir befreundet oder weil sie auch zu den Außenseiterinnen zählten und sonst niemanden zum Reden hatten. Ich trug eine Zahnspange mit bunten Gummis, um meinen Überbiss zu korrigieren. Wobei, Zahnspange dabei untertrieben war. Es war ein regelrechter Lkw, denn ich hatte Stäbe in meinem Mund, die mir nicht nur das Zahnfleisch aufscheuerten, sondern dafür sorgten, dass ich meinen Mund nicht weit öffnen konnte. Ständig nannte mich jemand »Breitmaulfrosch«, was dazu führte, dass ich mich nicht mehr traute zu lachen. Ich dachte, ich hätte einen viel zu großen Mund und wenn ich mein Lächeln zeigte, dann wäre ich noch hässlicher. Das hatte zur Folge, dass ich nur noch mit vorgehaltener Hand lachte und mein Lachen versteckte.

Zum ersten Mal schaute ich in den Spiegel und fragte mich: Warum war mir bisher nie klar gewesen, dass ich auffalle? War ich hässlich? Ich fing an, mich zu vergleichen und entdeckte, dass meine Ohren abstehen. Lange Zeit schlief ich mit Stirnband, weil ich dachte, so legten sie sich an. Später war das nächste Thema meine große Oberweite und ich wollte diese unter weiten Pullovern verstecken.

Wenn ich darüber schreibe, merke ich, wie ich wieder die Scham fühle, die sich ganz tief in mir einnistete. Jahrelang schleppte ich sie mit mir herum und sie wurde immer größer, weil ich mit niemandem darüber redete. Lange Zeit war mein Aussehen für mich ein Riesenproblem und ich hatte immer Angst, dass mich alle hässlich fänden.

Als ich einmal einkaufen war, lächelte mich ein Typ an und sein Kumpel rammte ihm den Ellenbogen in die Seite und sagte: »Bah,

die ist so hässlich, was lächelst du die überhaupt an?!« Selbst meine ersten Modeljobs konnten mir das innere Gefühl nicht nehmen, dass mit mir etwas nicht stimmte. Ich schaute in den Spiegel und meine verunsicherte und beschämte Stimme flüsterte mir zu: »Du hast Pech gehabt und bist hässlich.«

## LASS DIE ANDEREN REDEN UND MACH DEIN DING!

Massives Mobbing kann dazu führen, dass du eine verzerrte Selbstwahrnehmung bekommst. Es kann auch dazu führen, dass du in anderen Bereichen des Lebens schlechte Leistungen bringst, zum Beispiel keine Energie für die Schule und Klassenarbeiten aufbringen kannst. Ich ließ mich zum Glück damals so gut es ging nicht beirren, machte einfach mein eigenes Ding, wenn ich frei hatte. Ich kämpfte und zeigte den anderen nie, wie sehr mich das alles verletzte.

Stattdessen aktivierte ich Superkräfte, die mich durch den Tag brachten. Vielleicht war das meine Art, mit den Gemeinheiten umzugehen: einfach machen und auf keinen Fall aufhalten lassen. Es im Leben zu etwas bringen und es allen beweisen. Ich wollte auf den Hass nicht mit Hass reagieren oder die Opferrolle annehmen. Stattdessen sammelte ich die Wut und verwandelte sie in einen Antrieb, nicht aufzugeben.

Ich stand zusätzlich sehr unter Druck, weil ich viel Stoff nachlernen musste, um auf dem Gymnasium mithalten zu können. Mich sahst du nach der Schule stets in meinem Zimmer. Auch die ganzen Sommerferien über lernte ich, während die anderen im Freibad oder auf Partys das Leben genossen. Ich verlor mich im Lernen und Arbeiten. Doch das hatte auch sein Gutes, denn das lenkte mich damals von der Einsamkeit ab, die ich in der Schule verspürte.

Um dir ein Beispiel zu geben, wie unsicher ich war: Ich fuhr immer mit dem Fahrrad zur Schule und statt es an die Fahrradständer zu ketten, versteckte ich es in einem nahe gelegenen Wald. Denn ich wollte gern zu den Mädchen gehören, die von ihren Eltern mit dem Auto zur Schule gefahren wurden. Stattdessen war ich die Uncoole, die mit dem Fahrrad fahren musste. Ich versteckte es also im Wald, lief die letzten Meter und nach der Schule wartete ich so lange, bis alle weg waren und ich ungestört an mein Versteck gelangte, um mein Fahrrad abzuholen. Es ging selten zu Freundinnen oder Freunden, sondern meist auf direktem Wege nach Hause, wo ich zu Mittag aß, eine Doku anschaute und im Anschluss mit meinem Hund Nutella stundenlang spazieren ging. Oder ich fuhr mit dem Fahrrad und meiner Schwester im Schlepptau in die Kletterhalle, wo ich eine wunderbare Gruppe, die »Bergziegen«, an meiner Seite hatte, die mich zum Lachen brachten, während wir die neusten Kletterrouten erklommen. Das war für mich pure Freiheit und Frieden. Ich liebte dieses Ventil, weil es mein Safe Space war, wo mich niemand bedrohte oder auslachte.

Ich verkroch mich manchmal stundenlang in meinem Zimmer und schrieb seitenweise, was ich erlebt hatte und was ich fühlte.

Ich hatte das Gefühl, dass mir jemand zuhörte und mich verstand. Es handelte sich dabei zwar nur um mein Tagebuch, aber ich war nicht das einzige Mädchen auf der Welt, das darin eine gute Freundin fand. Schreiben hat mich schon früh dabei unterstützt, mich selbst zu verstehen und zu ermutigen. Ich träumte mich schon damals über Worte in meine Zukunft und klammerte mich an die feste Überzeugung, dass sich alles für mich ändern würde. Zum Positiven, sobald ich mein Leben selbst gestalten könnte. Ich redete mir selbst gut zu, dass es auch für mich einen Platz und einen Sinn im Leben gab. Ich hatte schon früh Ziele und wusste, ich möchte eine Stimme bekommen, um alles, was ich erlebte, eines Tages zum Guten zu wenden. In mir entstand ein starker Wille, gegen Ungerechtigkeiten in unserer Gesellschaft aufzustehen – und dafür bin ich dankbar.

Bereits mit zwölf Jahren entschied ich, dass ich unabhängig sein wollte, und suchte mir kleine Jobs. Es ging mir nicht darum, mein Geld in neue Schuhe zu investieren. Ich arbeitete voller Freude, um finanziell eigenständig zu sein und meinen Eltern nicht auf der Tasche zu liegen. Ich wollte diese Unabhängigkeit so früh wie möglich leben und erleben. Heimlich schob ich meiner Mama ab und zu 50 Euro in ihr Portemonnaie. Niemand verlangte das damals von mir und sie weiß es bis heute nicht. Na ja, wenn sie das jetzt liest, ist das Geheimnis wohl gelüftet. Das war wirklich viel Geld für mich – doch nur so hatte ich das Gefühl, dass ich meiner Mama etwas zurückgeben konnte. Sie gab alles, was sie hatte, an uns weiter.

Ich verdiente mein Geld auf ganz verschiedene Arten: Ich verkaufte auf unserem Wochenmarkt in Rottweil Oliven, wozu ich am Wochenende sehr früh aufstand und in der Eiseskälte mit dem Fahrrad in die Stadt fuhr, während meine Klassenkameraden und -kameradinnen feierten und sonntags ausschlafen konnten. Ich kellnerte und verteilte Flyer für 4,50 Euro Stundenlohn.

Zu der Zeit hatte ich auch meinen ersten Modeljob: Ich wurde von dem Vater einer Freundin gefragt, ob ich nicht Lust hätte, für seine Agentur zu arbeiten. Ich konnte es zuerst gar nicht glauben, dass ausgerechnet ich gefragt wurde. War das ein Versehen? Ich stand dem Angebot sehr misstrauisch gegenüber und freute mich gleichermaßen, so eine Chance überhaupt zu bekommen.

Dass mein Aussehen zuvor immer abgewertet wurde, hatte also offenbar nichts mit der Realität zu tun. Das musste ich nur noch lernen zu verstehen.

## DAS LEBEN HAT MICH SCHON DAMALS GESCHULT

Mir ist heute bewusst, dass ich sehr früh Verantwortung übernommen habe – für mich und für andere. Auf der anderen Seite, und das finde ich im Nachhinein gut an diesen Umständen, hat mich das Leben geschult. Ganz im Gegensatz zu vielen unnötigen Stunden, die ich in der Schule verbrachte! Denn vieles, was ich dort lernte, habe ich nie wieder gebraucht.

Außerdem konnte ich die meisten meiner Lehrer*innen nicht als Vorbilder akzeptieren, denn viele empfand ich als genauso ungerecht wie die mobbenden Kinder.

Ich wünsche mir bis heute, dass es für alle Menschen, die mit Kindern und Jugendlichen arbeiten, eine pädagogische Sonderausbildung neben dem Lehramtsstudium gibt, bei der man lernt, wie man mit Heranwachsenden umgeht. Und dass man als Lehrer*in die eigenen Probleme nicht mit in den Schulalltag nimmt und dort an unschuldigen Kindern auslässt. Ich wünsche mir für alle Schüler*innen mehr Respekt und Achtsamkeit! Lehrer*innen sind nicht perfekt, aber ich erlebte, wie sie mich und andere verunsicherten oder mit ihren Kommentaren Komplexe auslösten, die ich bis heute nicht vergessen habe.

Ich hielt mich während des Unterrichts eher im Hintergrund. Wenn ich jedoch fand, dass jemand ungerecht behandelt wurde, konnte ich laut werden. Dann rief ich zum Beispiel in die Klasse:

»Das ist nicht okay!« Diese Art hat meine Noten natürlich nicht verbessert, aber ich konnte nicht zusehen, wenn die Erwachsenen ihre Machtposition ausnutzten. Denn das ist es, was bei Mobbing passiert – das Ausleben von Machtgefühlen oder Statuserhöhung.

Stell dir vor: Eine Lehrerin schaute mich mal in der Oberstufe von oben herab an, als sie mir mein gutes Zeugnis austeilte, und sagte zu mir: »Frau Weippert, Sie sind ja gar nicht so dumm wie Sie aussehen!« Ich blieb damals sprachlos. Der Satz nistete sich bei mir ein wie Unkraut und ich konnte mich kaum über meine hart erarbeiteten guten Noten freuen. Es war beleidigend und demotivierend. Ich sehe also dumm aus? Wie kann man überhaupt dumm aussehen? Und was hat das Aussehen mit Intelligenz zu tun?

Dieselbe Lehrerin zeigte der ganzen Klasse auch mein damaliges Facebook-Profil mit meinen Modelbildern und erklärte, wie man sich bitte nicht im Netz darstellen sollte. Ich war an dem Tag krank und konnte mich nicht verteidigen. Ist es pädagogisch wertvoll, Schüler*innen als schlechtes Vorbild an den Pranger zu stellen?

Als mir eine Mitschülerin im Nachhinein von dem Vorfall erzählte, war ich unglaublich traurig. Ich fühlte mich betrogen von einer vermeintlichen Vertrauensperson und dachte mir nur: »Na toll, jetzt mobbt mich auch noch meine Lehrerin, nicht mal der darf ich vertrauen.«

## WIE WIR MÄDCHEN BELÄSTIGT WURDEN

Nicht nur Mobbing war in der Schule ein großes Thema, sondern leider auch schon in diesem frühen Alter sexuelle Übergriffe. Ich

kenne kein Mädchen und keine Frau, die in der Schule nicht von einem Lehrer mit anzüglichen Sprüchen oder Blicken belästigt oder gar angefasst wurde. Auch wir hatten so einen Lehrer in der Schule, der mir eines Tages mit voller Wucht im Vorbeigehen auf den Hintern schlug.

Ich erstarrte und wusste nicht, was ich sagen sollte. Den Arsch, den er in der Hand hatte, hatte ich nicht in der Hose. Leider. War ich schuld an der Situation? Lag es an mir? Hatte ich was falsch gemacht? Ich war maßlos überfordert und traute mich nicht, etwas zu sagen, aus Angst meine Noten würden sich verschlechtern.

Erst Jahre später legte ich meine Scham ab und wagte es, meiner Mama von dem Vorfall zu erzählen. Heute bereue ich, dass ich damals nicht direkt zum Direktor gegangen bin und für Konsequenzen gesorgt habe. Ich hoffe einfach nur aus tiefstem Herzen, dass so was nie wieder vorgefallen ist.

## WENN ANDERE DICH UNTERSCHÄTZEN

Viele Lehrer*innen hielten gar nichts von mir und reduzierten mich nur auf mein Aussehen. Ich hatte immer das Gefühl, sie wollten mich kleinhalten. Ein Lehrer mochte mich offenbar persönlich nicht.

Als ich ihm sagte, dass er in der Klassenarbeit vergessen hatte, mir Punkte zu berechnen, entgegnete er: »Deine Note wird sich eh nicht bessern, auch wenn du mehr Punkte bekommst.«

Als Teenager bist du auf Menschen angewiesen, die an dich glauben. Weil aber die meisten Lehrer*innen mich unterschätzten, verinnerlichte ich, dass ich nichts konnte und mich durchmogelte. Ich war überzeugt, dass ich das Abitur nicht schaffen würde. So dumm wie ich war. Ich erinnere mich an den Moment, als wir die Abiturzeugnisse überreicht bekamen. Ich weiß noch, wie ich dasaß, in meinem Kopf wiederholte sich der Satz wie eine negative Affirmation: Ich falle auf jeden Fall durch, ich falle auf jeden Fall durch, ich falle auf jeden Fall durch. Als mir das Abiturzeugnis überreicht wurde und ich auf das Papier blickte, traute ich meinen Augen kaum: Ein Notendurchschnitt von 2,6. Ich dachte: So dumm, wie deine Lehrer*innen sagen, kannst du nicht sein. Es stand schwarz auf weiß dort. Ich hatte mein Abitur bestanden. Ich staunte und rief sofort schluchzend meine Mama an.

## KENNST DU DAS IMPOSTER-SYNDROM?

Bei allen Vorstellungsgesprächen für Praktika oder Jobs krochen diese negativen Glaubenssätze der Schulzeit immer wieder in mir hoch: Ich kann nichts und irgendwann fliegt es auf. Bald wird jeder herausfinden, dass ich eigentlich dumm bin. Heute weiß ich, dass es für diesen »Denkdefekt« einen Namen gibt – Imposter-Syndrom. Das ist genau dieses Phänomen: Du hast Erfolg, aber fühlst dich ständig so, als wäre das nur ein Zufall, als hättest du das gar nicht verdient und andere seien viel begabter als du. Dann wirst du unsicher und zweifelst ständig. Ich habe immer wieder Momente, in denen ich mich frage: Mache ich alles richtig? Kann ich das überhaupt? Habe ich das alles verdient oder ist es nur ein blöder Zufall?

Ich weiß es ab und zu wirklich nicht und fühle mich verunsichert, das kannst du mir glauben. Ich bin noch nicht in jedem Moment selbstbewusst und überzeugt von dem, was ich mache – auch wenn es von außen so wirken könnte. Wenn ich in einen Raum komme und jemand ignoriert mich, macht das etwas mit mir. Ich denke automatisch, dass der- oder diejenige ein Problem mit mir hat oder mich nicht mag. Dann muss ich mich immer wieder daran erinnern, dass es Menschen gibt, die an mich glauben, und dass ich bewiesen habe, dass ich gut durchs Leben komme. Auf meine Art. Ohne andere kleinzuhalten, ohne andere zu mobben oder abzuwerten. Ich bin auch stolz auf mich, weil es für mich keine Option war, mich anzupassen oder zu verbiegen, nur um dazuzugehören. Ich wollte mir treu bleiben und lernte, mich auf mich selbst zu verlassen. Dafür bin ich sehr dankbar!

## WIR MÜSSEN ALS GESELLSCHAFT GEGEN MOBBING AUFSTEHEN

Retrospektiv weiß ich, dass es auch etwas Gutes hatte, dass ich Ausgrenzung und Abwertung am eigenen Leib erfahren habe. So habe ich Verständnis und Mitgefühl dafür, wenn ich lese, dass Kinder und Jugendliche in der Schule oder auf Social Media gemobbt werden. Heute weiß ich, dass die tiefer liegenden Motive der Täter*innen eigene Unsicherheit, Frustration und schlechten Charakter entlarven.

Wenn ihr Ähnliches erlebt (habt), lasst euch eine Sache gesagt sein: Ihr seid nicht das Problem, die anderen sind es, die so widerlich mit euch umgehen. Lasst euch euer Lächeln niemals nehmen. Macht den Mund auf, holt euch Hilfe, kämpft, steht für euch und andere ein und geht bitte mit euren Mitmenschen so um, wie ihr

euch es für euch selbst wünscht. Es ist nicht nötig, jemanden zu schlagen, um ihm wehzutun. Ein Wort tut weh. Schweigen tut weh. Verrat tut weh. Verachtung tut weh. Gleichgültigkeit tut weh. Seid respektvoll, sensibel, feinfühlig, liebevoll und denkt immer daran: Karma wird es regeln.

Es macht dich nicht schlanker, wenn du jemanden fett nennst. Es macht dich nicht klüger, wenn du jemanden dumm nennst. Es macht dich nicht schöner, wenn du jemanden hässlich nennst, und es macht dich nicht stärker, wenn du anderen das Leben zur Hölle machst. Hört bitte auf, andere kleinzumachen, um euch groß zu fühlen.

Ich weiß, dass es ein Problem ist, weil noch zu wenige Menschen gegen Mobbing aufstehen. Ich kann aber meine Reichweite auf Social Media sinnvoll nutzen und einige der Täter*innen auf ihrem Feld schlagen, indem ich mich dafür einsetze, dass Mobbing aufhört oder wenigstens nicht weitere Kreise in der Gesellschaft zieht.

Jährlich sind laut Statistik 1,27 Millionen Menschen in Deutschland Opfer von Mobbing. Und jede*r Sechste versucht, sich deshalb das Leben zu nehmen. [3] Fast jedes sechste Schulkind in Deutschland ist laut Umfrage der Techniker Krankenkasse von Mobbing betroffen. [4] Jede*r dritte Schüler*in leidet nach einer DAK-Studie an depressiven Verstimmungen. [5]

Mobbing hat schwerwiegende Auswirkungen auf die Opfer, die langfristig andauern können. Viele Studien zeigen, dass Mobbing zu erheblichem Stress, Angstzuständen und Depressionen führen kann. Die ständige Belastung durch negative Kommentare beein-

trächtigt das Selbstwertgefühl der Betroffenen zutiefst. Ich habe es selbst erlebt und – überlebt! Da kannst du noch so eine dicke Haut haben.

Es ist wichtig zu betonen, dass Mobbing nicht nur die direkten Opfer betrifft, sondern auch das Umfeld, in dem sich Mitläufer*innen bewegen. Das Thema ist für uns alle relevant. Prävention, Aufklärung und Intervention sind für mich Schlüsselaspekte im Kampf gegen Mobbing.

Also lasst uns für- und miteinander anstatt gegeneinander kämpfen. Bist du dabei?

## MEINE INITIATIVE »SISTER SPIRIT«

Ich möchte besonders Schulmädchen unterstützen, unabhängig und mutig zu sein und ihr Leben so zu bestreiten, wie sie es wollen, und nicht auf Bewertungen von anderen zu hören. Ich kann heute eine gute Freundin oder ältere Schwester sein, die ich in jeder Pause auf dem Schulhof vermisst und mir sehnlichst gewünscht habe. Hätte ich damals zu sehr auf die Stimmen um mich herum gehört, dann wäre ich nicht da, wo ich heute bin.

Um nicht nur zu reden oder sich zu beschweren, mache ich aktiv etwas, denn Minus und Minus ergibt Plus.

Ich habe mit meiner Freundin Bea die Initiative »Sister Spirit« gegründet. Auf Instagram findest du uns unter @sisterspirit.initiative. Unser Ziel ist es, Frauen und Mädchen wie Schwestern zusammenzubringen, um ihnen einen Halt neben der Schule und dem Elternhaus zu geben. Wir haben es uns zur Aufgabe gemacht,

Mädchen in der herausfordernden Zeit zur Seite stehen, in der sich ihre Persönlichkeit entwickelt, sie anfangen, nach ihrer Identität zu suchen und der mediale Konsum stetig steigt.

Weibliche Vorbilder, die inspirieren und unterstützen, sind wichtiger denn je. Wir wollen die großen Schwestern sein, die dich sehen, dir zuhören und dir vermitteln, was zu einem glücklichen Leben beiträgt und uns daran erinnern, dass wir alle viel stärker sind, wenn wir füreinander da sind.

Ich möchte für alle, die sich als weiblich identifizieren, kostenlose Workshops mit Expertinnen und Experten ermöglichen, mit denen sie ihr Selbstbewusstsein und ihre Selbstliebe schon früh stärken können – zum Beispiel durch Yoga, Meditation oder inspirierende Vorträge. Die Mädchen sollen dadurch lernen, wie sie sich ein gutes Fundament für die Zukunft bauen können. Die Inhalte bespielen das (noch) nicht existente Schulfach »Leben«. Da geht es um viele Themen, die ich auch in diesem Buch vermitteln möchte. Die Mädchen dürfen Antworten auf Fragen bekommen wie: Was sind meine größten Ängste und wie kann ich mich ihnen stellen? Was kann ich tun, wenn ich traurig bin? Wie kann ich gut mit anderen kommunizieren?

Meine Antwort ist: Wir haben alle Werkzeuge in uns, aber wir wissen nicht immer, wie wir diesen Werkzeugkasten anwenden. Manche Werkzeuge fehlen uns oder unseren Eltern noch. Es ist gar nicht schlimm, denn wir können alles lernen.

Wir gehen bewusst an Schulen und unterstützen die jungen Frauen nicht nur über die sozialen Netzwerke, sondern live vor Ort. Denn ich glaube, es macht einen Unterschied, wenn du die erfahrenen Frauen direkt ansprechen kannst und wir uns gegenseitig erleben,

damit sich die Mädchen (vielleicht auch du?) wirklich gesehen und gehört fühlen. Dann können sie Fragen stellen und bekommen ungefilterte Antworten.

Sie sollen auch die Erfahrung machen, in einem geschützten Raum alles teilen zu dürfen, ohne bewertet zu werden. Leider gibt es dies nicht so oft und wir lernen automatisch, andere ständig zu bewerten und in Schubladen einzusortieren.

Mein Wunsch ist es, dass wir alle zusammen eine bewegende Erfahrung in der Gruppe machen und dabei merken, dass wir niemals allein sind. Wir sind viele. Wir haben uns. Wir teilen dieselben Herausforderungen und Ängste.

Ich wünsche mir, dass der Zusammenhalt und die gegenseitige Unterstützung wichtiger werden und wir alle erkennen, dass Mobbing, Neid und Ausgrenzung etwas ist, das nur Schlechtes erschafft und Liebe regelrecht zerfrisst.

Ich hätte in der Schule stattdessen gern gelernt, wie ich in meinem Leben schon früh die Samen für ein gesundes Selbstbewusstsein säen kann, damit ich ein starker Baum mit tiefen Wurzeln werde, der nicht bei jedem Windstoß umzukippen droht. Je früher wir mit der Lebensschule beginnen, desto gesünder und stabiler werden das Fundament und unsere Wurzeln, die uns sicher durch unser Leben tragen.

## BEIM MOBBING GEHT ES OFT UM DAS AUSSEHEN

Vielleicht fragst du dich, warum wir uns bei »Sister Spirit« auf Mädchen fokussieren, wenn Mobbing alle betrifft? Zuerst kenne

ich mich auf diesem Feld am besten aus, weil ich Mobbing als junge Frau selbst erlebt habe und weiß, welche Spuren es in der inneren Welt hinterlässt. Dazu kommt, dass Kinder heute noch früher mit Social Media aufwachsen. Das kann einen großen sozialen Druck aufbauen, gerade bei Mädchen. Für sie geht es immer noch mehr um das Aussehen als bei Jungen. Sie denken, dass sie ohne Filter nicht schön aussehen. Aber um eine Figur wie eine Sanduhr, ein herzförmiges Gesicht mit prallen Lippen und großen Augen zu haben, muss man ein Avatar oder eine Barbie sein oder Kim Kardashian heißen. Deshalb wünschen sich immer mehr Mädchen und junge Frauen Korrekturen an ihren Körpern. Ich möchte in diesem Atemzug bewusst nicht von »Schönheitsoperation« sprechen, denn ich finde, dass die meisten (medizinisch nicht notwendigen) Eingriffe weder schön machen noch ein Gewinn sind. Und was ist schon schön? Die Gründe mögen vielfältig sein und es gibt bestimmt wichtige Beweggründe. Oft nehmen Korrekturen den Frauen offensichtlich ihre Natürlichkeit und ihre optische Individualität. Ich bin dafür, dass Filter auf Instagram verboten werden, die Lippen aufblasen oder Figuren verändern. Es erschüttert mich, wenn ich eine Frau treffe, die viel jünger ist als ich und sie mir auflistet, was sie alles an ihrem Körper verändert hat. Mir ist es im Gegenzug schon passiert, dass eine junge Frau auf mich zukam und mich fragte, ob alles an meinem Körper echt sei. Als ich nickte, war sie wiederum ganz erstaunt und fragte: »Du hast echte Brüste? Krass, kann ich die mal anfassen?«

Ihre Reaktion war unbezahlbar. Sie fasste meine Brüste an und sagte: »Iiih, die sind ja so wabbelig wie Götterspeise!« Tja, herzlich willkommen in der Realität!

Ich bin stolz darauf, dass ich an mir nichts habe verändern lassen, obgleich mir sogar von Schönheitschirurgen angeboten wird, dass ich

auch schöner und jünger aussehen könne und ja nicht so aussehen müsse wie aktuell. Richtig sympathisch denke ich mir jedes Mal. »Warte ab, in zehn Jahren meldest du dich spätestens!« Unfassbar, wie übergriffig und bewertend Menschen uns gegenübertreten, wenn wir noch nicht einmal nach ihrer Meinung gefragt haben. Und ich will bewusst keine Frauen angreifen, die bereits in meinem Alter ihre Gesichter oder Lippen aufspritzen, die größere Brüste oder eine kleinere Nase haben. Ich finde den Trend schlichtweg gefährlich, dass viele 17-Jährige nicht mehr auf ihren Führerschein sparen, sondern auf den ersten Eingriff. Dennoch sei hier ausdrücklich gesagt, dass jede*r selbst entscheiden soll, was er oder sie mit dem eigenen Körper macht!

Wir werden alle Falten bekommen, na und? Jede meiner Falten zeigt, wie intensiv ich bis hierhin schon gelebt habe. Meine Mama sagt immer: »Meine Falten waren harte Arbeit und die Lachfalten sind wie gute Freunde, man kann nicht genug davon haben!«

Wir werden nie perfekt sein, aber was ist auch schon perfekt? Umso wichtiger finde ich es, dass wir früh lernen, dass jede einzelne Frau wunderschön ist, so wie sie ist. Es geht darum, innere Stärke zu entwickeln, die nach außen strahlt. Damit wir alle nicht mehr darüber reden müssen, dass wir bereits gut genug sind! Ich wünsche mir, dass wir diese Worte leben und sie verkörpern. Dann haben wir alle mehr Energie, uns auf das Wesentliche zu konzentrieren.

Bitte verstehe mich nicht falsch: Es spricht nichts dagegen, sich schön anzuziehen und mit Make-up die eigene Schönheit zu betonen. Es gehört zur Selbstliebe und Selbstachtung dazu, dass wir uns um den eigenen Körper kümmern. Ich verstehe auch, dass es Mut und Selbstwert braucht, zu sich und dem eigenen Körper zu stehen, und das kann dauern. Der Druck ist immens hoch, aber bitte schreibe dir fol-

gende Worte auf einen Zettel und klebe ihn dir an deinen Spiegel:
»Du bist wunderschön, einzigartig und gut genug, so wie du bist!«

## DER LANGE WEG ZUR SELBSTANNAHME

Bei mir hat es auch sehr lange gebraucht, bis ich mich in meinem
Körper wohlgefühlt habe.

Ich habe meinen Körper zwar nie versteckt, doch ich fand mich
nie schön genug. Meine Beine waren in meiner Wahrnehmung zu
stämmig, mein Gesicht zu rund, die Schultern zu breit, die Nase
zu kantig, der Mund zu groß. Ich könnte ewig so weitermachen,
denn kaum etwas an meinem Körper hat mich zufriedengestellt
und das Mobbing in der Schule unterstrich meine Ängste und vermeintlichen Defizite sehr. Selbst als ich offiziell in die Modelwelt
eintauchte, merkte ich schnell: Ich bin nicht groß und dünn genug. Meine Modelkartei war mit dem Kommentar »männlicher
muskulöser Körper, bitte keine kurzen Klamotten« versehen. Meine Selbstzweifel wurden dadurch gefüttert, wie du dir vorstellen
kannst. Es war Benzin im Feuer der Selbstzweifel. Ich ließ trotzdem nie von dem Traum ab, eines Tages für große Kampagnen zu
modeln. Meine Hoffnung war, dass es eines Tages nicht mehr nur
ums Aussehen gehen würde und man als Model nicht mehr nur
da sei, um schön auszusehen und ansonsten gerne ruhig sein solle.

Ich wünschte mir, dass es auch um meine Persönlichkeit gehen würde,
die durchscheint. Ich gab also nie auf, egal wie stark der Gegenwind
war, und organisierte mir ab dem zwölften Lebensjahr konsequent
Shootings. Die waren oft eher schlecht als recht und die Fotografen
sehr dubios, sodass ich euch an der Stelle kurz vorwarnen muss.

Es gibt leider bis heute einige Fotografen, die die Hoffnung und den Modeltraum junger Frauen ausnutzen wollen. Mir schrieb als 18-Jährige ein Fotograf aus den USA, der als seriöser Fotograf für große Modemarken bekannt war, eine nicht allzu seriöse Nachricht. Er lud mich zu sich nach Cannes auf die Filmfestspiele ein und meinte: »Lass uns shooten, ich bezahle alles, aber dafür shooten wir nach meinen Regeln.« Dieser Fotograf wollte mich – wie auch schon viele andere Frauen vor mir – zu sich locken, um dann mit mir seinen »Spaß« zu haben. Ein Glück, dass ich damals schon entschlossen genug war, meinen Modeltraum nicht mit meiner Würde und meinem Körper zu bezahlen.

Und bitte lasst euch eins gesagt sein: Wenn euch ein Fotograf bereits vor dem Shooting nach Unterwäsche- oder gar Nacktfotos fragt, ist das definitiv nicht normal. Bitte lasst sofort die Finger davon.

Wir spulen in die Gegenwart vor (und diese Zeilen zu schreiben fühlt sich definitiv nicht an, als würde es hierbei um mich gehen, weil ich es immer noch nicht glauben kann):

Ich bin Model für internationale Kampagnen, ich laufe auf der Berliner und internationalen Fashionweeks über Catwalks und bin auf riesigen Plakaten für Anti-Mobbing- und Feminismus-Kampagnen von Organisationen wie dem »Weißen Ring« zu sehen.

Eins meiner absoluten Highlights: Ich durfte für das weltweit bekannte Unterwäschelabel Hunkemoeller in der Karibik shooten. Die Bilder sind europaweit in allen Stores im Schaufenster plakatiert. An meiner Seite sind wunderschöne Supermodels, Victoria's-Secret-Engel, deren Gesichter wir alle kennen und die das hauptberuflich machen. Sie sehen aus wie gemalt und haben viel mehr

Erfahrung. Und dazwischen stehe ich. Das kleine Monchichi vom Bauernhof. Das ist so absurd und ich fühle mich geehrt, herausgefordert und dankbar. Es ist so schön zu sehen, dass es in dieser normierten Modelwelt möglich ist, nicht dem vermeintlichen Schönheitsideal zu entsprechen und trotzdem seine Träume leben zu dürfen. Endlich wird Schönheit in all ihren Formen gezeigt, gelebt und eingesetzt.

Ich hatte, unter uns gesagt, etwas Angst, als die Anfrage kam. Sofort dachte ich mir wieder: Ich bin nicht schön genug. Ich verglich mich mit den beiden anderen Models, die für die Kampagne vorgesehen waren, und machte mir Sorgen, dass ich neben ihnen aussehen könnte wie ein Kartoffelsack. Aber dann führte ich mir vor Augen: Es hat einen Grund, dass ich diese Kampagne shooten darf. Es ist kein Versehen, dass ich gebucht wurde. Wir sind alle auf unsere Art und Weise schön. Ich darf mich geehrt fühlen, dieses unglaubliche Erlebnis mitzunehmen. Sich zu vergleichen, ist wirklich gefährlich.

Meine temporären Selbstzweifel motivieren mich: Ich darf weiterhin an meinem Selbstbewusstsein arbeiten, es ist im Vergleich zu früher schon besser geworden. Zur Erinnerung: Damals hatte ich kein Selbstbewusstsein und habe mich beim Lachen versteckt. Mein Lachen, das heute eine meiner Stärken ist!

## DEINE VERMEINTLICHEN SCHWÄCHEN SIND DEINE STÄRKEN

Das Mobbing während meiner Schulzeit war grausam und wenn ich an die kleine Lola denke, schicke ich ihr ganz viel Liebe und rede ihr in meinen Gedanken energisch zu: Du warst nie falsch! Du bist nicht hässlich! Die anderen waren einfach fies. Anders zu

sein ist eine Stärke, keine Schwäche. Wer sich anpasst, verliert sich selbst! Anderssein ist eine Superpower!

Ich fokussiere mich nie wieder auf meine Schwächen, sondern auf meine Stärken. Ich glaube immer ein bisschen mehr an mich, als ich an mir zweifle. Wir sind alle auf unsere individuelle Art wunderschön und wir sind alle einzigartig. Das gilt es zu feiern.

Lasst uns bitte aufhören, uns zu vergleichen, abzuwerten und Äußerlichkeiten zu wichtig zu nehmen. Können wir uns das gegenseitig versprechen?

Steh zu dir und zu dem, was dich ausmacht. Wir sind alle wunderschön – egal, was andere sagen oder welche Bilder auf Social Media geliked werden. Je individueller und damit anders du bist, desto bunter wird deine Zukunft. Bitte glaub mir eins: Erst lachen andere über dich und wenn du strahlst, fragen sie, was dein Erfolgsgeheimnis hinter deinem Lachen ist!

# MEINE HERZENS-EMPFEHLUNGEN:

✳ Schau für eine Minute in den Spiegel und betrachte deine eigene Schönheit. Sage laut zu deinem Spiegelbild: »Du bist gut, so wie du bist.« Und versuche, es jeden Tag ein bisschen mehr zu fühlen.

✳ Fühle deine Scham und sprich über Momente, in denen du beschämt warst. Lachen hilft! Wenn du erkennst, wie lächerlich die anderen waren und du ihnen rückwirkend zurufen könntest: »Schämt euch für eure Blicke und Abwertungen! Ich schäme mich nicht mehr, denn an mir ist nichts falsch.«

✳ Setze dich aktiv gegen Mobbing ein: Egal, ob du betroffen bist oder Zeuge bzw. Zeugin – wehre dich und hole dir Unterstützung oder stell dich auf die Seite der Opfer. Lasst uns das Schweigen brechen! Denn wer schweigt, unterstützt das System.

✳ Versuche, andere nicht nach ihrem Aussehen zu ver- und beurteilen. Selbst wenn es positiv gemeint ist. Ich freue mich viel mehr über ein Kompliment dieser Art: »Ich mag es, in deiner Nähe zu sein.«

✳ Ziehe alles Negative, was andere zu dir gesagt haben, wie Unkraut aus deinen Gedanken. Und pflanze stattdessen etwas Positives ein.

✳ Orientiere dich an der 5-Sekunden-Regel: Gib anderen Menschen nur Hinweise auf ihr Äußeres, wenn sie dieses in fünf Sekunden ändern können. Wenn sie beispielsweise etwas zwischen den Zähnen haben oder das Etikett an ihrem Shirt heraushängt.

# 5. DER BESTE JOB
# DER WELT

## WIESO ICH TROTZDEM BEIM RADIO KÜNDIGTE

**Journal-Eintrag vom 25. Juli 2020:**

*Ich habe es getan und hoffe so sehr, dass ich es nicht bereuen wer-
de, denn jetzt gibt es keinen Weg mehr zurück. Es fühlt sich so viel
schlimmer an, als ich gedacht hatte. Es fühlt sich ehrlich gesagt an,
als hätte ich die Liebe meines Lebens gerade gehen lassen. Nur eben
beruflich. Mir laufen große Tränen über die Wange. Ich habe es geliebt, es war seit meiner Kindheit mein Traumjob. Jede Sekunde habe
ich vergöttert. Und manchmal auch verteufelt. Aber das gehört dazu.
Es war so emotional, so authentisch und wir so tief verbunden. Ein
Team, das immer in meinem Herzen verankert bleibt. Doch ich will
weiterziehen. Denn ich merke: Meine Motivation ist nicht mehr so
groß, mein Feuer lodert nicht mehr in so hohen Flammen, wie ich es
eigentlich gewohnt war. Ich weiß: Es ist Zeit. Auch wenn es mir das
Herz bricht. Und so habe ich vor genau sechs Monaten all meinen Mut
zusammengenommen, schritt über den langen Korridor zu meinem
Chef und sagte ihm: »Ich kündige.« Selbstverständlich schaffte ich es
nicht, emotional nüchtern zu bleiben. Ich weinte. Viel und lange. Ich
werde nie vergessen, wie ich nach meiner letzten Morningshow heu-*

*te Morgen aus dem Studio ging und mir dachte: Ist das gerade die richtige Entscheidung? Es gibt kein Zurück mehr. Doch mein inneres Mantra bestärkt mich: Sei mutig und dir gehört die Welt! Es kommt alles so, wie es kommen soll. Das hoffe ich zumindest. Denn ich habe gekündigt, ohne Aussicht auf einen neuen Job. Nach sieben Jahren Radio. Ich weiß nur: Ich will im TV moderieren.*

*Liebes Universum, bitte lass es wahrwerden, dass eine neue Tür sich öffnet, wenn man eine schließt.*

Ich werde oft gefragt, wie ich es geschafft habe, als sehr junge Frau so steil in die Medienwelt einzusteigen und eigene Shows im Radio und später im Fernsehen moderieren zu dürfen, während andere sich vorher über mehrere Etappen beweisen müssen. Manchmal kann ich es selbst nicht fassen und würde mich am liebsten täglich bei allen, die mich unterstützt haben und es immer noch tun, bedanken. Die kurze Antwort auf die Frage lautet: Ich habe es einfach gewagt. Die lange Antwort liest du hier auf den folgenden Seiten.

Mit Sicherheit gehörte zu meinem beruflichen Erfolg eine Portion Glück, aber ich habe auch hart dafür gearbeitet. Meine Karriere soll kein Geheimnis bleiben, ich möchte deshalb von Herzen gern jeden einzelnen Schritt mit dir teilen, damit du inspiriert wirst, wie auch du deinen eigenen beruflichen Traum verwirklichen kannst (falls du ihn nicht längst lebst).

Einen wichtigen Aspekt würde ich dir gern sofort erzählen: Ich hadere und zweifle zwar immer wieder an mir. Ich gerate an meine Grenzen, ich bin genervt, ich bin enttäuscht, ich habe Angst, dass alles auf einmal vorbei sein könnte. Aber an eins habe ich immer geglaubt: Ich werde meine Ziele früher oder später erreichen. Ich hatte nach meinem Schulabschluss keinen konkreten Plan von meinem weiteren Leben, aber ein Ziel: Ich werde Radiomoderatorin.

Den Weg zu meinen Wünschen – ob sie nun klein oder groß sind – kenne ich oft nicht, aber ich vertraue und glaube fest daran. Ich bin mir sicher, das ist ein wichtiger Schlüssel zur Erfüllung von inneren Sehnsüchten.

Wenn ich zurückblicke, erinnere ich mich an die unzähligen Momente der Unsicherheit, die Zweifel, ob ich den richtigen Weg eingeschlagen habe, und die Ängste, dass meine Träume sich vielleicht

nie erfüllen würden. Doch jedes Mal, wenn diese Gedanken mich zu überwältigen drohten, erinnerte ich mich an meine innere Überzeugung, an diesen Funken Hoffnung und Glauben, der in mir loderte. Es war diese Gewissheit, dass ich es schaffen werde, die mich vorantrieb, die mich dazu brachte, unbeirrt meinen Weg zu verfolgen.

Es gab zwischendurch Momente, in denen ich dachte, dass ich es nicht schaffen würde. Momente, in denen ich an mir zweifelte und mich fragte, ob ich wirklich Talent und die Fähigkeiten dazu hätte, in dieser hart umkämpften Branche zu bestehen. Und diese Gedankenspirale gibt es immer noch. Bis heute. Doch jedes Mal, wenn solche Gedanken aufkamen, erinnerte ich mich daran, wie weit ich schon gekommen war, an all die kleinen Erfolge, die ich auf meinem Weg erlebt hatte. Und ich erkannte, dass diese Momente der Unsicherheit und Angst Teil des Prozesses waren, Teil meiner persönlichen und beruflichen Entwicklung.

Es ist von Anfang an wichtig zu verstehen, dass der Weg zum Erfolg selten geradlinig verläuft. Es gibt Höhen und Tiefen, Kurven und Umwege, aber das bedeutet nicht, dass man aufgeben sollte. Im Gegenteil, diese Herausforderungen machen den Weg erst wirklich lohnend. Sie helfen einem, zu wachsen, zu lernen und stärker zu werden. Und wenn man dann schließlich sein Ziel erreicht, ist das Gefühl der Erfüllung unbeschreiblich. Meine berufliche Laufbahn hat sich rückblickend für mich auf die magischste und schönste Weise entfaltet.

## GELD MIT REDEN VERDIENEN?
## DAS KLANG NACH MEINEM TRAUMJOB!

Du fragst dich vielleicht, wie alles für mich begann? Zuerst war dieser Wunsch in mir, »etwas mit Menschen« zu machen. Deswegen

war meine ernsthafte Alternative, in einem Altenheim oder in einem Pflegeheim mit Menschen mit Behinderung zu arbeiten.

Bald erweiterte sich mein Wunsch, »etwas mit Menschen, Medien und Kommunikation« machen zu wollen. Für mich waren Medien lange gleichgesetzt mit Radio, alles andere spielte bis zu meiner Schulzeit am Gymnasium keine Rolle für mich. Ich weiß noch, als ich zum ersten Mal bei unserer Nachbarin in Rottweil Fernsehen schaute. Ich saß apathisch davor und habe wie paralysiert auf diesen flimmernden Bildschirm geblickt. Es war für mich eine komplette Reizüberflutung, Bild und Ton gleichzeitig zu empfangen.

Dadurch, dass wir auf unserem Bauernhof weder einen Fernseher noch Handys hatten, waren unsere Medien beschränkt. Heute ist das für viele sicherlich undenkbar, aber für mich war es rückblickend ein absoluter Traum und Segen, dass der heutige uns oft so überfordernde und ablenkende Überkonsum überhaupt kein Thema in meiner Kindheit war.

Ich hörte ausschließlich bigFM – den größten und erfolgreichsten Jugendradiosender Deutschlands, den wir manchmal empfangen konnten. Meine Mama Conny sagte immer: »Mach diese Krachmusik aus, das ist grauenvoll.« Doch ich war besessen davon zu hören, was in der Welt passierte. Für mich war dieser Kasten die einzige Möglichkeit zu wissen, worüber sich junge Menschen unterhielten und was die relevanten Themen waren.

Ich lag so lange ich durfte (und manchmal auch geheim, sorry Mama) davor und erfuhr, welcher Song in den Charts stieg, was gerade im Trend lag und worüber sich meine Lieblings-Moderatorinnen und -Moderatoren in der Morningshow unterhielten. Wie gerne hätte ich da mitgeredet.

Während meiner vielen Stunden, die ich auf dem Teppich vor dem Radio lag, fasste ich einen Entschluss: Die verdienen ihr Geld damit (ganz viel Quatsch) zu reden und haben dabei offensichtlich sehr viel Spaß! Das will ich auch! Und somit war mein Entschluss schon als Schulkind ziemlich schnell gefasst.

Und ich glaubte von der ersten Sekunde an, als dieser Funken zündete, dass ich es wahrhaftig schaffen würde.

## ICH HABE MIR MEINEN TRAUMJOB UNBEWUSST MANIFESTIERT

Ich denke, dass ich damals das erste Mal unbewusst einen Wunsch manifestiert habe. Falls du noch nie etwas von Manifestieren gehört hast, würde ich es so erklären: Im Wesentlichen bedeutet manifestieren, etwas in dein Leben zu ziehen oder zu erschaffen, indem du deine Gedanken und Gefühle darauf ausrichtest. Worauf du dich konzentrierst, erzeugt eine energetische Resonanz, die letztendlich deine Realität beeinflusst.

Ob du ans Manifestieren glauben magst oder nicht – ich bin mir heute sicher, ich habe meine Zukunft beeinflusst, indem ich diese Vision von mir als Radiomoderatorin in meinen »kleinen Sturkopf« wie einen Samen pflanzte und immer wieder visualisierte. Ich ließ den Film mehrmals laufen, bis er mir real und damit realistisch vorkam. Ich sah mich vor meinem inneren Auge ins Aufnahmestudio gehen und dann von meinem Platz aus in ein Mikrofon sprechen.

Gleichzeitig verband ich damit ein höheres Ziel, dass ich mir nicht allein einen positiven Mehrwert verschaffen wollte. Mein großer Wunsch war es, andere Menschen zu unterhalten und damit glücklich zu machen.

Ich erzählte allen, dass ich einmal beim Radio arbeiten und dass meine Stimme bekannt werden würde. Kaum jemand glaubte ernsthaft daran, denn ich war gerade erst eingeschult. Und Kinder ändern ja oft ihre Berufswünsche. Außerdem habe ich eine etwas andere Stimme. Sie klingt rauer und tiefer als viele weibliche Stimmen. Und auch wenn ich mich lange für meine anders klingende Stimme geschämt habe und mir gewünscht hatte, dass sie heller klingt, habe ich mich davon nicht aufhalten lassen. Meine Vision stand fest und ich sah sie bildlich vor mir.

Im Nachhinein ist dieser Prozess für mich bewusst nachvollziehbar, auch wenn ich ihn damals intuitiv machte. Ich habe dir die Schritte noch einmal aufgeschrieben, damit du sie auf dein Ziel anwenden kannst (ob privat oder beruflich):

✳ Finde Klarheit über dein Ziel: Definiere genau, was du manifestieren möchtest. Sei dir in allen Details klar darüber, was du erreichen willst. Visualisiere, wie du bereits alles erreicht hast, und/oder erstelle dir ein Vision Board mit Bildern und Worten, die deinen Traum symbolisieren. Schaue es dir jeden Tag an und fühle hinein.

✳ Positive Affirmationen: Wiederhole positive Affirmationen und Gedanken, um dein Unterbewusstsein auf das Ziel auszurichten. Zum Beispiel: »Ich schaffe alles, was ich mir in den Kopf setze.«

✳ Fühle es: Verbinde starke positive Emotionen mit deinem Ziel. Fühle die Freude und Erfüllung, als ob du alles bereits genauso lebst.

✳ Glaube an dich: Habe Vertrauen in den Prozess und glaube fest daran, dass du das erreichen kannst, was du dir wünschst.

✳ Handle für deine Vision: Unternimm konkrete und passende Schritte. Das Universum oder das Schicksal unterstützen oft diejenigen, die aktiv daran arbeiten, ihre Ziele zu erreichen.

✳ Loslassen: Lasse los und vertraue. Zweifeln kann den Manifestationsprozess irritieren.

✳ Dankbarkeit: Sei dankbar für das, was du bereits hast und noch erreichen wirst. Dankbarkeit öffnet das Herz und zieht mehr Positives in dein Leben. Es lässt dich strahlen.

✳ Warte nicht länger! Nimm dir jetzt ein blankes Blatt Papier und schreibe deinen Traum auf. Was hast du dir schon immer gewünscht?

✳ Setze dir keine Limits, habe keine Angst, ich weiß, dass du das schaffen kannst.

✳ Versprich dir selbst, dass du jeden Tag einen kleinen Schritt in Richtung deiner Träume wagst. Beispiel: Schreibe deinen Vorbildern, ob du sie kennenlernen/unterstützen kannst. Biete ihnen etwas mit Mehrwert an und traue dich, dich sichtbar zu machen. »Hi, ich bin Modedesignerin und würde dir gerne ein Outfit designen.«

## ERLAUBE DIR, FEHLER ZU MACHEN

Nachdem ich mit 17 Jahren mein Abitur geschafft hatte, war ich zugegeben erst überfordert mit meinem Leben und den grenzenlosen Möglichkeiten. Dazu kam: Ich verließ die Schule und fühlte mich nicht ausreichend aufs Leben vorbereitet, hatte

keine Ahnung von handfesten und wichtigen Skills, die zur Arbeitswelt gehören: Wie schreibe ich eine gute Bewerbung? Wie kann ich mich selbstständig machen? Ich kam aus einem veralteten Schulsystem. Da wurde mir, überspitzt formuliert, nur beigebracht, wie ich bei der Sparkasse eine Festanstellung bekam, weil es als ein sicherer und vernünftiger Job galt. Aber dass die »sichere Bank« vielleicht nicht die Erfüllung für alle ist und dass es Menschen auf dieser Welt gibt, die freiberuflich arbeiten oder sich ihren Job selbst erschaffen wollen, wird bis heute kaum bedacht.

Nicht jede*r kennt nach der Schule ihre oder seine Bestimmung im Leben. Wenn es irgendwie geht: Bitte reise, lebe dein Leben, mache, was du willst. Probiere dich aus, versuche dich auch mal in Jobs, bei denen du merkst: Okay, das ist gar nicht meins. Habe keine Angst vor Fehlern oder Fehlentscheidungen! Es ist kein Fehler, wenn du falsch abbiegst, weil du danach weißt: Das möchte ich auf gar keinen Fall machen. Dann gehe mit Klarheit einen ganz anderen Weg. Diese Fehlerkultur ist für mich elementar, weil du nicht nur von Erfolg lernst.

## ZWISCHENSTATION IN DER PFLEGE

Ich arbeitete zunächst in meinem zweiten Traumjob, in einer Pflegeeinrichtung für Menschen mit Behinderung, und ich bin bis heute froh, dass ich diese Erfahrung machen durfte. Zu meinen Aufgaben gehörte es, mit den Bewohner*innen spazieren zu gehen oder Schach zu spielen. Diese Arbeit hat mich mit sehr viel Sinn erfüllt. Sie brachte mir jeden Tag wirklich viel Freude und Abwechslung. Ich genoss, dass immer etwas los war.

Natürlich habe ich auch Respekt davor, dies jahrelang zu machen, denn du musst immer auf die nächste unerwartete Situation gefasst sein: Ich erinnere mich noch, dass eine Frau ihren Kopf gegen die Wand schlug und wir mussten ihr schnell einen Helm anziehen, was gar nicht so einfach war. Der Nächste hat uns Betreuer*innen immer bespuckt, weil er das wohl lustig fand. Ein anderer Mann machte mir jeden Tag aufs Neue einen Heiratsantrag, den ich immer höflich dankend ablehnte.

Meine Erfahrung ist, dass Menschen mit Behinderung die ehrlichsten sind, denen man begegnen kann. Du weißt sofort, woran du bist. Du bekommst direkt Feedback, ob sie dich mögen oder nicht. Das habe ich damals als entlastend empfunden. Es war so ungefiltert. Ebenso, dass ich wirklich gebraucht wurde und am Abend mit dem Gedanken einschlief: Dieser Tag hat Sinn ergeben. Ich bin sehr froh, dass ich diese Arbeit eine Weile machen durfte, und einer meiner Träume ist es, irgendwann mal ein Inklusionsprojekt umzusetzen – vielleicht in Form eines Cafés auf meinem Bauernhof.

## MEINE ERINNERUNG AN DEN GROSSEN TRAUM

Ein Kumpel erzählte mir während dieser Zeit davon, dass in seiner Universität ein Programmchef vom Radio zu Besuch gekommen war und sie nach Praktikantinnen und Praktikanten suchten, die Lust hätten, im Radio als Redakteur*in und Moderator*in Karriere zu machen. Es klang für mich nach einem Wake-up-Call vom Universum. Stimmt, da war ja noch etwas: Ich hatte mich vor Jahren in Gedanken in die Medienwelt katapultiert. Ich fühlte mich direkt angeschubst, diesen Traum Schritt für Schritt in die Realität

umzusetzen. Denn meine Erfahrung ist: Handeln solltest du beim Manifestieren immer selbst. Es ist kein passives Wunschkonzert, sondern ein aktives Mitgestalten. Das Leben schickt dir Möglichkeiten und Rückenwind. Aber du gehst den Weg zu deinen Zielen proaktiv, auch wenn er streckenweise unbequem erscheint.

## MACHE DEINE SCHWÄCHE ZU DEINER STÄRKE!

Für mich bedeutete dies: Raus aus der Komfortzone und Klinken putzen. Riskieren, abgelehnt zu werden. Ich schrieb fleißig Bewerbungen für ein Praktikum bei verschiedenen Medien. Meine ersten Termine waren aber leider nicht erfolgreich, weil ich den gut gemeinten Tipp von meinem Papa befolgte: »Sei einfach ehrlich!«

Bei meinem ersten Vorstellungsgespräch wurde ich klassisch gefragt, was meine größten Schwächen seien. Ich antwortete wahrheitsgemäß und geradeheraus, wie ich bin: »Ich kann mich schwer konzentrieren. Ich bin von jedem und allem sofort abgelenkt.« Die Frau aus der Personalabteilung sah mich daraufhin entsetzt an, schüttelte den Kopf und sagte: »Frau Weippert, Konzentration ist als Journalistin natürlich eine der elementarsten Voraussetzungen.« Welch große Überraschung: Natürlich erhielt ich eine Absage.

Ich würde dir auch deshalb heute das Gegenteil raten: »Fake it till you make it.« Das bedeutet nicht, dass du lügen oder mit deinen Fähigkeiten angeben solltest, aber betone bitte nicht zu sehr, was dir (noch) schwerfällt. Erlaube dir, an deiner Schwäche erst noch zu arbeiten oder sie zu deiner Stärke zu machen. Vertraue darauf, dass du dein volles Potenzial entfalten oder die Schwäche zu einer Stärke umformen kannst.

Das beste Beispiel in meinem Leben ist hierfür meine Stimme. Ich klinge am Ende mancher Tage wie eine Kettenraucherin. Aber so ist es nun einmal. Ich habe durch meine Stimme das allererste Mal gemerkt, dass ich nicht so stark bin, wie ich dachte. Es ist ganz spannend, dass mein ganzer Körper sich so stark anfühlt, und das Wichtigste, das ich für meine Arbeit brauche, ist ausgerechnet das sensibelste Glied meines Körpers. Denn meine Stimmbänder funktionierten von Anfang an nicht so, wie sie es sollten. Sie schwingen nur in einem Drittel und haben Knötchen. Ich spreche deshalb immer laut, weil leise sprechen für mich viel anstrengender ist. Generell finde ich Sprechen anstrengend, weil ich immer viel Druck ausüben muss, damit überhaupt ein Ton entsteht.

Ich könnte generell weniger reden und auf Partys nur die Lippen bewegen, anstatt mitzusingen. Ich könnte meine Stimmbänder operieren lassen, aber dann müsste ich im Anschluss wochenlang schweigen, damit alles gut verheilt. Du kannst dir denken, dass das für mich eine große Herausforderung ist. Deshalb schiebe ich es immer noch vor mir her, aber ich weiß auch, dass ich bald einmal die Operation vornehmen muss, denn die Knötchen werden leider immer mehr und die Stimme immer schwächer.

Das Gute ist: Meine Stimme wird sich dadurch nicht großartig verändern und ich habe bis zum Rest meines Lebens meine raue Stimme, die mein Alleinstellungsmerkmal ist.

Mittlerweile bekomme ich genau dieses Feedback: dass meine Stimme einen hohen Wiedererkennungswert hat – was in einer Branche, in der Moderatorinnen und Moderatoren schnell ausgewechselt werden, von Vorteil sein kann. Außerdem merke ich, dass ich mit einer tieferen Stimme ernster genommen werde.

Deswegen möchte ich dir an dieser Stelle noch einmal sagen: Was immer andere an dir bemängeln, nimm es nicht als Schwäche oder Hindernis an. Nimm es als etwas an, das zu dir gehört. Du kannst dein Ziel auf deine Art erreichen und musst dich nicht verbiegen – setze stattdessen besser neue Maßstäbe. Ich möchte dich dafür sensibilisieren, dass auch Moderatorinnen und Moderatoren nach fünf Stunden on air krächzen dürfen wie ein Rabe, aber dennoch stimmt die Einschaltquote.

## ÜBER UMWEGE ZUM TRAUMJOB

Was es auch noch braucht auf dem Weg zum Ziel, ist Geduld. Gib niemals auf! Es kann sein, dass sich die Tür zu deinem Traum erst nicht öffnen lässt, aber das bedeutet nicht, dass sie für immer geschlossen bleibt. Von meinem Lieblingssender bigFM bekam ich damals erst eine Absage auf meine Bewerbung als Praktikantin und wurde noch nicht einmal zum Vorstellungsgespräch eingeladen. Du kannst dir vorstellen, dass mich dies erschütterte. Aber ich gab nicht auf, denn ich glaubte daran, dass mich viele Wege zu meinem Ziel führen könnten. Die Hauptsache war für mich, irgendwo loszugehen und mich nicht ausbremsen zu lassen. Deshalb bewarb ich mich direkt nach der Absage bei Antenne1 – einem lokalen Sender in Stuttgart – und bekam eine spontane Einladung zum Kennenlernen.

Ehe ich mich versah, saß ich unvorbereitet beim Vorstellungsgespräch. Alle Beteiligten merkten schnell, dass ich keine Ahnung von dem Sender hatte und nur irgendein Praktikum beim Radio wollte. Der Programmchef fragte mich, welcher mein Lieblingsmoderator beim Sender sei. Ich antwortete mit überspielter Selbstsicherheit: der Osterhans! Diesen Osterhans gab es leider nicht.

Mein Wortkonstrukt war eine Zusammensetzung aus dem damaligen bigFM-Moderator Morgenhans und dem Antenne1-Moderator Ostermann, worauf mich der Chef natürlich aufmerksam machte. Wie peinlich! Zu gerne wäre ich in einem Loch versunken, doch irgendetwas an mir schien dem Chef zu gefallen. Vielleicht war es auch pures Mitleid. Egal. Das Ergebnis zählte: Ich bekam meinen ersten Praktikumsplatz!

Vielleicht kann ich dir auch mit diesem Beispiel etwas Mut machen: Ich bin in ein sehr großes Fettnäpfchen getreten, aber das ist menschlich. Wer das erkennt, ist ein guter Arbeitgeber, denn besonders in der Medienwelt wird nach Charakteren geschaut, nicht nach perfekten Schablonen. Ähnlich verhält es sich bestimmt auch in anderen Branchen. Du kannst mit deiner Leidenschaft überzeugen, dem unbedingten Willen, alles für den Job geben zu wollen. Aber du musst nicht von Anfang an perfekt sein. Eine Ausbildung ist zum Lernen da.

## MEIN EINSTIEG BEIM RADIO ZEIGTE MIR, DASS ICH GENAU RICHTIG IN DIESER VERRÜCKTEN WELT BIN

Kurze Zeit später begann meine Arbeit beim Radio. Ich weiß noch, dass ich am ersten Tag dachte: So muss sich eine berufliche Liebe auf den ersten Blick anfühlen. Ich begrüßte meine Kolleginnen und Kollegen und empfand mich seit langer Zeit in meinem Leben nicht mehr als anders, sondern als »total normal«, weil sich alle beim Sender auf eine positive Art »verrückt« verhielten. Albern zu sein und Witze zu machen, gehörte zum Job dazu.

Deswegen sah ich die Arbeit gar nicht getrennt von meiner Freizeit. Ich kam morgens um fünf bestens gelaunt zur Arbeit, weil

ich bei der Morningshow assistierte. Ich hätte am frühen Nachmittag locker nach Hause gehen können, aber meine Kolleginnen und Kollegen mussten mich jeden Abend als Letzte aus dem Büro herausschieben. Ich wollte jede Sekunde auskosten. Bis heute ist es nicht viel anders. Ich bin bei jedem meiner Moderationsjobs mit vollem Herzen dabei, weil ich es liebe und so dankbar bin, dass ich in Kameras und Mikrofone sprechen darf, um andere Menschen zu unterhalten oder mit ihnen zu interagieren. Ich habe das große Privileg, einen Job auszuüben, bei dem ich meine Hyperaktivität und meinen »Wahnsinn« wunderbar einsetzen kann. Zum Glück habe ich mich nicht für einen Beruf entschieden, bei dem ich hyperfokussiert den ganzen Tag am Schreibtisch sitzen muss.

## MEIN ERSTES UPGRADE

Das Praktikum ging über drei Monate und danach wollte ich bei demselben Sender eine Ausbildung machen, das sogenannte Volontariat. Aber ich bekam eine Absage. Meine Stimme passe nicht und ich sei zu wild, hieß es. Ich muss zugeben, das kratzte ordentlich an mir. Ich bewarb mich wieder bei bigFM. Absage. Mein Ego wurde immer kleiner. Dann bekam ich aber Gott sei Dank beim Tochtersender von Antenne1 die Möglichkeit, mein Volontariat zu absolvieren. Und hier beweist sich mal wieder: Alles passiert aus einem Grund. Stell dir vor: Ich bekam dort sogar meine erste eigene Sendung. Wie ich mich freute! Sie hieß »Von drei bis frei mit Lola Weippert«. Die Zielgruppe war allerdings die meiner Eltern und ich versuchte (natürlich erfolglos), die beliebten Künstler*innen voller Überzeugung anzumoderieren. Ich sagte anstatt »Meat Love« immer »Meat Luv«. Meine

Witze wurden auch nicht verstanden. Ich realisierte nach einigen Monaten: Das ist vielleicht doch nicht mein Traumjob. Zumindest nicht für diese verhältnismäßig alte Zielgruppe, die zum Beispiel auf Pril-Männchen steht, von denen ich noch nie etwas gehört hatte.

## MEIN WUNSCH WURDE ENDLICH WAHR!

Als ich schon fast aufgeben wollte, schaltete sich wieder das Universum mit einer neuen hilfreichen Unterstützung auf dem Weg zu meinem Traum ein: Ich lernte durch einen Zufall einen Mitarbeiter von bigFM kennen. Denis lud mich auf die bigFM Mitarbeiterfeier auf dem Wasen in Stuttgart ein (dem Pendant zur Wiesn in München und ja, es ist DIE Wiesn und DER Wasen). Superseriöser Rahmen, kann nur gut werden, dachte ich mir. Ich unterhielt mich mit gefühlt allen aus dem bigFM-Team und merkte sofort: Wir sind alle so verrückt, dass man sich fast schon für normal hält. Grandios. Und ehe ich mich versah, wurde mein damals größter Wunsch wahr und mir wurde von bigFM mein lang ersehntes Volontariat angeboten. Ich konnte mein Glück kaum fassen, während meines Volontariats bei einem anderen Sender von meinem Traumsender abgeworben zu werden, um meinem Traumjob nachzugehen. Ich wurde (zu) schnell direkt in die begehrteste Show gesteckt, die es gibt: »Deutschlands biggste Morningshow«, die an jedem Wochentag von fünf Uhr bis viertel vor elf mit einem Team aus Moderatorinnen und Moderatoren läuft. Stell dir vor: Das war meine Traumsendung, die ich als Kind auf dem Teppich liegend inhaliert hatte, und ich durfte sie nun moderieren, mitreden, dabei sein. Alles, was ich mir immer vorgestellt hatte, war nun Realität geworden. Ich lebte meine eigene Vision. Das musste ich erst einmal für mich realisieren. Aber der Start war dennoch holprig ...

## MITTEN IM EIGENEN TRAUM

Ich weiß noch, wie ich die ersten Sendungen moderierte. Ich hatte so eine Angst davor, zu versagen, weil es immer mein größter Traum war und ich nicht wollte, dass er wieder endete. Ich habe einfach ohne nachzudenken drauflos geredet, mich gut und gerne versprochen und am Ende meiner Moderation waren die anderen oft mindestens genauso verwirrt wie ich.

Ich werde nie vergessen, wie ein Radio-Berater mich nach der Sendung fragte: »Du redest so wild, schreibst du dir vorher nicht auf, was du sagst?«

Ich verstand den Wink mit dem Zaunpfahl und fing sofort an, das zu tun, was viele andere Moderatorinnen und Moderatoren immer machten: Ich schrieb mir auf, was ich sagen wollte, damit meine Moderationen Anfang, Mitte und Ende hatten, es informativ oder unterhaltsam war und bei den Zuhörer*innen für ein Lachen im Gesicht statt für ein großes Fragezeichen sorgte.

Im Zuge des sogenannten »Air-Checks«, bei welchem wir Feedback zur Sendung bekamen, wurde mir eine Frage gestellt, die zwar elementar war, mich aber sehr aufwühlte.

Wir saßen im Gespräch und plötzlich fragte mich der Berater: »Wer bist du?« Ich verstand die Frage nicht, weil ich sie mir noch nie selbst gestellt hatte, war maßlos überfordert und begann zu

weinen. Ich wurde das erste Mal in meinem Leben gezwungen, mich mit mir selbst in der Tiefe auseinanderzusetzen. War ich dafür überhaupt schon bereit?

## WER BIST DU?

Rückblickend war diese Frage für mich damals sehr wichtig, denn ich verstand, dass ich als Moderatorin in der Show authentisch sein musste, komplett ich selbst mit allen Stärken und Schwächen. Ich sagte nicht die Nachrichten an, sondern unterhielt die Menschen mit meiner Art und den Themen, die mich als Anfang 20-Jährige beschäftigten. Themen wie beispielsweise meine Nachbarinnen und Nachbarn, die mir einen Beschwerdezettel an die Tür gehängt hatten, weil ich mittags zu laut die Treppen herunterrannte.

Es fühlte sich so verrückt an, dass ich plötzlich zeigen durfte, wer ich war und mich nicht mehr anpassen musste. Ich liebte es und konnte mein Glück kaum fassen.

Ich nahm mir vor, mich nicht mehr unter Druck zu setzen und mich nicht zu ernst zu nehmen. Ich fing an, Witze über mich selbst zu machen. Mir war egal, dass ich am Ende der Sendung immer klang wie ein Hund, dem man die Stimmbänder herausoperiert hatte, dass ich mich nicht an meine eigenen Konzepte hielt und lieber improvisierte, auch wenn ich damit manchmal voller Anlauf und mit großer Freude gegen die Wand sprang. Mir hat das geholfen, weil ich damit allen Kritikern den Wind aus den Segeln nehmen konnte. Alles Negative über mich hatte ich verbal längst kommuniziert – auf eine leichte und humorvolle Art –, bevor es jemand anderes anmerken konnte. Und diese Strategie wende ich bis heute gerne an. Vielleicht ist es ja auch für dich hilfreich!

## WENN DU AUTHENTISCH BIST, GEWINNST DU

Authentizität ist das Wichtigste, das du entwickeln kannst. Es mag anfangs schwer sein, aber stelle dir so früh wie möglich folgende Fragen:

✳ Wer bin ich, was will ich und was definiert mich?

✳ Wer bin ich als Mensch und warum möchten andere vielleicht mit mir befreundet sein?

✳ Was sind meine Stärken?

✳ Was sind meine vermeintlichen Schwächen und wie kann ich sie zu meinem Vorteil machen?

✳ Was sind meine Werte?

✳ Was kann ich in die Welt bringen, damit sie für uns alle schöner wird?

Du musst zusätzlich lernen, an dich zu glauben, denn wenn du nicht an dich glaubst und wenn du nicht überzeugt von dir bist oder wenigstens so tust –, wer soll es sonst sein? Es ist hilfreich, wenn du dein bestes Inneres nach außen kehrst. Dann wird alles leichter, denn es kostet viel mehr Energie, sich anzupassen oder dauernd zu verbiegen, als sich zu zeigen. Je früher du dies realisierst, desto besser.

Stell dir vor: Während meiner Zeit bei bigFM hat die Morningshow Rekordzahlen geschrieben (ich kann es bis heute nicht fassen), die davor und danach nie wieder erreicht wurden. Es haben teilweise bis zu anderthalb Millionen Menschen zugehört. Es kann also nicht so schlecht gewesen sein, was wir da gemacht haben. Ich glaube, das lag daran, dass wir uns alle nicht verstellt haben. Das war riesig und ich vermisse das ganze Team bis heute. Das waren die verrücktesten vier Jahre, die ich jemals erlebt habe und besser hätte ich nicht in die Welt der Moderation einsteigen können. Ich habe es so sehr geliebt.

## ALS ES ZEIT WURDE, WEITERZUGEHEN

Doch ich zahlte auch einen Preis dafür, der mir lange nicht bewusst war. Logischerweise bedeutete der Job für mich, dass ich jahrelang um vier Uhr aufstand. Aber ich ging als junger Mensch natürlich nicht um 21 Uhr ins Bett. Ich wollte mein Leben genauso genießen wie alle anderen: auf Partys gehen oder ins Kino. Ich nahm es in Kauf, dass ich pro Nacht nur rund vier Stunden schlief und kam damit auch die erste Zeit gut durch.

Aber wenn ich ab und zu in den Spiegel schaute, sah ich zum Teil sehr müde und erledigt aus – selbst wenn ich mich nicht so fühlte. Ich sah aus wie ein Panda, der zu blass geschminkt war. Ich wirke heute jünger und fitter als damals. Ich habe versucht, mich hinter ganz viel Make-up zu verstecken, meine langen Haare verdeckten immer die Hälfte meines Gesichts. Meine Mama sagte mir in dieser Zeit sehr oft: »Du siehst aus wie das Kätzle am Bauch.«

Ich litt unter Schlafstörungen, denn vielleicht kennst du das Gefühl: Wenn du weißt, dass du am nächsten Morgen um vier Uhr aufstehen und um fünf Uhr schon komplett funktionieren musst, dann baut das so viel Druck auf, dass du nur ganz leicht schläfst und jede Stunde auf den Wecker schaust, aus Angst zu verschlafen.

Irgendwann war ich komplett erschöpft. Ich hatte Probleme einzuschlafen und meine Gedanken waren so laut, dass ich weder abschalten noch mich erholen konnte.

Zuerst versuchte ich, früher ins Bett zu gehen, um wenigstens mehr zu ruhen oder bestenfalls zu schlafen. Als das nicht viel änderte, machte ich mir Gedanken über meine berufliche Zukunft. Wie lange wollte ich die Morningshow noch moderieren? Was könnten die Alternativen sein? Welcher Job würde mir mehr Flexibilität ermöglichen, damit ich mehr reisen könnte, und vor allem: Wann könnte ich endlich nach Berlin ziehen?

Wie du dich vielleicht erinnerst, war das auch einer meiner großen Wünsche und Ziele als Kind: dort leben, wo mein Papa nach der Trennung meiner Eltern hingezogen war, in der Hauptstadt.

Hinzu kam, dass ich eine Gehaltsverhandlung wollte, um für meinen Job angemessener bezahlt zu werden. Doch ich bekam viel Gegenwind und wurde verunsichert. Konnte ich das wirklich fordern?

Diese Verunsicherung und Ablehnung deutete ich als Zeichen, mich neu zu orientieren. Ich war insgesamt sowieso nicht mehr so hoch motiviert. Ich wusste: Es ist Zeit, weiterzugehen. Auch wenn es mir unendlich wehtat.

Ich wusste nicht genau, wie ich den nächsten Schritt realisieren sollte, aber ich setzte mir ein neues Ziel: Ich möchte ins Fernsehen und dort eine eigene Show moderieren. Denn das schien mir als Moderatorin der nächste herausfordernde Meilenstein zu sein.

Nicht nur das Instrument der Sprache beherrschen, sondern sichtbar zu moderieren. Mit Gestik und Mimik.

## MEIN MUTIGSTER SCHRITT IN DIE ZUKUNFT

Du weißt bereits, wie die Geschichte weiterging: Ich traf die für mich bis dahin schwierigste und mutigste Entscheidung meines Lebens. Ich nahm meinen Mut zusammen und kündigte, obwohl mir alle – wirklich alle – aus meinem Umfeld davon abgeraten hatten und ohne etwas Neues in Aussicht zu haben.

Immer wenn ich an meine letzte Sendung denke, bei der ich mich live bei meinen treuen Hörer*innen verabschiedete, laufen mir große Tränen über die Wangen. Ich habe tagelang geweint, weil ich dachte, diese Entscheidung sei ein Riesenfehler gewesen. Ich war mitten in einer sehr wichtigen Lebens-Prüfung, die mein Vertrauen testete.

Doch das kannst du dir nicht besser ausdenken, mein Mut wurde schnell belohnt: Gerade hatte ich meine Kündigung ausgesprochen, da bekam ich eine Mail des RTL-Chefs und schlussendlich mündete meine letzte Morningshow eine Woche später in meine erste TV-Show (mehr darüber erfährst du in Kapitel 6). Wie durch Zauberhand hatte ich den Wechsel in die TV-Branche geschafft. Danke, Universum! Danke, Mut!

Meine Kündigung beim Radio ist jetzt ein paar Jahre her. Was seither passiert ist, macht mich stolz und sprachlos. Ich bin so froh, dass ich auf meine innere Stimme und nicht auf alle anderen um mich herum gehört habe, die mir von diesem wichtigen Schritt abgeraten hatten. Dann würde ich vielleicht immer noch

übermüdet in Stuttgart leben – und dieses Buch sowie viele andere Projekte wären niemals entstanden.

Fun Fact: Mittlerweile durfte ich auch als Gastmoderatorin zur Morningshow bei bigFM zurückkehren. Radio und TV schließen einander gar nicht aus, wie ich mittlerweile lernen durfte. Ich kann sogar beides machen, was ich nie für möglich gehalten hätte.

Ich weiß, dass mein Weg nicht für jede oder jeden der passende ist, aber ich hoffe, dass meine Geschichte dich inspiriert, deinen eigenen Weg zu finden, und du unbeirrt versuchst, deine Träume zur Realität werden zu lassen. Denn am Ende des Tages ist es der Glaube an sich selbst, der einen wirklich vorantreibt, der einen befähigt, die Ziele zu erreichen, die man sich gesetzt hat. Ich bin fest davon überzeugt, dass auch du dazu in der Lage bist, deine Träume zu verwirklichen, wenn du nur fest genug daran glaubst und nicht aufgibst.

Sei mutig, geh deinen Weg, bieg ab, wann du es willst, nicht dann, wann es andere von dir erwarten. Du hältst das Lenkrad deines Lebens in den Händen, gib es nicht aus der Hand. Wir wissen nie, wie viel Zeit uns bleibt!

# MEINE HERZENS-EMPFEHLUNGEN:

✳ Habe den Mut, dir große Ziele zu setzen und stehe jeden Tag für sie ein. Schreibe deine Träume auf und visualisiere sie. Lass dich nicht beirren und hole dir immer wieder diese Bilder hervor. Fühle, was du siehst.

✳ Glaube an dich! Du kannst es schaffen – egal, welche vermeintliche Schwäche du hast. Wir alle können manches besser als andere(s) und umgekehrt. Das bedeutet aber nicht, dass wir deshalb nicht alles erreichen können, was wir wollen.

✳ »Fake it till you make it.« Erlaube dir, in dein volles Potenzial hineinzuwachsen und mache dich vorab auf keinen Fall kleiner, sondern eher etwas größer. Das bedeutet nicht, dass du lügen sollst oder wirklich faken. Aber meine Beobachtung ist, dass sich gerade Frauen eher kleiner machen und sich weniger zutrauen. Sie betonen oft ihre Schwächen. Sei überzeugt davon, dass du alles schaffen kannst, was du willst.

✳ Vertraue auf das etwas abgegriffene Sprichwort: Wenn sich eine Tür schließt, öffnen sich zwei neue. Dafür braucht es den Mut, erst nicht zu wissen, was kommt. Doch solange wir noch im Alten festhängen, entsteht meistens nichts Neues.

# 6. DAS SHOW-(UND SCHEIN-)BUSINESS

## WAS ES BEDEUTET, ALS FRAU ERFOLGREICH ZU SEIN

**Journal-Eintrag vom 13. August 2020:**

*Ich werde niemals den heutigen Tag vergessen, an dem ich bei dieser riesigen Produktion auf meinem Moderationsstuhl saß und Hunderte Augen misstrauisch auf mich gerichtet waren. Alle wussten: Das ist mein erstes Mal.*

*Mein Herz schlug mir bis zum Hals, ich zitterte am ganzen Körper und die Absätze meiner High Heels wackelten wie kleine Strohhalme im Wind. Ich fühlte mich, als säße ich auf Götterspeise. Durchatmen, dachte ich mir. Du kannst das!*

*Natürlich hatte ich schon durch meine Zeit beim Radio viel Erfahrung beim Moderieren gesammelt, aber vor der Kamera hatte ich noch nie gesprochen. Und es verlangte eine Professionalität von mir, die ich schlichtweg noch nicht besaß. Fake it till you make it. Tu einfach so. Hinter dem Radiomikrofon spielt es keine Rolle, wie deine Mimik wirkt. Die TV-Kamera sieht alles, jedes Augenblinzeln und jede Unsicherheit. Und plötzlich begann mein linkes Auge zu tränen, als ich mit der Moderation begann. Ich versuchte es wegzulächeln und versteckte*

mein Auge hinter meinem Haar. Ich versuchte mit aller Kraft souverän zu wirken. Im Radio hatte ich mich immer so beschützt gefühlt, es war mein Zuhause, dort waren meine beruflichen Wurzeln. Und plötzlich war dieser Schutz weg, ich fühlte mich so ausgeliefert, weil ich nicht wusste, wie ich meine Gestik und Mimik einsetzen sollte. Ich hielt mich an meinen Moderationskarten fest und merkte schnell: Ich darf noch viel üben, bis ich mich so sicher fühle wie in einem Radio-Studio, denn das hier ist ein ganz anderes Paar Schuhe.

Ich werde nie den Moment vergessen, an dem meine erste Moderation abgedreht war und ich aufstand und voller Unsicherheit, Scham und Angst zu meinen Vorgesetzen in den Produktionsbereich lief. Würden sie mir jetzt sagen, dass ich das grauenhaft gemacht habe? Würden sie bestätigen, dass ich doch nichts könne?

Ich atmete noch mal tief durch und öffnete die Tür zum Produktionsraum und sah in unzählige strahlende Gesichter. Ich wurde regelrecht mit Lob überschüttet.

Alle waren begeistert. Ich konnte es abermals kaum fassen und mir fiel ein riesengroßer Stein von meinem Herzen. Denn vor diesem ersten Dreh war mir klar: Dieser Tag wird darüber entscheiden, ob dir entweder eine rosige TV-Karriere bevorsteht oder, ob das heute das erste und letzte Mal ist, dass du die Chance bekommst, eine TV-Show zu moderieren.

Diese Medien-Bubble ist leider nicht so glänzend, wie sie scheint, und kaum in einem anderen Zusammenhang passt der Spruch besser: »Es ist nicht alles Gold, was glänzt.«

Ich habe sogar das Gefühl, dass je goldener etwas glänzt, umso weniger echter Glanz steckt tatsächlich dahinter.

Ich bin so unendlich dankbar für meinen Beruf und liebe ihn so sehr, dass ich mir diesen Traum nicht kaputtmachen möchte. Ich habe mir alles selbst erarbeitet, ohne jegliches Vitamin B. Und dass ich das geschafft habe, zeigt mir: Es lohnt sich, zu kämpfen und an seine Träume zu glauben, egal was die anderen sagen!

## WIE ALLES BEGANN

Mein Einstieg in das Showbusiness startete wie ein großes Versprechen: Kurz nach meiner Kündigung beim Radio landete plötzlich eine E-Mail vom RTL-Chef bei mir im Postfach. Darin wurde ich nach Köln für ein persönliches Kennenlernen in der Senderzentrale eingeladen.

Ich traute meinen Augen kaum, denn es sollte darum gehen, mich als neue Moderatorin für den Sender aufzubauen. Dürfte ich vielleicht bald eine eigene Show moderieren? Ich? Zuerst dachte ich: Das ist ein Scherz. Da hat sich ein ehemaliger Kollege vom Radio besonders viel Mühe gemacht, um mich hinters Licht zu führen. Denn es konnte einfach nicht wahr sein, dass diese E-Mail eine blitzschnelle, neue Aussicht auf die Erfüllung meines damals größten Wunsches war: vom Radio ins Fernsehen zu wechseln. Oder war es doch alles wahr, was in dieser E-Mail stand?

Nur wenige Tage später saß ich in einer Limousine mit Ledersitzen. Der Fahrer holte mich extra in Stuttgart von meiner kleinen Wohnung ab, um mich nach Köln zu RTL zu bringen. Ich weiß noch genau, wie ich ganz nervös, ungläubig und zwischen Lachen und Tränen schwankend auf dem Rücksitz saß und mir sicher war: Das ist jetzt mein Versteckte-Kamera-Moment und gleich wird alles aufgelöst. Bald ist wieder alles beim Alten. Es fühlte sich surreal an.

Doch dann schaute ich tatsächlich wenig später dem Chef in die Augen und er schien es ernst zu meinen. Mein Kopf war vor Aufregung so rot wie mein Overall, weil ich es nicht fassen konnte. Die Wahrscheinlichkeit, direkt nach der Kündigung meines ehemaligen Traumjobs einen neuen zu bekommen, war sehr gering. Sollte ich wirklich so eine einmalige Chance bekommen? Das schien zu gut, um wahr zu sein. Meine Skepsis wuchs.

Mein Gegenüber sagte erneut genau das, was schon in der E-Mail stand: »Wir würden dich gern als neues Gesicht für unseren Sender aufbauen. Hast du Lust?« Ich musste nicht lang überlegen und sagte sofort Ja. Alles schien klar zu sein. Dann fragte er mich noch: »Wo siehst du dich denn langfristig?« Ich trat – wie gewöhnlich bei Vorstellungsgesprächen – in ein Fettnäpfchen, aber immerhin war ich ehrlich und forderte mein Glück intuitiv heraus: »Bei ProSieben mit Joko und Klaas.«

Er schaute mich mit großen Augen an. Es wurde still im Raum. Meine Managerin saß neben mir und war schockiert. Aber ich lächelte freundlich und bestimmt.

»Du bist hier aber bei RTL?! ProSieben ist die Konkurrenz«, entgegnete er.

Ich nickte und wusste: Entweder, der Schuss geht jetzt komplett nach hinten los oder – und das hoffte ich zutiefst – er handelt so, wie es mir meine Intuition sagte. Zweiteres war der Fall. Was für ein Glück. Vielleicht auch mehr Glück als Verstand. Es war mal wieder ein riskanter Seiltanz zwischen Mut und Risiko. Und siehe da: Mein Mut wurde belohnt! Kurze Zeit später schob er mir einen Exklusivvertrag mit RTL über den Tisch, auf den viele andere Moderatorinnen und Moderatoren jahrelang – oft leider vergebens – warten. Und all das beweist mal wieder, dass das Leben einen Plan für uns hat und wir uns einfach nur treiben lassen dürfen. Ich hatte nämlich damals Anfang des Jahres gekündigt und eine 6-monatige Kündigungsfrist. Ich durfte niemandem davon erzählen. Mein neuer Arbeitgeber konnte also faktisch gar nichts von meiner Kündigung wissen. Schlussendlich war mein letzter Arbeitstag in »Deutschlands biggster Morningshow« bei bigFM Anfang Mai 2020. Und nicht mal eine Woche später sollte die erste große TV-Show mit mir als Moderatorin beginnen. Das Timing war zu gut, als dass es ein Zufall hätte sein können. Stell dir mal vor, ich hätte eine Woche später gekündigt? Es wäre alles nicht aufgegangen …

## DAS NEUE TV-GESICHT? ICH?

»Das ist zu gut, um wahr zu sein«, kreiste mir wie eine nervige Werbereklame in Dauerschleife durch den Kopf.

Es war absurd und ich platzte fast vor Dankbarkeit, gemischt mit Aufregung. Ein paar Wochen später sollte ich schon meine erste eigene Sendung in Kroatien moderieren, das erfolgreiche Reality-TV-Format »Temptation Island«, bei dem Paare gegenseitig ihre Treue testen.

Mein neuer Chef meinte damals noch zu mir: »Ich kaufe mit dir die Katze im Sack. Bitte verkack's nicht!« Ich versprach es voller Vorfreude und fühlte mich gleichzeitig, als würde ich mit Handschellen ins kalte Wasser geworfen werden. Mein Imposter-Syndrom meldete sich wieder bei mir und redete mir voller Selbstzweifel ein, dass ich irgendwann auffliegen würde, weil ich gar nichts konnte. Doch zum Glück schaltete sich auch die Vernunft bei mir ein, die mir ganz rational versicherte: Wenn du für diesen Job nicht geeignet wärst, dann würde es RTL nicht riskieren, dich dafür zu engagieren.

Der Druck lastete immens auf mir, denn du musst dir das so vorstellen: Eine TV-Produktion wird mehr als ein Jahr im Voraus geplant. Dabei sind rund hundert Menschen involviert und jeder Produktionstag ist komplett durchgetaktet. Dort ist wenig Raum zum Ausprobieren, ich musste sofort alles geben und abliefern.

Und plötzlich ging alles ganz schnell und ich sah mir selbst dabei zu, wie ich von einer Show in die nächste kam. Ich moderierte unter anderem das »Supertalent«, »Prince Charming«, bekam sogar eine eigene neue Show namens »Skate Fever« (Let's Dance auf Rollschuhen) und durfte bei »Let's Dance« als Teilnehmerin mitmachen. Es war der Wahnsinn und fühlte sich an, als würde ich in einem Film mitspielen, in dem ich in eine andere Rolle schlüpfte. Das war jetzt mein Leben? Das glaubt mir doch kein Mensch. Das glaubte ich mir ja noch nicht einmal selbst!

Alles kam und passierte in so einer hohen Taktzahl, dass ich das damals zum einen überhaupt nicht realisierte, zum anderen auch nicht so sehr wertschätzte, weil ich noch gar nicht wusste, wie besonders dieser rasante Einstieg war. Ich dachte mir, es sei normal, dass man so schnell so viel moderieren darf. Heute weiß ich: So ein Einstieg in die TV-Branche ist alles andere als normal!

Ich kann dir gar nicht sagen, wie dankbar ich heute für alles bin und wie viel Spaß mir meine Arbeit macht. Es ist ein wunderbares Privileg, weltweit mit verschiedenen Teams zu arbeiten und dabei inspirierende Menschen kennenzulernen. Doch jetzt folgt auch mein Aber.

Mir fehlt bis heute oft ein beständiges Team um mich herum, wie ich es von der Zeit beim Radio kannte. Ich wusste immer, wen ich im Studio traf, wo der Kaffee stand und wo mein Platz war. Wir waren eine große Familie.

Wenn ich jetzt zu einer TV-Produktion oder Live-Moderation komme, sind die meisten Gesichter völlig neu und ich habe kaum Zeit, mit allen warm zu werden. Meine einzige Konstante ist meine wundervolle Managerin Leni, die mich an verschiedene Orte und Sets begleitet. Ich bin aber ein »Herdentier« und liebe es, mit den Menschen in meinem nahen Umfeld zu wachsen. Es gibt mir Halt und Beständigkeit. Lange wusste ich nicht, wie ich mir dieses Gefühl selbst geben sollte (erst meine Morgenroutine gab mir diese wichtige Struktur, dazu erzähle ich dir mehr in Kapitel 9). Deshalb rauschte besonders im ersten Jahr alles regelrecht an mir vorbei.

**MEINE BRANCHE IST MEIN LERNFELD, IN DEM ICH WACHSE**

So wie ich in die TV-Welt hineingestolpert war, stolperte ich (oft allein) weiter und hatte nur noch einen Fokus: Arbeit! Diese TV-Welt war alles für mich und ich pushte mich, jedes Mal noch besser zu werden. Dabei habe ich mich und meine Bedürfnisse leider gar nicht beachtet. Ich fühlte nicht mehr, ob ich erschöpft war oder nicht. Und ich zog auch keine gesunde Grenze zu allen ungefragten Kommentaren, die auf mich einstürzten wie ein Wasserfall. Ich nahm alles ungefiltert auf und an.

Stell dir vor, ich habe den großen Fehler gemacht und schaute mir anfangs alle Nachrichten an, die ich bekam. Wirklich. Ich habe die Kommentarspalten nach den Sendungen durchgescrollt und meine Postfächer voller persönlicher Nachrichten geöffnet. Viele davon haben mich motiviert und bestärkt, andere haben mich richtig traurig gemacht. Es wurde alles an mir kritisiert: Mein Outfit, meine Stimme, meine Art. Den einen war ich zu laut, den anderen zu kindisch oder angepasst. Ich konnte es niemandem recht machen. All dies ließ mich nicht kalt und ich dachte zwischendurch: Ich muss wohl ein schlechter Mensch sein und moderieren können andere besser. Die TV-Branche wurde zu einem riesigen Lernfeld für mich. Die Aufgabe: bei mir bleiben und sich nicht verunsichern lassen.

Besonders als Frau – und das betrifft definitiv auch andere Branchen – stehst du leider immer noch vor vielen Herausforderungen, die ich gern mit dir teilen würde. Bestenfalls erkennst du dich dabei wieder und merkst: Auf die eine oder andere Art begegnen uns Lernaufgaben und Wachstumspotenziale durch unseren Beruf. Wir haben sicherlich Überschneidungen, wenn es um das Thema Gleichberechtigung geht, denn das betrifft uns alle.

## WELCHE ROLLE SPIELT DAS AUSSEHEN?

Unterschwellig war ich immer wieder mit dem Vorwurf von »Pretty Privilege« konfrontiert. Andere behaupteten oder sagten es mir ganz direkt: »Du hast den Erfolg nur, weil du gut aussiehst.«

Erst mal danke für das Kompliment, aber hinter der oft so leicht wirkenden Arbeit steckt eine unfassbare Disziplin.

Wenn andere eine Pause einlegten, sich erholten, Urlaub machten oder den Feierabend genossen, war ich immer diejenige, die gearbeitet hat, um ihre Ziele zu erreichen. Ich habe mein Privatleben immer hintenangestellt, auch wenn ich weiß, dass eine Work-Work-Balance nicht gesund ist und man natürlich lieber eine Work-Life-Balance etablieren sollte. Aber ich bin mir sicher: Hätte ich nicht so lange so viel Vollgas gegeben und unermüdlich für meine Ziele gekämpft, wäre ich heute nicht da, wo ich bin.

Und ich bin mir auch sicher: Es gibt andere Menschen, die viel besser sind als ich in dem jeweiligen Bereich, aber sie gehen vielleicht nicht die Extrameile. Und das ist der große Unterschied.

Du kannst die Menschen nicht zum Jagen tragen, egal wie talentiert sie sind. Denn Talent allein bedeutet keinen Erfolg. Ich kenne keinen erfolgreichen Menschen, der sich nicht vollkommen abgerackert hat, um sein Ziel zu erreichen.

Ich bin mir bewusst, dass Aussehen in der Unterhaltungsbranche oft eine Rolle spielt. Es ist eine Realität, mit der ich umgehen muss und die mich manchmal verunsichert.

Ich erinnere mich an eine Situation, in der ich vor einer Live-Sendung stand und jemand zu mir sagte: »Schön siehst du aus. Viel Glück.« Danach hörte ich auch Sätze wie: »Du sahst toll auf der Bühne aus.« Das klang zunächst alles wie ein Kompliment, aber ich konnte mich nicht darüber freuen. Ist mein Aussehen ausschlaggebend dafür, wie gut die Show wird?

Ist mein Aussehen wichtiger als meine Fähigkeit, gut zu moderieren? Würde man mich anders behandeln, wenn ich nicht

»hübsch« wäre? Solche Gedanken schwirren mir ab und zu durch den Kopf, während ich versuche, mich auf meine Moderation vorzubereiten, die besten Worte zu finden und vollständig präsent zu sein. Denn das ist es, was mich vor und während einer Show beschäftigt. Es geht darum, klug, spontan, einfühlsam, witzig und wortgewandt zu sein. Und um das zu lernen, braucht es viel Zeit und Übung.

Ich erkannte nach einer Weile nahezu pragmatisch, dass ich nicht jedem gefallen kann und dass das in Ordnung ist. Ich muss nicht perfekt sein, um erfolgreich zu sein. Ich muss nur authentisch sein. Und das ist etwas, das ich immer sein kann. Egal, was passiert. Das gibt mir Sicherheit und Motivation. Auch wenn es oft bedeutet, dass man Türen schließen muss, weil in manchen Jobs meine Authentizität nicht erwünscht ist. »Sieh einfach nur gut aus und lächle, sei nicht so frech und nicht so laut«, heißt es dann.

Anfangs verunsicherten mich solche Forderungen, heute weiß ich: Alles klar, das ist kein Job für mich.

Tür zu und weitergehen. Ich werde mich immer für die Tür entscheiden, auf der groß »Authentizität« steht.

Ich fokussiere mich deshalb auf Dinge, die ich kontrollieren kann: meine Vorbereitung der Moderationskarten, meine Performance während der Sendung oder auf der Bühne, meine Professionalität und Disziplin. Ich kann nicht ändern, wie andere mich wahrnehmen, aber ich darf an mir arbeiten und mein Bestes geben. Ich entscheide mich immer wieder neu, mir selbst treu zu bleiben.

Gleichzeitig versuche ich aufgrund meiner Erfahrung auch selbst, Menschen generell nicht sofort in Schubladen zu stecken. Menschen

und Berufe sind bunt wie der Regenbogen. Eine Frau kann sich für Mathematik interessieren, ein Mann für Make-up. Es spielt keine Rolle und ich muss noch nicht einmal denken: Oh, du bist eine Frau und du interessierst dich für Technik. Diese Einordnungen, was Männer oder was Frauen angeblich können oder welche Aufgaben sie in der Gesellschaft übernehmen, sind überholt. Auch ich habe viele Facetten und Interessen, bei denen ich gar nicht in die alten, verstaubten Bilder passe. Ich liebe es, Holz zu hacken. Ich liebe es, Traktor zu fahren. Ich finde Motorradfahren grandios. Und ich liebe es, in einem Abendkleid über einen roten Teppich zu laufen und mir – sobald das Ende des Teppichs erreicht ist – die High Heels abzuschnallen und barfuß durch die Säle zu rennen, bis ich rabenschwarze Füße habe.

## WER STEHT AUF MEINER SEITE?

Unsere Welt ist voller Rollen und Fassaden. Ich musste in der TV-Branche lernen, hinter alle Fassaden zu schauen, um zu erkennen, wer die guten Menschen sind und dass mir nicht alle wohlgesonnen sind. Diese Tatsache war für mich eine Riesenüberraschung. Ich habe so lange gedacht, dass alle Menschen nett sind und es gut mit mir meinen. Das ist leider nicht so. In meiner perfekten Wunsch- und Traumwelt vielleicht, aber das entspricht nicht der Realität.

Leider habe ich es vielfach erlebt, dass ich nicht überall mit offenen Armen empfangen werde. Oder nur oberflächlich. Die Konkurrenz ist groß, denn es gibt nur wenige begehrte Jobs vor der Kamera.

Es kann passieren, dass du nach dem Ende einer Staffel ausgewechselt wirst.

Und wie es in Kommunikationsunternehmen oft der Fall ist, wird es dir natürlich nicht persönlich kommuniziert, sondern du erfährst es dann durch die Presse. Eine Menschlichkeit, die einen im negativen Sinne überwältigt. Aber an die man sich in dieser Branche leider gewöhnen muss. Die (wahren) Gründe erfährst du selten. Du musst mit einem offenen Ende umgehen lernen und vielleicht ertragen, dass beim nächsten Mal jemand anderes deine Show moderiert. Genauso wie ich plötzlich die Show einer Kollegin übernahm. Deshalb genieße ich jede Moderation mittlerweile mit Vorsicht, weil ich nie weiß, wie lange ich das Mikrofon noch in der Hand halten darf oder ob es das nächste Mal vielleicht schon vorbei ist. Die ersten Jahre hat mich dieser Fakt total verunsichert, aber mittlerweile habe ich mir so viele Standbeine aufgebaut, dass es mir fast schon egal ist, ob ich eine Show moderieren darf oder nicht. Ich habe mir meine berufliche Unabhängigkeit erarbeitet und ob ich eine gewisse Show moderieren darf oder nicht, entscheidet nicht (mehr) darüber, wie glücklich ich bin.

## ES KANN NUR EINE GEBEN

Ich hörte einmal den Kommentar von einer Frau: »Sie hat den Job nur bekommen wegen ihrer Brüste« und dachte mir: Ich wusste gar nicht, dass meine Brüste moderieren können.

Und auch das beschreibt diese Branche leider wieder recht gut: Frauen kämpfen so oft gegeneinander und machen die jeweils andere kleiner, um sich größer und besser zu fühlen.

Meine Erfahrung ist, dass es viel Neid und Missgunst gibt, besonders unter Frauen. Es kann nur ein Blick sein, ein böses Wort hinter deinem Rücken – oder offene Feindseligkeit, gemischt mit

Schadenfreude. Das finde ich an der Branche echt herausfordernd, weil manche die größte Freude daran zu haben scheinen, mich scheitern zu sehen.

Es ist bedauerlich, weil es das vorher in meinem Leben nicht gab. Schon gar nicht in meinem Kopf. Ich fühle immer mit, ich kann mich nur freuen, wenn wir alle unseren Weg gehen und damit erfolgreich sind. Es ist unfassbar wichtig, dass wir uns dabei unterstützen und uns nicht auch noch gegenseitig Steine in den Weg legen.

Ich bin grundsätzlich zutiefst dankbar, dass ich das Privileg habe, eine Frau zu sein. Es ist ein unglaubliches Geschenk, aber auch eine gewaltige Herausforderung. Mal fühlt es sich wie ein Segen an, im nächsten Moment wie ein Fluch. Doch ich betrachte es als eine Chance für uns Frauen, die Hindernisse, die uns von außen auferlegt werden, als Ansporn zu nutzen, um noch mehr Stärke und Energie zu entwickeln und für Gleichberechtigung zu kämpfen.

Es ist unerlässlich, dass wir diesen Kampf gemeinsam führen. Wir sind rund vier Milliarden Frauen auf dieser Welt. Es ist so wichtig, dass wir nicht auch noch gegeneinander antreten. Leider sehe ich allzu oft, wie Frauen sich gegenseitig bekämpfen, weil ihnen eingetrichtert wird, dass es nur eine geben kann – ein Zeichen des herrschenden Patriarchats.

Diese Spaltung unter uns führt dazu, dass wir uns gegenseitig schwächen. Doch das muss aufhören. Es wird Zeit, dass wir erkennen, dass der Kuchen groß genug ist. Für jede ist ein Stückchen da, auch wenn sie nicht die Erste ist, die zugreifen darf. Es gibt genug für jede von uns und wir müssen uns gegenseitig unterstützen und

zusammenhalten. Gemeinsam können wir viel schneller voran-kommen, als wenn jede nur für sich eintritt.

Es bricht mir das Herz zu sehen, wenn wir Frauen uns nicht als Schwestern, sondern als Konkurrentinnen betrachten. Dies führt dazu, dass sich unsere gemeinsame Energie zerstreut. Unsere Kraft geht verloren, und dann stehen die Männer wieder als die Gewin-ner da. Dieser Zyklus des Misstrauens und der Rivalität unter uns Frauen darf nicht weitergehen. Es ist eine zerstörerische Dynamik, die uns allen schadet und uns aufhält.

## IST SCHWEIGEN WIRKLICH DIE LÖSUNG ODER GEHT ES DARUM, DAS SCHWEIGEN ZU BRECHEN?

Zu Beginn meiner Karriere bekam ich gut gemeinte Ratschläge von Kolleginnen, die mir sagten: »Lola, äußere dich nicht politisch, ge-sellschaftskritisch oder kontrovers. Leg dich nicht mit Männern an, denn du kannst diesen Krieg nicht gewinnen.« Ich fragte mich da-mals: Will ich das glauben? Werde ich ausgebremst oder unterstützt? Wie finde ich meinen Weg zwischen den ganzen spitzen Steinen?

Ich habe mir durch meinen Mut, zu meiner Wahrheit zu stehen und für Frauen und Gleichberechtigung zu kämpfen, mit Sicher-heit schon einiges verbaut, aber ich wollte und werde nie einfach »nur« die nett lächelnde Frau sein. Die angepasste Frau, die alles so stehen lässt, wie es seit Jahrhunderten ist und den Mund hält. Warum auch?

Was mich immer sehr wundert, ist, dass Männer, die ihre Meinung sagen und vehement verteidigen, oftmals dafür gefeiert werden.

Wenn eine Frau denselben, bestimmenden Inhalt äußert, wird sie als zickig und schwierig abgestempelt.

Ich glaube daran, dass die Menschen mich tolerieren und die, die mit mir zusammenarbeiten auch meine Werte vertreten. Dazu zählt, dass ich auf Missstände in der Gesellschaft hinweise und mich auf Diskussionen einlasse. Und genau in so einem Umfeld möchte ich auch arbeiten.

Deswegen steht meine Entscheidung: Ich spreche laut aus, wenn mir etwas missfällt. Es geht nicht anders, weil einer meiner wichtigsten Werte Gerechtigkeit ist. Es ist nicht immer einfach, in einer Welt voller Kompromisse und Zugeständnisse seine Stimme zu erheben und für das einzustehen, woran man glaubt. Doch ich habe gelernt, dass die Wahrung meiner Integrität wichtiger ist als die Zustimmung anderer.

Ich habe eine Stimme in der Öffentlichkeit und ich nutze sie. Für mich und für alle anderen, die dieses Privileg nicht haben. Es ist manchmal hart, aber ich fürchte den Gegenwind weniger als früher. Denn ich habe erkannt, dass wahre Stärke nicht in Vorsicht und Angst liegt. Es geht für mich nicht darum, niemals fallen zu wollen, sondern darum, jedes Mal wieder aufzustehen. Und so gehe ich meinen Weg voller Entschlossenheit und mit dem festen Glauben daran, dass es an der Zeit ist, nicht länger zu schweigen.

Ich möchte durch mein Vorbild und durch meine Worte dafür sorgen, dass wir ein Heer an starken Frauen werden, die alle miteinander in einem Boot rudern, damit wir Neuland erreichen. Das Neuland der Gleichberechtigung.

Deswegen habe ich mich entschieden, laut zu sein.

## DER GROSSE UNTERSCHIED ZWISCHEN
## DEN GESCHLECHTERN

Ich möchte nicht Klischees bedienen oder in ein Schwarz-weiß-Denken verfallen, aber ich habe unzählige Situationen erlebt, die das Folgende bestätigen: Frauen werden schlechter bezahlt, sie werden schneller kritisiert, seltener ernst genommen, sie werden mehr nach ihrem Aussehen und Alter beurteilt als Männer und ihre Stimme wird seltener gehört. Leider.

Dass wir noch nicht gleichberechtigt sind, ist in vielen Punkten bewiesen. Es gibt kein einziges Land auf dieser Welt, in dem Frauen und Männer gleichberechtigt sind. Es ist 2024, aber wir werden chronisch unterbezahlt, im Schnitt bekommen Frauen in Deutschland 18 Prozent weniger Bruttolohn als Männer – das ist eine der höchsten Zahlen im europäischen Vergleich.[6]

Daran sind nicht nur Männer in Führungspositionen schuld. Frauen verkaufen sich leider viel zu oft unter ihrem Wert, trauen sich nicht, in eine Gehaltsverhandlung zu gehen und machen sich klein. Und auch das ist das Echo des Patriarchats. An dieser Stellschraube müssen wir auch selbst drehen!


## SIND STARKE FRAUEN GEFÜRCHTET?

Lange waren Männer für mich weniger greifbar und mir suspekter als Frauen. Das hat sich Gott sei Dank reguliert. Ich glaube wieder an das Gute in Männern und in Menschen. Auch durch viel Arbeit an mir selbst und meinen inneren Wunden zum Thema Vertrauen. Ich hasse Männer nicht. Ich habe kein Problem mit Männern.

Es gibt wunderbare Männer, es gibt wunderbare Frauen und dann gibt es auch einfach auf beiden Seiten welche, die ein geistiges Software-Update bräuchten.

Ich habe oft das Gefühl, dass einige Männer Angst vor starken Frauen haben. Wir wurden so lange unterdrückt und alles, was wir uns wünschen ist Gleichberechtigung, damit wir endlich dieselben Chancen, Möglichkeiten und Freiheiten haben wie Männer. Wir wollen Respekt und Toleranz. Das ist leider immer noch nicht der Fall.

Ich kann nachvollziehen, wo wir herkommen und wie dieses Ungleichgewicht entstanden ist, aber ich kann nicht verstehen, warum es noch nicht überall auf der Welt anders läuft. Wo sind die Frauen an den wichtigen Hebeln?

Wir Frauen sind diejenigen, die die Kinder austragen. Wir sind diejenigen, die Leben in die Welt bringen. Wir erschaffen Neues und stehen für Wachstum. Davon profitieren wir alle. Natürlich geht es nicht ohne Männer, aber wir haben doch eine elementare tragende Rolle. Warum werden wir dafür nicht gewürdigt?

Ich wünsche mir, dass das mehr gesehen wird und dass Frauen in dieser Welt auch endlich vermehrt die Führung übernehmen. Ich bin mir sicher, dass wir Frauen mit unserer zwischenmenschlichen Stärke als Leaderinnen viel erreichen können, weil wir an das Gemeinwohl aller und nicht nur an Ego-Interessen und Macht denken.

Du kannst rational noch so »perfekt« sein – wenn dir die zwischenmenschliche Komponente fehlt, wirst du niemals ein Team oder geschweige denn ein Land richtig führen und motivieren können;

im Unterschied zu einer empathischen Person, die Menschen emotional erreicht.

## ICH MÖCHTE FÜR FRAUEN EINSTEHEN

Ich weiß, dass ich andere manchmal mit dem Thema, das mich sehr bewegt und beschäftigt, nerve. Meine Freundinnen und Schwester sagen ab und zu: »Bitte fang keine Diskussion an«, weil sie wissen, dass ich mich im Taxi, im Zug oder im Café gern auch mit Menschen unterhalte, die meiner Meinung nach ein Umdenken brauchen könnten.

Ich führe oft Diskussionen darüber, ob wir im Stillen oder laut für unsere Rechte kämpfen sollten. Ich weiß nicht, ob ich mich als Feministin bezeichnen kann, aber was ich weiß ist, dass ich eine Frau sein will, die für andere Frauen einsteht, die für andere Frauen kämpft und die bestenfalls dazu beitragen kann, dass die Werkseinstellungen der veralteten Denke ein modernes Update bekommen, damit mehr Bewusstsein dafür geschaffen wird, dass wir alle dasselbe leisten können.

Ich versuche, diesen Einsatz für Gleichberechtigung halbwegs subtil auszuleben, indem ich die Männer auf eine respektvolle Art und Weise daran erinnere, dass wir endlich eine Gleichberechtigung erleben müssen. Es hilft nichts, mit dem erhobenen Zeigefinger gegen Männer zu wettern. Aber sachliches Ansprechen hilft.

Dafür braucht es mutige Menschen (ob Frauen oder Männer), die nach außen gehen und den Mund aufmachen, um sich auf konstruktive Diskussionen einzulassen – gewaltfreie Kommunikation mit klaren Grenzen.

Und hiermit möchte ich mich noch mal ganz speziell an alle Männer wenden: Wir schaffen Gleichberechtigung nicht ohne euch, wir brauchen euch und eure Stimmen, denn wir leben zusammen auf dieser Welt und werden nur eine Zukunft auf Augenhöhe erreichen, wenn ihr uns helft, aufzuholen und wir so lange über Gleichberechtigung sprechen, bis diese so selbstverständlich ist, dass wir eben nicht mehr darüber reden müssen.

## ES GEHT AUCH DARUM, PRIVILEGIEN ABZUGEBEN

Wenn ich allgemein mit Männern, vor allem in Führungspositionen, über die Dinge spreche, die bestimmt jede Frau schon einmal erlebt hat, sind viele überrascht, dass es dies überhaupt noch gibt: ungefragt angefasst zu werden, benachteiligt zu werden, nicht ernst genommen zu werden, schlechter bezahlt zu werden für denselben Job bei gleicher Qualifikation. Dann denke ich mir immer: In welcher Welt lebst du, dass dir das nicht bewusst ist? Gleichzeitig kenne ich die Machtstrukturen. Viele Chefs leben in der privilegierten Welt eines weißen Mannes in einem Wohlstandsland ohne Krieg. Klar sehen sie dieses Defizit nicht, weil es ihnen zu gut geht und das Thema sie vermeintlich nicht direkt betrifft. Jede Veränderung empfinden sie als Rückschritt, weil sie ihre Privilegien abgeben oder teilen müssten.

Umso mehr müssen wir auch hier auf die Ungleichheit aufmerksam machen, kämpfen, laut sein, mutig nach außen gehen und uns zeigen, damit wir gesehen werden, damit wir gehört werden und damit sich endlich etwas ändert. Andernfalls füttern wir dieses alte System des Patriarchats, das dringend abgeschafft werden muss.

## ÜBER DIE KÄMPFE, DIE ICH FÜHRE

Ich erinnere mich an eine Situation, als ich im Taxi zu einem Female Empowerment Event fuhr. Der Fahrer sagte mir, dass so was doch unnötig sei und konnte nicht verstehen, warum es so etwas überhaupt gibt: eine Veranstaltung nur für Frauen. Ich dachte mir: Wir haben 25 Minuten. Ich werde diese Zeit sinnvoll nutzen und ihm seine Privilegien bewusst machen und ihn auf die Ungleichheiten hinweisen, die leider auch im Jahr 2024 immer noch Thema sind.

Es ist ein Kampf, den ich gerne führe, obgleich ich weiß, dass ich ihn selten gewinnen kann, weil mich der Mann sowieso nicht ernst nimmt. Aber auch hier werde ich niemals aufgeben und so predigte ich ihm die ganze Fahrt über alle Statistiken zu Ungleichheiten von Frauen und Männern herunter, in der Hoffnung, dass auch nur ein Prozent davon hängen blieb.

Einen anderen Moment, der sinnbildlich für verquere Denkweisen steht, erlebte ich in Berlin am Wannsee. Ich saß entspannt mit meiner Freundin Louisa auf einem Steg, der ins Wasser reichte. Es war ein lauer Sommertag und wir wollten das Leben genießen und ein bisschen träumen, wie man das an so schönen Orten macht. Wir schauten uns die herrlichen Villen am Ufer an und überlegten: Hier zu leben, das wäre doch wunderbar.

Wenig später schipperte ein Boot mit zwei Männern und einer Frau vorbei. Sie sahen so aus, als würden sie in der Gegend leben. Ich fragte höflich und durchaus auch ernst gemeint: »Entschuldigung, stehen hier Häuser zum Verkauf?« Sofort schoss einer der Männer in meine Richtung: »Mit welchem Geld willst du dir denn hier ein Haus kaufen?« Ich wurde wütend, weil er mir offenbar nicht zutraute, dass ich gut verdiente. Ich dachte mir: Okay, manche Kriege kannst du vielleicht nicht gewinnen, aber solche locker. Deswegen führe ich sie. Da muss ich mutig sein, für mich und für alle anderen Frauen. Und für diese Männer. Damit sie in der Realität und in der Gegenwart ankommen und lernen, dass solche unreflektierten und frechen Sprüche überholt, respektlos und unnötig sind.

Ich blickte ihm in die Augen und fragte ganz bestimmt: »Warum soll ich mir als junge Frau so ein Haus hier nicht leisten können? Vielleicht verdiene ich ein Vielfaches von dir.«

Damit hatte der Mann nicht gerechnet. Er begann zu stottern, versuchte sich zu erklären und wollte wissen, was und wo genau ich denn arbeitete. Darauf ging ich erst gar nicht ein, weil ich mich nicht rechtfertigen wollte. Ich musste ihm nichts beweisen. Aber ich sagte: »Ich wünschte, du verstehst, dass auch eine junge, emanzipierte Frau beruflich sehr viel weiter und erfolgreicher sein kann, als du vielleicht denkst.« Und dann machte ich ihm noch deutlich, dass sein Spruch sehr unangemessen war. Die anderen schwiegen. Er ruderte buchstäblich zurück: »Ich habe es doch gar nicht so gemeint.« Und ich blieb dran: »Dann sag es anders. Gute Besserung!«

Ich bin mir bei diesem Beispiel in zwei Sachen sicher: Hätte ich als Mann gefragt, wäre eine respektvolle Antwort gekommen. Einige Frauen in meiner Lage wiederum hätten sich weggeduckt und nur abwimmelnd geantwortet: »Schon gut!« Und sich später mit der Freundin über den Mann aufgeregt. Doch wie soll sich so etwas ändern? Meine Empfehlung wäre, immer sachlich zu erforschen, wie jemand etwas gemeint hat und seine Aussagen zu spiegeln. Dann erkennt das Gegenüber im besten Fall, wie verurteilend diese waren. Worte sind Macht. Deswegen mein Rat: Lasst uns unsere Worte weise wählen.

Worte sind wichtig, aber auch Taten. Indem ich mir auf dem Land einen Bauernhof gekauft habe, sorgte ich dafür, dass viele Menschen aufwachen mussten und erkannten, auch eine junge Frau in meinem Alter kann eigenständig große Entscheidungen fällen. Und das Paradebeispiel lieferte mir der Kauf: Ich weiß noch, wie ich mit meinem Papa beim Notar saß. Er musterte uns, sah zuerst mich, dann meinen Papa an, bis er Folgendes sagte: »Sie sehen kompetent aus.« Dieser Spruch galt wem? Meinem Papa. Welch Überraschung.

Ich gab dem älteren Mann deutlich zu verstehen: »Ich bin Ihre Ansprechpartnerin bei diesem Kauf und jeden Cent habe ich selbst verdient. Das hier ist mein Papa, nicht mein Sugardaddy.« Das konnte der alte weiße Mann kaum glauben. Eine Frau unter 30 Jahren, die selbstständig viel Geld auf den Tisch legt und ein anspruchsvolles Projekt in die Hand nimmt – ohne einen Mann im Rücken. Zeiten ändern sich und wir können alles schaffen!

»Aber mit Gendern fangen wir hier nicht auch noch an.« Seine Reaktion weckte in mir viel Wut, aber auch vor allem eins: Mitleid für seine verstaubte Meinung und Motivation, um mit alten Denkweisen aufzuräumen.

Ich werde weiterhin demonstrieren, dass ich keinen Mann brauche, um mir ein Zuhause zu kaufen und zu schaffen, indem ich selbst mit dem Traktor herumfahre und Mauern niederreiße. Indem ich Holz hacke und mit den Ämtern verhandle.

Wir können alles sein, was wir wollen – jenseits von Rollenklischees. Und am Ende sind wir alle gleich.

## WIR SIND ALLE EINS!

Ob du eine Frau bist oder ein Mann oder dich nicht-binär definierst, wir sind gleichwertig, egal mit welcher Hautfarbe, egal mit welcher Sexualität. Das ist ein Grundrecht.

Wir müssen also auch gleichwertig anerkannt und behandelt werden. Niemand ist besser oder schlechter als der oder die andere. In meinen Augen bist du nur dann schlechter, wenn du jemanden degradierst für das, was er oder sie ist.

Der Weg zu mehr Gleichberechtigung kann nur gemeinsam und mit gegenseitigem Respekt und Toleranz beschritten werden. Es ist ein Zusammenspiel von angemessenen Worten und Taten. Und dies bitte nicht im Extrem! Wir sollten auf niemanden mit dem Finger zeigen und niemanden hassen. Wann wird das endlich so weit sein? Ich möchte die Hoffnung nicht aufgeben.

Mir kann es nicht schnell genug gehen. Wir haben schon so viel Zeit verloren. Lasst uns alle aktiv sein und mehr auf die Gemeinsamkeiten als auf die Unterschiede schauen.

## WO IST DER SINN?

Ein Grund, warum ich mich in der Tiefe mit Gleichberechtigung beschäftige und mich auf meine Art gegen gesellschaftliche Schiefla-

gen auflehne, liegt auch darin, dass mir oft die Sinnhaftigkeit in meinem Beruf fehlt. Sicherlich ist Unterhaltung auch ein bedeutender Faktor in der Gesellschaft. Es kann erholsam sein, mal in eine ganz andere (Show-)Welt einzutauchen und sich vom eigenen Leben zu distanzieren. Eine gesunde Realitätsflucht brauchen wir alle einmal.

Aber dennoch holt mich immer wieder das Bedürfnis ein, noch näher an den Menschen zu sein und aktiv etwas dazu beizutragen, damit es jemandem besser geht. Ich habe oft das Gefühl, dass mein Leben noch nicht den Tiefgang hat, den es haben sollte, und dass ich noch nicht genügend Gutes tue.

Deswegen habe ich kürzlich bei einem Altersheim in meiner Nähe angerufen und gefragt, ob ich mit den Menschen spazieren gehen darf, die sich vielleicht einsam fühlen. Gleichzeitig wäre ich dankbar, von denjenigen etwas zu lernen, die dieses Spiel namens Leben schon länger durchlaufen haben als ich. Ich habe mir dadurch Halt und Vertrauen erhofft. Ich wollte daran erinnert werden, dass mein (Berufs-)Leben zwar eine nicht kontrollierbare Achterbahnfahrt ist, ich aber immer wieder heil irgendwo ankomme und sich für mich so häufig ungeahnte neue Chancen ergeben.

## MEIN VERTRAUEN IN DIE ZUKUNFT

Ich weiß nie, was ich im nächsten Jahr moderieren darf. Ich weiß nie, was passiert oder was nicht passiert. Das ist mein Beruf: unplanbar. Was das mit mir macht? Ich erlebe zwischendurch innere Unruhe und Zweifel. Weil ich nie mit Sicherheit sagen kann: Ist es genug, was ich mache? Bin ich noch angesagt? Hat das Leben einen besseren Plan für mich?

Gleichzeitig sorgt das auch für Spannung in meinem Alltag. Ich bin immer erwartungsvoll, was als Nächstes kommt, und das macht mich lebendig. Denn in Wahrheit wissen wir nie, was passiert. Egal, welchen Job wir ausüben. Ob nun freiberuflich oder fest angestellt.

Ich vertraue darauf, dass neue Angebote aus dem Nichts auftauchen können. Aber ich glaube, die Grundlage dafür ist, dass du genau und klar definierst, was deine Ziele sind. Dann kann dein Leben darauf hinsteuern.

Ich habe ein Bild für meine beruflichen Visionen erstellt, das ich immer wieder ergänze. Auf diesem Papier klebt zum Beispiel mein Bauernhof oder dieses Buch. Du siehst darauf aktuell auch Fotos von Joko und Klaas, mit denen ich irgendwann zusammenarbeiten werde. Daran will ich auf jeden Fall glauben.

Heute sehe ich meine Karriere im Showbusiness als eine Reise des Wachstums und der Selbstfindung. Ja, es gibt Höhen und Tiefen, aber jede Erfahrung macht mich stärker und lehrt mich etwas Neues. Ich bin dankbar für die Möglichkeiten, die ich bekommen habe und noch bekommen werde. Und ich bin bereit, weiterhin hart zu arbeiten und mich weiterzuentwickeln.

Ich achte aber auch darauf, dass ich mich nicht zu sehr an diesen TV-Traum, den ich leben darf, festkralle.

Es heißt ja: Wenn du in einer Beziehung zu sehr klammerst, gedeiht diese nicht. Deswegen sage ich mir: Je mehr ich mich entspanne, je mehr ich loslasse und vertraue, desto eher kommt auch wieder eine neue Chance in Form einer Mail oder eines Anrufs.

Bis dahin werde ich immer weitermachen, meine Träume verfolgen und mein Bestes geben, um eine authentische Version von mir selbst zu sein. Ich bin überzeugt: Es lohnt sich, an alle noch so vermeintlich unerreichbaren Träume zu glauben und dafür zu kämpfen, denn Grenzen existieren nur in unserem Kopf.

# MEINE HERZENS-EMPFEHLUNGEN:

✳ Denk immer daran: Du bist nicht allein. Wir gehören alle zusammen und gemeinsam können wir es schaffen, unsere Stärke zu leben und für unsere Rechte einzustehen. Deswegen: Verkaufe dich niemals unter Wert und lass dich niemals kleinmachen.

✳ Führe auch mal eine Diskussion, die vielleicht unbequem und nervig ist, aber am Ende dein Gegenüber zum Nachdenken bringt. Bleibe dabei sachlich, kommuniziere in Ich-Botschaften (»Ich habe das Gefühl …«, »Ich fühle mich ungerecht behandelt, weil …«) und frage zum Beispiel immer wieder neugierig nach: »Wie hast du das gemeint?« Und am Ende kann man sich immer darauf einigen, sich nicht zu einigen. :)

✳ Suche dir ein berufliches Umfeld, in dem du wachsen kannst. Wo du dein volles Potenzial auslebst und nicht ständig in deine Schranken gewiesen wirst. Im Idealfall suchst du dir einen Beruf, der deiner Leidenschaft und deiner Berufung entspricht und bei dem nicht Geld dein Antrieb ist.

✳ Setze dir Ziele und vertraue darauf, dass sich dein Weg früher oder später entfaltet. Erstelle dir ein Vision Board als Collage mit Bildern und Worten, damit du deine Ziele immer vor Augen hast. Schaue es dir jeden Tag an und fühle in die Ziele hinein, als wären sie schon Realität. Investiere jeden Tag fünf Minuten, um den Zielen näherzukommen. Schreibe beispielsweise deine größten Vorbilder an, um deren Geheimtipps zu erfahren, wie sie es geschafft haben.

✳ Girls support Girls: Erinnere dich immer daran, dass wir nur gemeinsam vorankommen, nicht allein. Wir Frauen sollten uns gegenseitig unterstützen, sonst verlieren wir alle unter dem Strich. Deswegen solltest du dich mit anderen vernetzen und Frauen ansprechen, die dasselbe Ziel verfolgen wie du.

✳ Gründe eine WhatsApp-Gruppe mit inspirierenden Frauen und trefft euch einmal im Monat, um euch gegenseitig zu inspirieren und zu unterstützen.

# 7. ICH HABE MICH NICHT MEHR RAUSGETRAUT

## WIE ICH MIT HASS, MORDDROHUNGEN UND STALKERN UMGEHE

**Journal-Eintrag vom 7. Oktober 2021:**

*Ich wünschte, das, was sich gerade vor meiner Haustür abgespielt hat, wäre einfach nur ein schlechter Albtraum gewesen. Ich habe noch nie so eine Angst und Schockstarre erlebt. Ich habe immer noch Gänsehaut am ganzen Körper und mir ist eiskalt. Ich schüttle meinen Kopf, während ich diese Worte schreibe, weil ich es nicht fassen kann und will. Wie schnell sich alles ändern kann. Eben war ich noch voller Leichtigkeit auf dem Coldplay-Konzert und so sorglos glücklich. Und plötzlich komme ich mit meinen Freundinnen und Freunden nach Hause und da steht er. Zum Glück war ich nicht allein, denn ich weiß nicht, was sonst passiert wäre. Vor mir stand ein 20-jähriger Typ, braune Haare, blaue Augen, circa zwei Meter groß und wartete vor meiner Haustür auf mich. Ich dachte zuerst, es wäre ein Nachbar und habe ihn noch umarmt und gefragt, ob er ein Paket abholen möchte. Er zog mich eng an sich. Zu eng. Ich drückte mich weg und merkte plötzlich: Hier stimmt irgendwas nicht! Das ist kein Nachbar. Mir kam dieses Gesicht so bekannt vor, was das Ganze nur noch gruseli-*

ger machte. Ich trat abrupt einen Schritt zurück. Er starrte mich an und meinte: »Wir sind zusammen, wir sind ein Paar und ich brauche Klarheit!« Ich war schockiert! Ich hatte diesen Mann noch nie in meinem Leben gesehen. Er war ein Fremder, er war definitiv nicht mein Freund! Meine Freundinnen und Freunde merkten sofort, dass etwas nicht stimmte, sie schoben mich schnell zur Haustür rein und teilten sich auf. Die einen kümmerten sich um mich und versuchten mich zu beruhigen, die anderen blieben bei dem Typ vor der Tür stehen und riefen die Polizei. Es dauerte eine halbe Ewigkeit, bis die Polizisten endlich eintrafen. Sie nahmen seine Daten auf, dokumentierten alles und gaben ihm einen Platzverweis. Mehr nicht, weil ja »nichts Schlimmes« passiert sei.

Als ich seinen Namen bei Instagram eingab, sah ich seine unzähligen »Romane«, die er mir ständig geschickt hatte. Ich hatte tatsächlich einen Stalker vor der Tür stehen, der dachte, wir befänden uns in einer Beziehung. Ich tue mich so schwer, das niederzuschreiben, weil ein Teil von mir immer noch hofft, dass es nur ein schlechter Scherz war. Wie soll ich jemals wieder sorglos vor die Tür gehen, ohne die Angst, dass mir dieser Psycho auflauert? Ich will das alles nicht wahrhaben. Scheiße.

Dieser Moment hat mein Leben auf Links gedreht, alles hat sich seitdem geändert. Davor war Social Media für mich »nur« ein Abbild der Realität, ein Seitenstrang, aber ich konnte die virtuelle Welt zumindest im Kopf immer noch von meinem realen Leben trennen. Bis sich Menschen mit erschreckenden Motiven leibhaftig zeigten und mich in meinem privaten Umfeld, direkt vor meiner Wohnungstür, bedrohten.

Ich bin generell ein sehr gläserner Mensch und erzähle in Interviews oder auf Social Media gern, was mich bewegt, wer ich bin, was ich mache. Um dich hinter die Kulissen mitzunehmen, zu unterhalten und bestenfalls zu inspirieren. Ich teile aus einem vollen Herzen und sehr gern offen, was mich bewegt. Wie du mich dort erlebst, so bin ich auch im echten Leben: eine lebensbejahende und grundsätzlich angstfreie Frau. Ich renne mit offenen Armen und offenem Herzen durch die Welt und denke immer, weil ich niemandem etwas Böses will, gilt dies auch umgekehrt.

Die oben beschriebene Szene bringt mich beim Lesen deswegen immer wieder zum Weinen. Denn sie erinnert mich daran, dass mein sonniges Leben auch einen großen Schatten wirft.

Leider ist dieses Beispiel kein Einzelfall meiner Vergangenheit und Gegenwart. Denn das Verhalten von offensichtlich psychisch gestörten Menschen, die jenseits der Realität leben, prägt meinen Alltag, seitdem ich durch meine Moderation bei der Morningshow eine gewisse Bekanntheit bekommen habe. Erst war nur meine Stimme bekannt und später auch mein Gesicht. Insbesondere durch den Wechsel vom Radio zum Fernsehen spürte ich, dass sich in meinem Leben noch mehr änderte – und nicht alles zu meinem Besten. Dass ich für meinen Traumjob eine manchmal auch sehr bitter schmeckende Pille – die

»Öffentlichkeitspille« – schlucken muss, war mir in diesem gravierenden Ausmaß nicht bewusst.

Bis heute suche ich nach einer Lösung, nach einem Umgang mit den Schattenseiten des Erfolgs. Für mich und für alle anderen, die von Hass und Stalking betroffen sind.

## ES IST EIN TEIL DER LÖSUNG, DIE PROBLEME NICHT ZU VERSCHWEIGEN

Ich möchte dich vor dem Lesen darauf hinweisen, dass dieses Kapitel stellenweise emotional belastend und bedrückend sein kann. Ich werde unter anderem über sehr übergriffige Hasskommentare und Gewaltfantasien von Männern gegenüber Frauen schreiben, damit diese drastischen Vorkommnisse öffentlich werden und sich im besten Fall etwas in der Gesellschaft ändert.

Ich denke, das ist ein Schritt auf dem Weg gegen den Hass: Zuerst müssen wir das Problem im Detail benennen, um dann Gegenstrategien zu finden.

Ich finde es zudem sehr wichtig, nicht nur den Glamour und den Spaß in meinem Leben zu zeigen, sondern zu meinem persönlichen Verständnis von Mutigsein gehört auch, offen über die Schattenseiten von Prominenz zu erzählen. Das ist viel schwieriger, weil ich mir eingestehen muss, dass es Menschen gibt, die mich nicht einfach kritisieren oder eine Meinung zu mir haben (damit kann ich sehr gut umgehen), sondern mich hassen und sogar umbringen wollen. Falls die Themen ein Trigger für dich sind, dann pass bitte auf dich auf oder überspringe dieses Kapitel bis auf meine Tipps am Ende.

## DIE ANGST, NACH HAUSE ZU KOMMEN

Du fragst dich vielleicht, was seit dem Moment der Erkenntnis darüber, dass ich verfolgt werde und an meinem Wohlfühlort nicht mehr sicher sein kann, passiert ist? Es ist jetzt eine Weile her, dass der Stalker vor meiner Tür stand, aber es fühlt sich an, als ob es erst gestern passiert wäre. Jedes Mal, wenn ich mein Zuhause verlasse, habe ich Angst, dass er wieder dasteht und ich mich erschrecke. Jedes Mal spähe ich erstmal durch meinen Türspion, ob er mir nicht doch wieder auflauert. Wenn ein Paketbote klingelt und die Treppe hochkommt, lasse ich die Tür geschlossen, bis ich sehen kann, dass es tatsächlich nur ein Lieferant und nicht der Stalker ist. Jedes Mal schlägt mir mein Herz bis zum Hals und ich habe eine gigantische Angst. Und das in meinem eigenen Zuhause, wo ich mich wohl und sicher fühlen sollte. Mein Rückzugsort, an dem ich mich erholen will.

Seit jenem Abend ist das leider nicht mehr möglich und das macht mich so traurig, denn ich liebe meine Berliner Wohnung und will immer noch nicht wahrhaben, dass ich nun als Konsequenz ausziehen und irgendwo neu und undercover starten muss, um dieses Gefühl loszuwerden.

Wenn ich nach Hause komme und durch den Torbogen zur Eingangstür des Hauses mit mehreren Wohnungen gehe, beginne ich zu zittern. Ich öffne schnell meine App mit der Überwachungskamera und schaue mir das Live-Video an. Steht da jemand vor meiner Wohnungstür? Nein! Ein Glück, die Luft ist rein und ich kann beruhigt die Treppe hochgehen. Manchmal rieche ich sogar noch sein Parfum in meiner Nase: »One Million« von Paco Rabanne. Ich denke leider faktisch, auch nach dieser Zeit, jeden Tag, an dem ich zu Hause in Berlin bin, an diesen Stalker und frage mich, wann er wohl wieder auftaucht. Ich hoffe nie.

## DER STALKER LÄSST MICH NICHT IN RUHE

Es ist aber wahrscheinlich nur eine Frage der Zeit, bis er wieder auf der Bildfläche erscheint, denn er schreibt mir bis heute. Keine Polizei und kein Anwaltsschreiben hält ihn davon ab, Kontakt zu mir aufzubauen.

Ich habe es nicht mehr ertragen. Bei Instagram habe ich ihn blockiert, nachdem er mir dort auch nach unserem Aufeinandertreffen täglich weitere Romane schrieb, mit Sätzen wie »Wenn wir noch zusammen sind und du mich noch liebst, dann lade eine Story hoch.« Seine vielen Nachrichten las ich erst im Nachhinein und selbstverständlich lud ich unwissend meine Storys hoch und gab ihm damit in seiner Welt das Zeichen, dass wir in einer Partnerschaft lebten.

Er erstellte Fake-Accounts, schrieb mir sogar vom Profil seiner Mutter, fand all meine E-Mail-Adressen heraus und schrieb und schreibt mir bis heute noch geistig umnachteten Schwachsinn (den ich leider oft durch blöde Zufälle lese).

## DIE SITUATION LÄSST MICH MICH HILFLOS FÜHLEN

Als der Stalker damals vor meiner Tür stand, war ich, wie du weißt, zum Glück nicht allein und mein Besuch rief die Polizei. Die Beamten rückten auch an, aber bis heute können sie nicht viel machen. Sie haben ihm damals einen Platzverweis erteilt. Die Polizei sagte mir: »Er stand ja nur vor deiner Tür, er hat dich weder körperlich verletzt, noch deine Wohnung betreten, es war also weder ein körperlicher Übergriff noch Hausfriedensbruch. Da können wir leider nichts machen!«

173

Ich finde es schockierend, dass erst etwas Schlimmeres passieren muss als ein Überraschungsbesuch und ungewollte Nachrichten, damit es Konsequenzen gibt.

Dieser Mann ist aber sehr wahrscheinlich psychisch nicht gesund und es wird sich nichts von allein ändern, das ist sehr herausfordernd für mich. Denn für mich passiert laufend etwas in mir: Jeden Tag, wenn ich aus der Tür gehe, fürchte ich, dass er dasteht. Ich habe keine Garantie, dass es nicht so ist.

Mittlerweile befürchte ich auch, dass es noch weitere Stalker gibt, weil ich immer mal wieder seitenlange, handgeschriebene Liebesbriefe im Briefkasten finde. Ich fühle mich bedroht und hilflos. Denn außer immer wieder die Polizei zu rufen, Anzeige zu erstatten und dem Täter keine Aufmerksamkeit zu schenken, kann ich nicht viel tun, um das Problem langfristig zu beseitigen. Mir fehlen die Mittel.

Deswegen frage ich mich: Wie ist es möglich, dass in Deutschland so viel (Belangloses) reguliert scheint, außer bei solchen wirklich wichtigen Themen? Ich finde, es braucht strengere Gesetze und mehr rechtliche Möglichkeiten, um gegen Stalking vorzugehen.

Denn es betrifft nicht nur Menschen, die in der Öffentlichkeit stehen. Grundsätzlich kann jede*r Opfer eines Stalkers oder einer Stalkerin werden. Mehrheitlich sind es leider Frauen und oft ist ein Ex-Freund der Täter. [7]

Wenn du betroffen bist, dann hol dir am besten sofort Unterstützung. Du findest erste Infos und Beratung zum Beispiel auf der

Homepage: stop-stalking-berlin.de oder weisser-ring.de. Ich bin eins der Gesichter des Weißen Rings, die vor allem Frauen helfen, die häusliche Gewalt erlebt haben. Als ich meine erste Kampagne mit dem Weißen Ring veröffentlichte, war das Feedback erschreckend groß.

Ich erhielt unzählige Nachrichten von Frauen, die selbst schon Opfer von häuslicher Gewalt wurden. Sie bestätigten, dass ihnen der Weiße Ring eine riesengroße Stütze war in der herausfordernden Zeit.

Wenn du dich gerade angesprochen fühlst: Traue dich, dir Hilfe zu holen und melde dich bei den wundervollen Menschen vom Weißen Ring, damit sie dich unterstützen können.

## ICH BIN PARANOID UND FÜHLE MICH OFT GRUNDLOS BEDROHT

Wir Frauen werden damit groß, dass wir uns im Dunkeln möglichst nicht allein oder nur vorsichtig bewegen. Schlimm genug. Wenn du zusätzlich nachweislich einen Stalker hast, der dich im wirklichen Leben aufsucht, macht dies alles noch bedrohlicher, denn es ist realistisch, dass dieser Mann jeden Moment wieder vor dir steht. Dieser Mann, der dir täglich unzählige Nachrichten schickt, der sogar deine Adresse ausfindig machte, der fest davon überzeugt ist, dass du mit ihm in einer Liebesbeziehung bist, obwohl du ihn weder kennst noch kennenlernen möchtest. Leider kann ich ihn nicht einfach aus meinem Leben löschen wie eine Nachricht.

Ich merke, dass sich das Problem psychisch auf mein Leben auswirkt, besonders wenn ich in Deutschland bin. Ich bin in der
Öffentlichkeit mittlerweile so paranoid, dass ich, egal wohin ich
gehe, jeden Raum scanne. Ich erschrecke mich manchmal, wenn
Menschen an mir vorbeilaufen, weil ich Angst habe, dass sie mir
etwas tun könnten. Nur im Ausland fühle ich mich wieder so frei
wie damals, bevor die Belästigung begann.

## WEHRE DICH MIT WORTEN!

Ich weiß bestens, wie unangenehm und unnötig es ist, wenn du nur
kurz etwas besorgen willst und dir plötzlich ein fremder Mann auf
der Straße nachpfeift.

Wie gehe ich damit um? Gehe ich genervt weiter und tue so, als
sei gar nichts passiert? Dann nimmst du das Problem aber still-
schweigend hin und mit nach Hause, weil es keine Klärung oder
Auseinandersetzung gibt.

Früher habe ich einfach den Mittelfinger gezeigt, was viel weniger
Zeit kostet, aber letztlich auch nicht viel ändert. Dann sucht sich
der Mann die nächste Frau. Wobei ich mich immer frage, wer sich
nach einem Pfiff erfreut umdreht, um zu flirten? Oder wollte er,
dass ich mich ärgere?

Mittlerweile gehe ich in den Dialog. Denn ich glaube, dass ich nur
so die Menschen wachrütteln kann. Ich frage dann den Mann:
»Warum machst du das? Weißt du überhaupt, dass ›Catcalling‹
Frauen erniedrigt, weil sie sich in dem Moment wie ein Objekt und

von dir belästigt fühlen?« Das ist für viele Männer ungewohnt und sie reagieren überrascht darauf, dass eine Frau über das Thema offen und sachlich reden will.

## ES BRAUCHT POLITISCHE VERÄNDERUNG

Ich versuche mich politisch mehr zu engagieren. Während ich dieses Kapitel schrieb, wurde ich ins Europaparlament zu einer Plenartagung mit dem Thema »Bekämpfung von Gewalt gegen Frauen und häuslicher Gewalt« eingeladen. Was für eine Ehre! Mir wurde dabei ein weiteres Mal bewusst: Wir müssen kämpfen, damit es endlich Konsequenzen gibt für die Gewalt an Frauen. Damit wir keine Angst mehr haben, wenn wir abends im Dunkeln allein nach Hause laufen. Es wird Zeit, dass wir nicht mehr mit Schlüssel in der Hand nach Hause gehen und unseren Live-Standort mit Freundinnen und Freunden teilen, weil wir unterschwellig schon damit rechnen, dass etwas passiert.

In Deutschland erlebt jede dritte Frau mindestens einmal in ihrem Leben physische und/oder sexualisierte Gewalt.[8] Jede Woche werden in Deutschland im Schnitt drei Frauen von ihrem Partner oder Ex-Partner getötet.[9] Fast alle zwei Minuten wird in Deutschland ein Mensch Opfer von häuslicher Gewalt. Jede Stunde werden mehr als 14 Frauen Opfer von Partnerschaftsgewalt.[10]

Dieser Zustand zeigt, dass die Arbeit der Fachberatungsstellen wie dem Weißen Ring und Frauennotrufe notwendiger denn je ist. Sexualisierte Gewalt ist kein Einzelfall, sondern ein strukturelles Problem, was auch als solches behandelt werden sollte. Aber das

wird es noch nicht ausreichend! Deshalb müssen wir einmal mehr dafür kämpfen und alle miteinander laut werden!

## SOCIAL MEDIA IST NICHT SOZIAL: WIE ICH MIT HASSNACHRICHTEN UND MORDDROHUNGEN KONFRONTIERT WURDE

Es braucht gleichzeitig mehr Regulierungen für das Verhalten in den sozialen Medien, weil hier sehr viele Menschen nicht nur von Cyberstalking, sondern auch von Mobbing und Hass betroffen sind.

Was ich auf dieser Plattform schon alles erlebt habe, ist alles andere als sozial: ob es nun übergriffige Kommentare bei Instagram sind oder bei anderen Menschen, denen ich folge. Da tauchen zwischen Likes und Herzen immer wieder ungefragte Bewertungen zum Aussehen auf – selbst wenn es um politische Themen geht. Insbesondere Frauen werden immer wieder wegen Äußerlichkeiten angegriffen: zu dick, zu dünn, zu viele Falten, zu viel Botox, zu freizügig, zu brav. Die nächste Eskalationsstufe ist, dass andere beschließen, dass du ein Hassobjekt bist.

Ich finde die sozialen Medien asozialer denn je. Ich kann nicht mal mehr an zwei Händen abzählen, wie viele Morddrohungen und Hassnachrichten ich schon bekommen habe. Viele von den Nachrichten poste ich öffentlich, um zu zeigen, wie stark die Hemmschwelle gesunken ist.

Niemand würde im Supermarkt auf dich zukommen und dir ins Gesicht sagen: »Du bist das Letzte, die Welt wäre schöner ohne dich.« Aber in den sozialen Medien ist es Normalität geworden? Das kann und will ich niemals so hinnehmen!

Das Absurde: Wenn ich die Hasskommentare veröffentliche und der Name des Urhebers ersichtlich ist, mache ich mich strafbar und muss im Worst Case einen fünfstelligen Betrag an die Person zahlen. Ich muss diese Menschen also anonymisieren, weil sie einen Anspruch auf Wahrung ihrer Persönlichkeitsrechte haben und meine Veröffentlichung für sie ein Rufmord wäre. Dabei fände ich es gut, wenn alle sehen würden, wie sie sich danebenbenehmen und ihren Frust an mir auslassen. Umgekehrt habe ich schon unzählige Morddrohungen und Hasskommentare zur Anzeige gebracht und was ist passiert? Nichts. Es gab keine Konsequenzen.

## ICH BIN FÜR EINEN FÜHRERSCHEIN IN DEN SOZIALEN NETZWERKEN

Durch den Deckmantel der Anonymität im Netz verhalten sich viele Menschen, ohne groß nachzudenken und überschreiten dabei jegliche Grenzen. Als ob ich kein Mensch mit Gefühlen wäre! Wir dürfen niemals vergessen, dass wir mit realen Menschen interagieren.

Ich werde dieses Zitat aus dem Dokumentarfilm »The Social Dilemma« (auf Deutsch: »Das Dilemma mit den sozialen Medien«) nie vergessen: »Wenn du nichts für das Produkt bezahlen musst, bist du das Produkt.« Schaut euch diese Dokumentation unbedingt an, denn sie schärft das Bewusstsein für die Prozesse, die dort passieren, und zeigt vor allem die gefährlichen Schattenseiten von Social Media. So sehr unser soziales Miteinander im realen Leben oft geregelt ist, so wenig ist es das in der virtuellen Welt.

Ich bin der Meinung, es braucht einen regelrechten Führerschein für die sozialen Netzwerke. Wenn man dann verbal über Rot fährt, indem man jemanden beleidigt, gibt es Punkte. Und wenn man

zu viele davon sammelt, muss man seinen Social-Media-Führerschein und damit sein Profil für eine bestimmte Zeit oder sogar für immer abgeben.

Oder wie wäre es mit einer Verifizierung für Social Media? Jede Person, die sich einen Account zulegen möchte, muss ihren Ausweis hinterlegen und kann sich dadurch nicht mehr hinter einem anonymen Account verstecken. Jeder Kommentar könnte endlich zurückverfolgt werden und sowohl Eltern als auch Vorgesetzte könnten von all den Hassnachrichten erfahren, die diese Person im Netz verteilt. Dann hätte dies vielleicht wahrhaftige Konsequenzen für deren reales Leben – so wie bei den Opfern, die mit noch mehr Selbstbewusstsein und Selbstliebe durch den Tag gehen müssen, sich vielleicht in Therapie begeben müssen, um die verbalen Angriffe zu verkraften. Die sich Strategien überlegen, wie sie mit all dem auf Dauer umgehen, ohne die Freude und den Spaß an der Kommunikation zu verlieren. Denn dafür wurden soziale Medien ins Leben gerufen: um sich global zu vernetzen, sich kennenzulernen und auszutauschen.

Solange die Anbieter der Plattformen ihre Regeln nicht verschärfen, muss ich dies selbst tun und mir überlegen, welche Grenzen ich auf meinem Account, in den ich sehr viel Zeit und Liebe stecke, ziehe. Ich habe mittlerweile definitiv Regeln und Öffnungszeiten eingerichtet und das kann ich dir nur wärmstens empfehlen.

## MEIN HAUS - MEINE REGELN

Social Media ist für mich mein digitales Haus, in dem ich entscheide, welche Bilder ich sichtbar in den Fenstern platziere, die

von außen jeder sehen kann. Das Wichtigste an diesem digitalen Zuhause ist: Ich entscheide auch, wen ich zur Tür hereinlasse und wen nicht. Deswegen habe ich eine ganz klare Einlasspolitik: Wenn mir jemand respektlos gegenübertritt, wird diese Person abgewiesen und blockiert. So schütze ich mich und ziehe eine klare Grenze.

Ich weiß noch, wie ich damals zu der besonders schlimmen Zeit einen regelrechten Frühjahrsputz gemacht habe und auch allen Accounts entfolgt bin, die in mir kein positives, bereicherndes Gefühl entfachten. Wenn du die Diskussion »Warum folgst du mir nicht mehr?!« umgehen willst, kann ich dir wärmstens den Mute-Button empfehlen. Du kannst Accounts stummstellen. Welch grandiose Erfindung!

Über das Folgende lässt sich streiten, aber ja, ich lösche auch Kommentare. Wer vor meiner Haustür nichts Nettes zu sagen hat oder keine konstruktive Kritik ausübt, der hat nichts in meinem Garten verloren und wird ebenso gelöscht und blockiert.

Diese klaren Regeln unterstützen mich, damit ich nicht immer wieder aufs Neue überlegen muss: Wie gehe ich jetzt damit um? Antworte ich? Ignoriere ich den Kommentar? Lasse ich eine Gruppendiskussion und damit noch mehr Hate entstehen? Nein!

Du merkst: Ich mache mittlerweile kurzen Prozess, denn ich werde niemandem die Möglichkeit geben, meinen Hausfrieden zu stören. Denn genau das ist das Ziel von Hatern. Sie wollen all ihre Negativität auf uns projizieren, weil wir etwas an uns haben, was sie triggert: Glück, Positivität und Freude.

## WO SONNE SCHEINT, GIBT ES AUCH SCHATTEN

Der Schlüssel gegen Hass war für mich immer mein Humor. Damit versuchte ich, die Kommentare zu verarbeiten. Viele sind einfach lächerlich und es ist traurig zu sehen, wie viel Selbsthass in einem Menschen stecken muss, der seine kostbare Lebenszeit dafür aufwendet, Hass in die Welt zu setzen. Das tut mir sehr leid für diesen Menschen und ich wünsche ohne Ironie: »Gute Besserung!« Doch wenn es um Morddrohungen geht, dann hören der Spaß und das Verständnis auf. Das kann niemand mehr weglächeln und dafür gibt es keine Toleranz.

Dass dies alles mein Leben beeinflusst, macht mich zwischendurch sehr traurig und hilflos, obwohl mein Naturell aus Freude und Leichtigkeit besteht. Dass nun immer wieder diese Schwere entsteht, ist sehr belastend für mich.

Ich erkläre es mir ein Stück weit so: Wo viel Sonne scheint, fällt auch viel Schatten. Ich versuche oft, eher in der Sonne zu sitzen, aber man muss sich auch manchmal zwingen, in die Schattenecken zu gehen, in die schmerzhaften Momente oder Gefühle. Ich möchte nicht, dass sich durch den Hass, den ich erlebe, die Negativität in mein Leben schleicht und dort einnistet. Ich möchte keinen Gegenhass entwickeln. Deshalb versuche ich immer, mich mit Negativem in mir auseinanderzusetzen, statt die Gefühle zu verdrängen. Es lohnt sich. Sich immer abzulenken, würde das Leben nicht so tiefgründig machen, wie es sein kann. Wenn ich mich bewusst entscheide, statt der Angst, dem Hass, dem Neid, der Ablehnung immer wieder die Sonnenseite zu wählen: die Freude, die Liebe und das Mitgefühl, dann kann ich über mich hinauswachsen und ein noch besserer Mensch werden. Ich kann das Gegenteil leben und damit beweisen: Es geht auch anders, wir brauchen mehr Miteinander als Gegeneinander.

Das ist es, was ich auch dir raten würde. Schau dir alles bewusst an und entscheide dich dann immer wieder neu, dich anders zu verhalten. Damit Hass keinen Raum mehr bekommt und es nicht so bleibt, wie es gerade ist.

## IST DER HASS EIN SPIEGEL UNSERER GESELLSCHAFT?

Viele Menschen sagen zu mir: »Du stehst in der Öffentlichkeit, du musst akzeptieren, dass Hasskommentare normal sind.« Nein, finde ich nicht! Warum? Es darf nicht selbstverständlich sein, dass du in der Öffentlichkeit mit Hass und Anfeindungen umgehen musst. Viele wollen dich einfach nur scheitern oder leiden sehen.

Das zeigt schon, wo wir gelandet sind: Es ist selbstverständlich geworden, andere zu hassen. Das finde ich schlimm: Viele scheinen von Hass und Neid regelrecht zerfressen zu sein.

Leider führt dies dazu, dass die Menschen, die wirklich etwas zu sagen haben, immer öfter schweigen. Auch aus Angst davor, gecancelt zu werden, wenn sie für Body Positivity oder gegen Rassismus einstehen. Und die negativen Stimmen werden immer lauter.

Hass ist eine komplexe Emotion, die oft durch Vorurteile gegenüber anderen oder eigene Unsicherheiten und Ängsten entsteht. Oft haben Menschen, die andere ohne Mitgefühl betrachten beziehungsweise behandeln, selbst auch Negatives erlebt. Das ist ähnlich wie beim Thema Mobbing: Wer gemobbt wurde, mobbt später vielleicht andere, um sich stärker zu fühlen. Opfer werden zu Tätern. Aber das kann nicht immer eine Rechtfertigung sein, denn so hört der Teufelskreis nie auf.

Ich finde, wir haben heutzutage alle die Möglichkeit, uns mit den eigenen Schatten auseinanderzusetzen. Vielleicht sogar auch die Pflicht.

Hass ist leider auch eine Emotion, deren Wurzel schwer zu ziehen ist, weil das Gefühl so übermächtig ist und auch scheinbare Macht gibt. Und weil Hass sich schnell verbreitet und potenziert.

Das Thema betrifft uns alle. Deswegen frage ich mich oft: Was ist nur mit unserer Gesellschaft passiert? Wann hat dieser Hass angefangen? Mir macht das Angst. Aber ich versuche, diese auch zu überwinden und immer wieder optimistisch zu denken. An Veränderung zu glauben und nicht an den Status quo. Ich gebe mich nicht damit zufrieden, dass »etwas nun mal so ist«. Ich glaube an Wachstum und Veränderung, ich will den Glauben an die Menschheit, an uns, nicht verlieren.

Ich hoffe, dass ich diese Dynamik positiv beeinflussen kann und wünsche mir: Können wir uns bitte einfach mal wieder alle als Brüder und Schwestern sehen? Vielleicht hilft es, täglich mit netten Nachrichten meinen Mitmenschen das Leben zu versüßen? Das ist es jedenfalls, was ich mir vornehme. Ich schreibe und sage jeden Tag anderen etwas Positives, etwas Bestärkendes. Ich achte darauf, wie und was ich zu anderen sage. Egal, wie andere mit mir umgehen.

Aber zwischendurch gerate ich auch immer wieder an meine Grenzen und mir fällt es schwer, an das Gute in den Verblendeten zu glauben. Manchmal wünsche ich mir, dass es eine Insel gäbe, wo all die Menschen hinziehen, die hasserfüllt sind, damit sie die anderen in Ruhe lassen – und sich einfach gegenseitig fertigmachen,

wenn sie es so wollen. Wir leiden alle unter den Menschen, die so viel Hass und so viel Negativität nach außen bringen. Ich sehe nicht ein, dass wir das ausbaden müssen.

## DIE AUSWIRKUNGEN VON VIRTUELLEM HASS IM REALEN LEBEN SIND LEIDER OFFENSICHTLICH

Wenn es keine Konsequenzen gibt, ändert sich nichts. Das Erschreckende ist, dass dieses Phänomen nicht in der virtuellen Welt bleibt, sondern gravierenden Einfluss auf das Leben von realen Menschen hat. Teilweise beendet dieser Hass das Leben der Menschen durch Selbstmord [11], wobei eine genaue Zahl der Fälle schwer zu ermitteln ist.

Doch eine Studie hat sich mit den Auswirkungen von Hass und Hetze im Netz befasst und besonders stark betroffen sind demnach junge Erwachsene unter 25 Jahren: »Jede*r Zweite (49 %) der Betroffenen berichtete von emotionalem Stress, mehr als jede*r Dritte (38 %) von Angst und Unruhe, fast jede*r Dritte (31 %) bestätigte Depressionen und nahezu jede*r Zweite (42 %) gab Probleme mit dem Selbstbild an. Weibliche Teilnehmende berichteten von solchen negativen Auswirkungen häufiger als männliche.« [12] Ich finde die Zahlen erschreckend hoch.

## WAS DICH BEI EINEM SHITSTORM UNTERSTÜTZEN KANN

Deswegen ist es wichtig zu wissen, wie du als direkt oder indirekt Betroffene*r damit umgehst. Kennst du die Arbeit von Organisationen wie HateAid, die sich aktiv gegen Hass und Hetze im Inter-

net einsetzen? Sie bieten dir konkrete Unterstützung. Dies kann rechtliche Beratung oder psychologische Hilfe sein.

Die gemeinnützige Organisation HateAid setzt sich zudem für eine sichere und respektvolle Online-Kultur ein und bietet u. a. Workshops an. HateAid arbeitet auch daran, das Bewusstsein für die negativen Folgen in der Öffentlichkeit und bei Politiker*innen zu schärfen.

Ich bin Botschafterin von HateAid und unterstütze die Organisation bei allen Kampagnen und vor allem dabei, noch mehr Sichtbarkeit zu bekommen.

Du kannst über die Internetseite von HateAid direkt zu konkreten Hilfsangeboten kommen, zum Beispiel eine Hassnachricht über ein Online-Formular melden. Es gibt Mail-, Telefon- oder Chat-Beratungen und du erhältst hilfreiche Tipps, wie du mit der Situation umgehst.

Die Organisation rät bei einem Shitstorm oder Hassnachrichten erst einmal dazu, sich aus der digitalen Welt zurückzunehmen und sich folgende Fragen zu stellen (die ich sehr hilfreich finde): [13]

✳ Was macht die Situation mit mir?

✳ Was brauche ich jetzt?

✳ Welcher Teil von mir ist verletzt?

✳ Welche Situation würde mir jetzt ein gutes Gefühl bringen?

Und mein wichtigster Tipp: Du kannst jederzeit dein Handy aus-schalten, und plötzlich wird alles, was in der digitalen Welt pas-siert, für einen Moment leise und nahezu egal.

Denn ob man es glauben mag oder nicht: Es gibt noch eine Welt abseits von Social Media, und das gilt es, sich in solchen Momen-ten einmal mehr ins Bewusstsein zu rufen.

Mir hat es sehr geholfen, zunächst Abstand zu Social Media zu gewinnen und mich auf das Schöne in meinem realen Leben zu konzentrieren. Die Liebe meiner Familie, Freundinnen, Freunde und Alltagsdinge, die mich immer beruhigen, wie zum Beispiel auf dem Heimweg von einer Yogasession Blumen zu kaufen.

Nach einer digitalen Auszeit habe ich mich mit etwas mehr Ruhe und Kraft wieder den Themen gestellt, mir Unterstützung in Form von Coachings und Rechtsberatung geholt und meine Gefühle dazu genau aufgearbeitet. Die Balance liegt für mich in der Kunst, nicht abzuhärten, aber die Angriffe auch nicht zu nah an mich he-ranzulassen. Einfach ist das nicht, aber was mich dabei immer wie-der motiviert: Ich kann in ein noch gesünderes Selbstbewusstsein hineinwachsen.

## WENN DER HASS DEIN LEBEN BEDROHT

Wenn Übergriffe verbal über Social Media stattfinden, fällt mir die Distanz leichter, ich kann es mir vielleicht sogar noch klein-reden: Diesen niederträchtigen Satz hat kein Mensch geschrie-ben, sondern ein Bot, der darauf trainiert ist, andere Menschen

fertigzumachen. Ich kann die Nachrichten löschen, anzeigen, blockieren und brauche keine Körperkraft, um mich zu wehren. Wenn die Bedrohung in das reale Leben überschwappt, ist es etwas ganz anderes. Das kannst du nicht mehr wegdiskutieren und du fühlst dich auf einmal sehr verletzlich. Leider musste ich diese Erfahrung vor ein paar Jahren machen.

Alles begann mit meinem ersten Shitstorm, den ich nie vergessen werde. Ich hoffe, es bleibt der einzige dieser Art. Denn ich hatte irgendwann Angst, dass jemand plötzlich wirklich vor meiner Haustür auf mich wartet, um mich umzubringen. Dagegen erschien mir mein Stalker absurderweise fast schon harmlos.

Wie es zu der Bedrohungslage kam? Als ich bei bigFM noch die Morningshow moderierte, hatte ich die Rubrik »Lola lästert«, bei der ich über gesellschaftlich kontroverse Themen herzog. Meine Lieblingsthemen waren natürlich die Deutsche Bahn, der BER (Berlin Airport), Stuttgart21, Politiker*innen oder andere Menschen des öffentlichen Lebens, die sich in meinen Augen respektlos und fragwürdig anderen gegenüber verhielten.

Eines Morgens war mein strittiges Thema ein prominenter Mann, der öffentlich eine Frau für ihr Verhalten diffamierte. Dieser Mann war für seine frauenfeindlichen und antisemitischen Äußerungen bekannt. In meiner Rubrik lästerte ich also voller Inbrunst über diesen Typen und sagte, dass er lange suchen müsse, bis er noch jemanden finden würde, auf den er eintreten könne. Ich fühlte mich wie auch sonst immer sehr wohl beim Moderieren, denn ich hatte in genau solchen Momenten das Gefühl, für Frauen einzustehen und Menschen zum Nachdenken anzuregen. Auch wenn ich mich damit vor einem Millionenpublikum natürlich weit aus dem Fens-

ter lehnte. Vielleicht zu weit. Denn es dauerte keine Stunde, da explodierte plötzlich mein Handy. Ich öffnete mein Instagram und eine Welle voller Hass und Morddrohungen brach über mich ein.

Der Mann hatte wohl Radio gehört und hetzte seine Millionen Fans auf mich. Ich bekam Nachrichten wie: »Ich finde dich, du Hure, und dann ist Feierabend mit dir. Wirst lebendig begraben.« Oder: »Wir werden dich aufschlitzen. Es wurden Killer auf dich angesetzt.« Gefolgt von: »Das Einzige, was ich dir wünsche, ist Gebärmutterhalskrebs, hoffe, du erkrankst elendig an Krebs und deine Eltern auch.« Oder mein »Favorit«: »Ich wünsche mir von Herzen, dass dich ein schwerer Autounfall trifft, dass deine Eltern an schweren Krankheiten dahinscheiden und dass du nachts von 15 Ausländern zutiefst vergewaltigt wirst. Das würde ich extrem feiern.«

Ich war entsetzt. Wie hasserfüllt muss ein Mensch sein, um so eine Art Nachricht zu verfassen?

Da ich Kampagnen gegen Hass im Netz unterstütze, habe ich sehr intensiv zu dem Thema recherchiert und bin immer fassungsloser geworden. Ich sage dir: Das ist ein sehr dunkler Abgrund, der einen sprachlos macht. Ich entdeckte zum Beispiel ein Forum, auf dem sich bekennende Frauenhasser (sogenannte »Incels«) austauschen – so etwas gibt es leider. Sie legen Profile von Frauen an und kommentieren, was sie an dieser Person alles schlimm finden und auf welche Art sie diese verletzen und umbringen wollen. Ich bin eine der Frauen, auf die sie es abgesehen haben. Ich erspare dir die wirklich grausamen Details. Auch ich habe es von mir wegschieben wollen, aber leider landen die Mordfantasien auch in meinen direkten Nachrichten. Ein Mann schrieb mir, dass er mit seiner Waffe aus dem Nachbarhaus auf mich zielen würde, um mich in meiner Küche zu erschießen.

Ich saß genau in diesem Moment auf meinem Küchenboden, las die Nachricht und starrte geschockt auf das Fenster gegenüber, ob da wirklich der Mann stünde. Ich rannte zum Lichtschalter und knipste das Licht aus. Und erneut machte sich das unangenehme Gefühl in mir breit, dass Social Media leider immer häufiger in die Realität überschwappt und man sich nicht mal mehr in seinen eigenen vier Wänden sicher fühlt.

Ich brachte die Morddrohungen zur Anzeige, aber alle Verfahren wurden eingestellt. Es macht mich immer noch wütend zu sehen, dass es keine Konsequenzen gab und gibt.

So sehr ich versuchte, den Hass nicht an mich heranzulassen, muss ich zugeben: Es tat richtig weh, vor allem meinem inneren Kind. Denn es wurden alte Glaubenssätze gefüttert wie »Du bist nicht gut genug, du bist nichts wert.« In einigen Momenten dachte ich wirklich: Vielleicht haben sie recht und ich bin ein grauenvoller Mensch und habe keine Daseinsberechtigung. Ich bin eine verletzliche Person mit Gefühlen, ich tue niemandem etwas. Ich will immer nur Gutes. Deswegen ist es für mich so schwer nachzuvollziehen, dass ich ein Hassobjekt für manche darstelle.

Ich hatte Angst, morgens um vier Uhr in der Dunkelheit allein meine Wohnung zu verlassen, weil ich nicht wusste, ob es nicht doch einer wirklich ernst meint und mir vor meinem Haus auflauert, um mich abzustechen. Ich rannte zum Auto und öffnete zitternd die Tür. Wenn ich nur die Silhouette einer Person sah, brach Panik aus. Es war keine schöne Zeit, aber zum Glück habe ich so ein wunderbares Umfeld, das mich auch in dieser Phase unterstützte und mich wie ein Neugeborenes wieder aufpäppelte. Ich weiß nicht, was ich ohne meine kostbaren Freundinnen und Freunde und meine Familie gemacht hätte. Wenn ihr das lest: Danke, dass es euch gibt. Ich weiß nicht, wer und wo ich heute ohne euch wäre.

## ICH HABE DEN MUT, FÜR MICH EINZUSTEHEN – UND DU AUCH

Leider kenne ich nur wenige Menschen in der Öffentlichkeit, die bisher von gemeinen bis hasserfüllten Kommentaren oder sogar Morddrohungen verschont geblieben sind – sei es beim Online-Dating oder auf Instagram.

Wenn ich den Mut habe, all dem zu trotzen und dem Hass keinen Raum in meinem Leben zu geben, dann schaffst du das auch. Ich möchte all diejenigen bestärken, die (noch) nicht die Kraft haben, für sich selbst einzustehen.

Du bist nicht allein! Wenn wir alle zusammenhalten, sind wir viel lauter als alle Hater zusammen!

Solltest du eine böse Nachricht bekommen, bitte verinnerliche immer wieder: Du bist nicht der Grund, dass du Hass erlebst. Die Menschen, die so hasserfüllt sind, haben ein riesengroßes Problem mit sich selbst und projizieren es auf dich, um dich herunterzuziehen. Um dir dein wunderschönes Lächeln zu rauben. Um deine Positivität und dein Licht zu zerstören. Lass das bloß nicht zu, denn dann gibst du ihnen das, was sie wollen. Schütze dich, setze Grenzen, lass dich nicht kleinmachen. Und entscheide dich, es anders zu machen. Wähle Liebe anstatt Hass.

✳ ✳ ✳

# MEINE HERZENS-EMPFEHLUNGEN:

✳ Lasst uns alle respektvoll zueinander sein! Es spricht nichts dagegen, seine sachlich formulierte Meinung oder konstruktive Kritik gewaltfrei zu äußern. Aber Hasskommentare, Neid, Beleidigungen und Abwertungen haben nichts in der Welt verloren – ob digital oder real.

✳ Erlaube dir, Kommentare zu löschen, zu melden und Accounts zu blockieren, die sich auf deinen Plattformen danebenbenehmen.

✳ Wenn du von Hass im Netz betroffen bist, wisse: Du bist nicht allein. Hole dir Beratung und Unterstützung bei einer Organisation wie HateAid.

✳ Lass uns Hass mit Liebe bekämpfen und beginne noch heute damit, jeden Tag eine nette Nachricht an deine Freundinnen und Freunde, Familie oder Menschen im Netz zu schicken, damit wir uns gegenseitig ein Lächeln ins Gesicht zaubern, mit Sätzen wie »Schön, dass es dich gibt« oder »Du bereicherst mein Leben«.

# 8. SINGLELEBEN, DADDY ISSUES UND TOXISCHE MÄNNER

## WIE ICH MEINEN BEZIEHUNGSKOMPASS NEU AUSRICHTE

**Journal-Eintrag vom 6. April 2023:**

»Du weinst, um mich zu manipulieren und weil dir die Argumente fehlen!«, war seine Reaktion auf meinen kleinen Heulanfall nach einem erneuten Streit.

Einer von unzähligen. Ich habe aufgehört zu zählen. Ich kann nicht mehr, ich habe keine Kraft mehr. Ich muss es beenden. Aus Selbstliebe, Selbstachtung, Selbstschutz. Es tut so weh, ich habe so fest daran geglaubt, aber ich fühle mich wie eine Drogenabhängige, die jetzt einen kalten Entzug macht. Ich habe riesengroße Angst davor, aber es geht nicht mehr. Die Beziehung tut so weh, wir streiten uns so unglaublich oft, mir geht es viel zu oft viel zu schlecht, ich verliere mein so kostbares Licht.

Ich habe alles gegeben, ich dachte, wir sind füreinander bestimmt, und ich will nicht von dem Glauben ablassen, aber ich merke, dass es immer schlimmer wird.

»Fick dich, dann machen wir jetzt Schluss, du bist sowieso an allem schuld. Die Beziehung ist toxisch wegen dir, ich muss nicht

an mir arbeiten, du bist das Problem. Sei froh, dass ich mit dir zusammen bin.« Unsere politische Einstellung, seine Abneigung gegen den Feminismus, sein respektloses Verhalten. Er lässt mich stehen, hat Kontakt zu seinen Ex-Freundinnen und Ex-Affären, schreit mich an, egal wo wir sind, es eskaliert immer und alle anderen sind daran schuld; er hat sogar den Kontakt zu der Person abgebrochen, die ihm sein Leben geschenkt hat, er hat ein gewaltiges Autoritätsproblem, denkt, er wüsste alles besser. Keine*r meiner Freundinnen, Freunde und Familie mochte ihn jemals. Und sogar dafür hat er mich verantwortlich gemacht. Ich will keinen Mann an meiner Seite, bei dem ich Angst haben muss, dass er meinen Kindern nicht die Liebe und Zuneigung schenken wird, die sie verdient haben. Das Einzige, was ihm wirklich wichtig ist, ist er selbst. Alles andere ist ihm egal. Es gibt keinen Tag Frieden, seit wir zusammen sind, stattdessen ununterbrochen Angst, Misstrauen, Sorgen, Furcht, Streit, Negativität. Die positiven Seiten sind so gigantisch, aber die negativen so tief, dass es mich einfach nur noch zerstört. Ich muss es beenden.

Ich möchte einfach nur Frieden in meinem Leben. Ich fühle mich wie ein Stift, dem die Tinte ausgeht. Ich verliere so viel Kraft durch die Beziehung, das ist nicht gesund. Jetzt mal ehrlich? Wie lange soll ich warten, bis er sich ändert? Es gibt so viele Themen. Er hat sich mir gegenüber so mies verhalten, ich war heute Morgen so wütend auf mich selbst, dass ich es nicht geschafft habe, stark zu bleiben, ich bin eingeknickt.

Ich fühle mich wie eine Drogenabhängige, die zu schwach ist, um sich von der Droge abzuwenden. Dabei bin ich hier bei meiner Ausbildung zur Yogalehrerin ohne ihn so glücklich, es ist die ideale Zeit für einen Neuanfang, Conny ist da und ich möchte den Absprung endlich schaffen.

Er schafft es, mir meine ganze Stärke zu entziehen und mich wie benommen alles machen zu lassen, was er will. Ich verliere mich da-

*bei. Er geht nicht liebevoll mit mir um und ein Choleriker bleibt ein Choleriker, vor allem besteht wenig Hoffnung, dass er bei seinen narzisstischen Zügen einsichtig wird. Ich kann mir beim besten Willen nicht vorstellen, dass er sich ändert. Es ist nun mal sein Charakter, er hat diese zwei Gesichter, er wird sich nicht plötzlich um 180 Grad drehen und so sein, wie ich will, um glücklich zu sein. Ich hatte kurz Hoffnung, als er meinte »Ich glaube, du hast recht, ich habe cholerische Züge.« Einsicht, wow. Aber dann schickte er mir als Reaktion darauf Webseiten, wie man mit Cholerikern umgehen kann, statt sich durchzulesen, wie man als Choleriker mit anderen besser umgeht und sie nicht immer anschreit.*

*Diese permanente Anspannung und Sorge, das andauernde Gefühl, nicht gut genug zu sein. Ich will das nicht mehr. Ich will mich endlich selbst lieben, mit mir glücklich sein, mich nicht immer von ihm runtermachen lassen und mich aufgeben. Ich habe so eine riesengroße Angst vor dem Loch, das er erzeugt, wenn ich ihn vollständig gehen lasse. Diese Leere, diese Angst, nie wieder einen Mann zu finden, mit dem ich so viel albern, so viel lachen und so viele Abenteuer erleben kann, aber der mich auf der anderen Seite auch einfach kaputtmacht. Ich soll dankbar sein, dass er mit mir zusammen ist, bei all den Problemen, die ich habe. Ich reagiere nicht mal mehr auf solche Sprüche. Ich bin so passiv geworden in der Beziehung, entschuldige mich und nehme alles auf mich, nur damit Frieden einkehrt. Ich fühle mich nicht mehr vollkommen, nicht wertvoll, nicht geliebt, ich fühle mich zu viel. Wäre eine Pause die Lösung? Ich glaube nicht, ich will nicht weiter leiden, ich will ein Ende, um neu anfangen zu können. Conny sagt, es kommt immer was Besseres nach. Ein Mann, der mich nicht anschreit, mir nicht die schlimmsten Worte an den Kopf wirft, mich nicht stehen lässt, mir sagt, wo er hingeht und nicht einfach verschwindet, das Handy im Flugmodus, mich danach nicht als Psycho bezeichnet, weil ich mir Sorgen gemacht und ihn angerufen habe, mir nicht das Gefühl von purer Unsicherheit vermittelt, dass ich zu viel bin, zu viel will.*

*Wir sind so unterschiedlich und ich merke, dass die Flamme der Liebe langsam erlischt.*

Ich und Beziehungen mit Männern – dies kann ein längeres Kapitel werden. Mit Wiederholungen. Denn leider musste ich in meiner Vergangenheit viele Situationen mehrfach durchleben, bis ich verstand, wo sich der Fehler im System eingenistet hatte. Die Überschrift dieser immer gleichen Episoden: Betrug und toxische Beziehungen. Vielleicht denkst du gerade: Kenne ich! Ich glaube, dass wir alle während unseres Leben einmal die Erfahrung gemacht haben, dasselbe zwischenmenschliche Thema in unterschiedlichen Konstellationen erlebt zu haben.

Dieser Teufelskreis ist sehr schmerzhaft und kann einen an die Grenzen bringen. Du fühlst dich hilflos und verloren. Vor allem auch, weil du es selten schaffst, allein den Weg aus dem Irrgarten deiner Verhaltensmuster zu finden, und dich immer wieder fragst: Warum passiert mir das schon wieder? Wieso stecke ich erneut in dieser Situation fest? Habe ich nichts gelernt? Und wann hört es bitte endlich auf?

Ich hatte bislang drei ernsthafte Beziehungen in meinem Leben. Ich würde sagen, zwei davon waren toxisch. Ich bin mir bewusst: »Toxisch« ist mittlerweile ein Modebegriff und wird ständig genutzt, wenn es um schwierige Beziehungen geht. Insbesondere mit Menschen, die narzisstische Persönlichkeitszüge aufweisen. Ich kann meine Erfahrungen leider nicht anders definieren als: ungesund und giftig. Aber ich weiß auch: Unbewusst habe ich mir die Protagonisten für meine Geschichten selbst gewählt und sehe mich in der Eigenverantwortung. Ich habe mir richtige »Prachtexemplare« ausgesucht und durfte dadurch sehr viel lernen.

Es wird ja oft gesagt: Dein*e Partner*in spiegelt dich, damit du wachsen kannst. So sehe ich das auch. Ich wünsche mir Spiegelungen. Ich wünsche mir Reflexion in der Partnerschaft. Aber wenn

die Beziehung zu einem Spiegellabyrinth wird, ist das nicht gesund, denn da verirrst du dich, rennst mit vollem Karacho gegen einen Spiegel, weil du denkst, es sei der Ausgang, und findest nicht mehr allein heraus. Ich fühlte mich zweimal in so einem Spiegellabyrinth gefangen – und das hat mich ziemlich kaputtgemacht, weil ich mich verlor und ich nicht mehr wusste, wie und ob ich da überhaupt heil herauskommen kann.

Ich will in diesem Kapitel niemanden an den Pranger stellen, ich möchte dafür sensibilisieren, wie ich toxische Verhaltensweisen identifiziert habe (die es übrigens bei allen Menschen jeglichen Geschlechts geben kann).

Bei mir hat es sich so gezeigt: Ich habe erst eine enorme Anziehung und Intensität gespürt. Meine toxischen Beziehungen haben mich anfangs immer mit Dopamin geflutet. Später fühlte ich mich wie eine Drogenabhängige und ich war zu schwach, um die Beziehungen zu beenden. Ich probierte es dennoch immer wieder, dachte mir aber, dass ich ohne die Person nie wieder glücklich werde, weil diese große Liebe und oft Love-Bombing (Überschüttung von Liebe) übermächtig war und das Gegenteil eiskalter Liebesentzug bedeutete.

Ich glaubte, nie wieder einen Menschen zu finden, der sich auf mich einlässt, weil ich das Problem sei. Jedenfalls wurde mir immer gespiegelt, dass ich nicht richtig sei und niemand es mit mir aushalten könne. Das war das Toxische daran: die Abhängigkeit und die Abwertungen des anderen.

Dabei hast du, wie jeder Mensch, eine Beziehung verdient, in der du dich geborgen fühlst, wo du dich gesehen und gehört fühlst, wo du nicht darum bitten musst, dass du in den Arm genommen

wirst oder dass dir jemand die Zuneigung und Liebe schenkt, die du verdient hast.

Manchmal muss man seine Wünsche kommunizieren, denn funktionierende Beziehungen bedeuten nicht automatisch: wird schon. Beziehung bedeutet Arbeit. Ich finde aber, dass du alles lernen kannst – egal, welche Erfahrungen du in deinem Leben schon gemacht hast.

Meine Beziehungsthemen haben mich dazu gebracht, mich in Therapie zu begeben – und im Nachhinein bin ich dafür dankbar. Meine Erkenntnis ist mittlerweile: Das Toxische hört erst auf, wenn wir das eigentliche Thema hinter der Dynamik erkannt haben und sich etwas in uns ändert.

Meine Erfahrungen aus meiner Ausbildung zur Yogalehrerin, meinen Therapiegesprächen und anderen Workshops zu moderner Spiritualität haben mich immer wieder daran erinnert, dass ich in mir etwas verändern kann, damit alles andere erfüllter wird. Dazu gehören auch meine Beziehungen. Diese Erkenntnis ist für mich so viel tiefgehender als alle oberflächlichen Ratschläge zu dem Thema.

Aber sie bedeutet auch: Die innere Arbeit beginnt. Du kannst dich nach der Trennung nicht mit einem neuen Mann ablenken oder für immer mit Arbeit betäuben. Ein unbewusster Schlussstrich holt dich sicher wieder ein. Spätestens in der nächsten Beziehung.

Ich glaube, wir bekommen immer wieder dieselbe Aufgabe vor die Füße gelegt, bis wir sie wirklich gelöst haben. Bis wir so tief getaucht sind und die Wurzel des Problems ergründet und transformiert haben. Bis dahin fühlt es sich an wie ein Fass ohne Boden.

Ich kann dir schon einmal verraten: Ich fand den Ursprung meiner Beziehungsthemen in meiner Kindheit und bis heute arbeite ich an mir und meinen inneren Wunden. Wie ich dahin gekommen bin und was ich heute anders mache, erzähle ich dir in diesem Kapitel.

## OHNE THERAPIE WÄRE ICH HEUTE NICHT DORT, WO ICH STEHE

Ich habe als 20-Jährige das erste Mal eine Therapie gemacht. Damals, um endlich meinen regelrechten Männerhass loszuwerden und meinem damaligen Ex-Freund vertrauen zu können. Dass die Wurzel des Problems ganz andere Gründe hatte, wusste ich zu dem Zeitpunkt noch nicht.

Damals ging es mir darum, dem Mann, der mich nach einem Monat Beziehung betrogen hatte – es mir aber erst über ein halbes Jahr später erzählte –, wieder vertrauen zu können.

Als er es mir endlich gestand, sagte ich mir paradoxerweise: Oh Gott, ich dachte schon, er will mich verlassen, zum Glück hat er mich »nur« betrogen.

Ich versuchte mit allen Mitteln, einen Weg zu finden, um ihm zu verzeihen. Denn ich liebte ihn sehr. Doch er hatte meine größte Angst wahrwerden lassen. Die Angst, die sich wie ein Wurm durch Holz nagte und damit das Holz zerstörte. Das Holz war mein Herz und das war zerstört und verwurmt. So sehr ich mich auch bemühte, ich konnte ihm den Betrug nicht verzeihen.

Ich versuchte es deswegen mit Therapie. Zuerst allein, dann nahm ich meinen Papa mit, um meine »Daddy Issues« und die Bezie-

hung zu ihm zuerst zu heilen. Zuletzt suchte ich mir mit meinem Ex-Freund einen Paartherapeuten, damit wir zusammen an dem »Problem« arbeiten und eine Lösung finden konnten.

Ich kann es nicht oft genug sagen: Du brauchst nicht alle deine Themen selbst zu lösen. Hole dir professionelle Unterstützung jenseits der Familie und Freundschaften.

Ich spreche mittlerweile offen darüber, dass ich in Therapie bin. Früher habe ich mir noch Sorgen darüber gemacht, was andere deshalb über mich denken könnten. Aber ich glaube, die Vorurteile dazu sind veraltet, weil wir mittlerweile erkannt haben, dass Therapeutinnen und Therapeuten auch mit Menschen arbeiten, die persönlich wachsen wollen und Unterstützung bei Lebens- und Sinnkrisen suchen.

Mir hingegen macht es absolut keine Angst, wenn mir jemand sagt, dass er oder sie in Therapie ist. Im Gegenteil. Ich freue mich, weil ich weiß: Dieser Mensch möchte auch die beste Version von sich selbst werden und lässt sich dabei unterstützen.

Ich spreche voller Leidenschaft darüber und wünschte mir, dass jeder Mensch eine Therapie besucht, denn hier bekommst du eine objektive Perspektive und professionelle Tipps. Das kann niemand aus deiner Familie oder deinem Freundeskreis leisten, denn sie sind immer subjektiv und manchmal vielleicht überfordert, auch wenn sie nur dein Bestes wollen.

Therapie tut uns allen gut, weil wir alle unser Päckchen zu tragen haben. Mit Erfahrungen aus unserer Kindheit, mit unseren Erlebnissen aus den ersten Beziehungen. Da ist eben nicht immer nur Schönes passiert und wir haben sicher das meiste verdrängt, weil

wir als Kinder oder in akuten Krisen mit unseren Gefühlen überfordert waren.

Wir alle brauchen Hilfe von außen, um unseren Werkzeugkasten zur Selbstannahme und Selbstreflexion in Betrieb nehmen zu können. Und um wieder zu fühlen.

Und das ist keine Schwäche. Ich finde, es ist eine Stärke, sich einzugestehen, dass man nicht alles allein schafft. Selbst wenn du weißt, dass du deine Kindheit noch nicht verarbeitet hast, musst du erst lernen, wie das geht. Denn das wird uns leider kaum bis gar nicht in der Schule oder von unseren Eltern beigebracht. All die Wege zu mir selbst habe ich durch Therapie, entsprechende Bücher, Workshops und Retreats erfahren.

Menschen verurteilen dich so lange, bis sie gewachsen sind und verstanden haben, dass du vielleicht einfach einen Schritt weiter warst. Und ich spreche hier aus eigener Erfahrung, denn auch ich habe schon Dinge verurteilt, die ich später gutgeheißen habe. Jede*r ist im Leben unterschiedlich weit mit den inneren Prozessen. Aber es ist nie zu spät für Vergebung. Und schon gar nicht für Selbstreflexion. Damals aber war es für uns als Paar zu spät.

Das Vertrauen war verloren. Das Vertrauen, das bei ihm erstmals einfach von Anfang an da war. Das habe ich so noch nie erlebt. Diese Beziehung – wie auch andere in meinem Leben – begann wie in einem Traum.

Diese Geschichte möchte ich dir gern erzählen, damit du nachvollziehen kannst, warum ich lange nicht erkannte oder erkennen wollte, dass das Leben mir nicht einen Traum erfüllte, sondern mir eine Chance schickte, etwas über mich zu lernen.

## WIE ICH BEI EINEM SPIEL EINE HOCHZEIT
## MIT MEINEM DAMALIGEN TRAUMMANN GEWANN

Wir haben uns über ein Gewinnspiel kennengelernt. Das ist eine sehr abgefahrene Geschichte und allein die hätte ich irgendwann gerne meinen Kindern erzählt. Aber es sollte doch nicht so romantisch verlaufen und für ein Happy End reichen.

Plötzlich kam mein Chef beim Radio zu mir und schlug mir folgende Idee vor: »Wir machen ein Gewinnspiel. Der Gewinn bist du. Man gewinnt eine Hochzeit mit dir in Las Vegas, erlebt Lady Gaga live und wir kommen für alles auf.«

Geniale Idee, dachte ich mir damals. Verrückt und naiv wie ich war.

Doch dann fiel mir die Gütertrennung ein und ich entschied mich gegen eine echte Hochzeit mit einem fremden (vielleicht durchgeknallten) Gewinner und ließ mich stattdessen auf eine Fake-Hochzeit ein, in der kleinen weißen Kirche in Las Vegas, in der auch schon Britney Spears geheiratet hatte.

Das Gewinnspiel war genauso wild wie ich. Man sollte sich bewerben und in 30 Sekunden, während eines Telefongesprächs, demonstrieren, wie verrückt man sei. Und ich durfte nach diesen 30 Sekunden entscheiden, wie »witzig« die Person in meinen Augen war. Aber nicht, indem ich es einfach sagte. Nein, ich hatte ein Flöten-Barometer und je mehr Töne ich spielte, desto verrückter und damit auch höher war die Wahrscheinlichkeit, dass die Person gewinnen würde.

Es gab zwei Finalisten: Einer davon produzierte Anus-Sticker. Anus-Sticker! Das kann man sich auch nicht besser ausdenken. Und der andere war ein verrückter Typ aus Köln.

Nach einem spannenden Finale gewann der Lustigere. Aber auch nur, weil »Herr Anus-Sticker« keinen Witz mehr wusste. War es Glück? Zufall? Schicksal? Ich entschied mich an dieser Stelle, dass es Schicksal war. Denn als ich wenige Wochen später am Flughafen in Frankfurt ankam und einen riesengroßen, braunhaarigen Strahlemann auf mich warten sah, war mir klar: Das ist er!

## LIEBE AUF DEN ERSTEN BLICK

Da stand er also: der Gewinner meines Herzens. Es dauerte nur eine Sekunde, bis ich Hals über Kopf in ihn verknallt war. Zum Glück ging es ihm genauso, wie er mir später erzählte. Es war, als würden zwei Kinder aufeinandertreffen. Wir machten während des Fluges Handstand auf unseren Sitzen, meine Füße landeten auf dem Kopf eines anderen Passagiers. Wir spielten Verstecken, zogen uns gegenseitig durch den Flughafen und ließen dem Wahnsinn freien Lauf. Für alle anderen war es nervig, für uns war es verrückt und schön zugleich.

In der Glitzermetropole Las Vegas angekommen, besuchten wir direkt ein Lady Gaga-Konzert – natürlich ausgerechnet an jenem Abend mit dem Überraschungsgast Bradley Cooper. Kein Auge blieb bei uns trocken. Weder das von Lady Gaga noch das von dem Mann an meiner Seite. Von mir ganz zu schweigen. Direkt darauf folgte auch schon unsere Fake-Hochzeit. Ich war so nervös, dass ich mich ein wenig wie bei »Zwischen Tüll und Tränen« fühlte.

Kennst du diesen Zustand, wenn man nicht weiß, ob man jetzt lachen oder weinen soll? Genau so ging es mir. Ich durfte mir zuerst unter hunderten hässlichen (weil extrem kitschigen) Hochzeitskleidern eines aussuchen und wusste: Hier muss ich jegliche An-

sprüche an der Tür abgeben, sonst heirate ich nackt. Hätte auch niemanden gewundert. Aber gut. Ich entschied mich für ein mit Pailletten besetztes Hochzeitskleid, in dem ich aussah wie ein explodiertes Marshmallow, das versehentlich in einer Pailletten-Schublade gelandet war und den Glitzer nicht mehr abbekommen hatte. Aber es passte zu der absolut absurden Situation, die uns das Leben kredenzt hatte. Unsere Trauung wurde live im Radio übertragen. Wie romantisch (nicht)! Zur Krönung gab es einen Kuss. Das war das erste Mal, dass sich unsere Lippen berührten.

Es war alles so absurd, dass es sich anfühlte wie ein Fiebertraum. Und unsere Hochzeitsnacht bestand nicht aus wildem Sex (er war immer noch mein Gewinner und ich eine halbwegs ernst zu nehmende Radiomoderatorin), sondern aus Spiel und Spaß wie im Kindergarten: Wir schminkten uns gegenseitig als eine Mischung aus Tier und Clown, da wir – Gott weiß wieso – Gesichtsschminke für Kinder auf meinem Zimmer entdeckten.

Die Nacht war witzig und schön. Uns beiden war klar, dass wir etwas gefunden haben, wonach wir zwar nie gesucht hatten – doch es passte.


**DIE ZEIT NACH DER HOCHZEIT**

Zurück in Deutschland telefonierten wir jeden Abend stundenlang und nach einer Woche sahen wir uns wieder und kamen direkt zusammen. Und ich? Vertraute blind! Das erste Mal in meinem Leben.

Doch leider passierten Dinge, die ich nicht verzeihen konnte. Sonst wären wir vielleicht noch heute glücklich zusammen. Aber auch hier muss ich mich daran erinnern: Alles passiert aus einem Grund. Selbst wenn sich das oft erst viel später im Leben erklärt.

Insgesamt dauerte diese Beziehung rund zwei Jahre. Doch ohne das Vertrauens-Fundament ergibt auch die schönste Liebesgeschichte natürlich herzlich wenig Sinn.

Ich trennte mich mit großem Herzschmerz und fühlte mich wochenlang, als hätte man mir mein Herz herausgerissen. Was blieb, war ein riesiges Loch und mein Entschluss: Ich wollte vorerst keine Beziehung mehr. Ich wollte keine Männer mehr kennenlernen. Ich wollte mich stattdessen voll und ganz auf mich und mein Leben fokussieren.

Ich arbeitete gefühlt ununterbrochen durch und tat alles, um mich abzulenken, indem ich mein blutendes Herz durch meine geliebte Arbeit betäubte und meine berufliche Karriere vorantrieb.

## MEIN HERZSCHMERZ & ICH

Ich brauche Schmerz, um zu lernen. Bei mir reicht es nicht, wenn mir jemand aus meinem Familien- oder Freundeskreis sagt: »Das ist eine toxische Person für dich. Du solltest dich besser trennen.« Ich musste meine letzte Beziehung wirklich bis zum Ende durchleben, um zu verstehen: Es geht nicht. Absolut nicht. Der Punkt war in diesem Fall definitiv gekommen und ich trennte mich, um noch tiefer in mein eigenes Sein einzutauchen.

Es war für mich eine unglaublich transformierende Entscheidung. Ich wusste, egal, wie sehr ich einen Mann liebe, ich muss mich gegen ihn entscheiden und für mich. Heute weiß ich: Wenn du dich selbst wirklich liebst, kannst du gewisse Menschen, die dich nicht gut genug behandeln, gar nicht mehr lieben. Aber um dort hineinzuwachsen, brauchte es damals wohl noch mehr gescheiterte Beziehungen und einen jahrelangen Heilungsprozess.

## BLEIB SO LANGE SINGLE, BIS DU
## DICH SELBST LIEBST

Ich schwor mir damals: Ich werde so lange Single bleiben, bis ich mich und meine Beziehungsdynamiken vollständig ergründet hatte. Denn ich wollte sicher nicht noch einmal so im Schlamm versinken und mich darin verlieren. Es kostet zu viel kostbare Energie und Lebenszeit.

Ich bin eine Frau, die voll und ganz lieben kann. Ich gebe alles, wenn ich in einer Beziehung bin. Das klingt vielleicht erst nicht schlimm, aber es führte oft dazu, dass ich mich verlor und irgendwann nicht mehr wusste: Wer bin ich und wer will ich in Beziehungen sein?

Aber ich sage dir, es war nicht einfach. Zwischendurch lag ich bei mir zu Hause im Bett und fühlte mich nur einsam. Und hilflos. Ich wusste nicht, wie ich da allein herauskommen sollte. Deswegen sprach ich mit meiner Coachin in einer Session darüber. Ich erzählte ihr, wie sehr dieses schale Gefühl der Einsamkeit an mir nagte. Dass ich mich in meiner Wohnung allein komplett verloren fühlte, aber manchmal auch nicht die Kraft hatte, mich mit anderen zu treffen. Sie sagte damals einen Satz zu mir, den ich mir zur Erinnerung immer wieder ins Gedächtnis rufe: »Lola, du bist nie einsam oder allein. Du hast immer dich selbst.«

Damals sind mir sofort die Tränen die Wangen heruntergerollt, weil ich mir dachte: Stimmt, ich habe immer mich selbst. Wie konnte ich das vergessen oder ignorieren? Warum ging ich davon aus, dass nach einer Trennung oder einem Verlust die Liebe in meinem Leben endet?

Ein Grund dafür war: In mir rebellierte mein inneres Kind, und das war verdammt verletzt aufgrund der Vergangenheit. Es brauchte meine Aufmerksamkeit und kein Selbstmitleid. Ich verstand, dass dieser kindliche Anteil in mir bedürftiger war, als ich mir bisher eingestanden hatte. Dieses Kind schrie nach Liebe, es wollte von mir gesehen werden und ich hatte es viel zu lange ignoriert.

Ich musste mir eingestehen: Ich bin meine härteste Kritikerin. Ich habe oft so wenig Einfühlungsvermögen für mich und gehe hart mit mir um, wohingegen ich mich anderen gegenüber so liebevoll verhalte und sie mit Liebe überschütte. Warum machte ich das nicht mit mir selbst? Woran lag das? Ich würde es noch herausfinden.

Was ich zwischendurch schon verstand: Wir müssen uns selbst geben, was wir uns von außen wünschen. Sonst machen wir uns abhängig. Sonst geben wir zu viel Kontrolle in andere Hände und wissen nie, wohin es uns bringt. Die einzige Person, der wir immer vertrauen können, sind wir selbst. Du kannst dich auf dich verlassen, du kannst dir vertrauen und du kannst lernen, dich selbst zu lieben. Das kann kein anderer für dich übernehmen.

Dorthin zu kommen, ist ein Weg. Ich kann mir nicht einfach in Gedanken sagen »Ich liebe mich selbst«, und die Selbstliebe ist von einem Moment auf den anderen etabliert. Du kannst es aber dorthin schaffen, indem du es dir fest vornimmst und im ersten Schritt erst einmal netter zu dir wirst und auf deine Bedürfnisse achtest. Dazu gehört zum Beispiel, den inneren Dialog freundlicher zu gestalten. Sich selbst nicht zu verurteilen, sich nicht die Schuld zu geben oder sich einzureden, nichts wert zu sein. Und sich selbst etwas zu gönnen.

Ich finde, es ist so wichtig, dass du lernst, wie du dich selbst liebst, dass du für dich selbst da bist, dass du mit dir Stille aushalten und genießen kannst. Dass du mit dir durch gute und schlechte Zeiten gehst. Ohne die nächste Ablenkung zu finden. Ohne dich zu verlieren.

## MEINE CHANCE, ALLEIN ZU SEIN

Meine Erfahrung ist, dass man Einsamkeit nur im Alleinsein überwinden kann. Freiwillig suchst du dir allerdings das Mit-dir-Sein eher selten aus, weil der Schritt groß ist. Aber oft werden wir vom Leben unfreiwillig in diese Situationen gebracht. Auch mir passierte das mehrmals. Doch oft dachte ich, ich sei in einem schlechten Film gelandet und wollte mein Leben schon wieder fragen: Warum schickst du mich auf diese Umwege?

Heute würde ich sagen: Ich sollte etwas lernen. Das Leben ist für dich, nicht gegen dich. Es ist eine Frage der Perspektive.

Ich erzähle dir gern ein Beispiel, das schon länger zurückliegt, aber bis heute eine wichtige Erfahrung bleibt, auf der ich aufbauen konnte.

Einmal hatte ich die erst romantische und dann tierisch dumme Idee, mit einem Mann aus meiner Heimat drei Wochen nach Südostasien zu reisen. Ich kannte ihn kaum und nach dem ersten Tag und der ersten Nacht wusste ich intuitiv auch schon: Das wird nichts. Wir waren sehr verschieden und er war plötzlich ganz anders, als ich dachte. Wir hatten aber blöderweise eine dreiwöchige Rundreise gebucht, all inclusive. Da für die Reise damals mein ganzes Erspartes draufging, dachte ich mir zuerst, dass ich die

Situation einfach aushalte. Je mehr Tage verstrichen, desto klarer wurde mir: Das ergibt keinen Sinn, und so einigten wir uns schlussendlich darauf, getrennte Wege zu gehen und ich zog mit meinem Rucksack von dannen.

Ich hatte riesengroße Angst, aber es war die beste Entscheidung. Ich kannte niemanden. Ich war als 18-Jährige planlos unterwegs und erlebte die größte Freude. Nur so habe ich die verrücktesten Menschen kennengelernt, andere Backpacker, mit denen ich Bangkok erkundete. Plötzlich konnte ich es genießen, allein zu sein.

Ich weiß noch, wie ich in einem total überfüllten Bus saß und stundenlang ohne Ziel durch die Stadt gefahren wurde. Ich genoss die vielen Eindrücke, das Gewusel an Menschen, die bunten Tempel und die Straßenmärkte. Zu der Zeit war dort ein großes Blumenfest und die ganze Stadt war geschmückt mit gelben, leuchtenden Blumen. Ich schaute aus dem Fenster und irgendwann war ich so berührt, mit mir völlig glücklich im Moment zu sein und auch keine Angst zu haben, dass mir die Tränen kamen. Obwohl ich nicht mehr wusste, wo ich war und wie ich jemals wieder nach Hause finden würde. Ich spürte einfach nur dieses Gefühl von Angekommensein bei mir in dieser fremden Welt.

Diesen Moment hätte ich niemals planen können, ich hatte ihn auch nicht erwartet. Er entstand, weil es mir gelang, loszulassen und zu vertrauen. Weil ich meine Situation vollkommen akzeptierte. Und nur von Moment zu Moment hüpfte, wie es mir das Leben vor die Füße spielte.

Ich hätte frustriert nach Hause fliegen können, ich hätte die Zeit mit dem Mann durchziehen können. Aber es gibt auch immer die

Wahl, sich für sich selbst zu entscheiden. Und zu sagen: Ich mache das Beste daraus und schaue, was diese Situation noch Gutes bringen kann. Wie dankbar bin ich heute, dass ich damals den Mut hatte, nicht den bequemsten Weg zu gehen.

Natürlich war ich nach dieser positiven Erfahrung nicht für immer frei von Einsamkeit und dem Wunsch, alles mit jemand anderem zu teilen. Aber ich konnte immerhin einen Moment abrufen, der mir bewies: Ich bin Zeugin, dass du fernab von allem, was dir vertraut ist, in dir ruhen und ankommen kannst. Das werde ich nie vergessen und wie einen Schatz der Selbsterkenntnis bewahren.

## DATE NICHT DEINE DADDY ISSUES

Auch wenn es mir zunehmend besser gelang, die Zeit mit mir selbst zu genießen, war mein Problem mit Männern nicht gelöst. Spätestens bei der nächsten Beziehung sah ich mir selbst wieder dabei zu, wie ich verzweifelt nach Aufmerksamkeit und Liebe suchte – und doch wieder enttäuscht wurde. Oder besser gesagt: Wie mein inneres Kind wieder verzweifelt nach Liebe schrie. Ich fühlte mich oft wie die kleine Lola, die auf ihren Papa wartete. Und ich erkannte viele Charakterzüge meines Papas bei anderen Männern in meinem Leben wieder, darunter zum Beispiel auch die mangelnde Verlässlichkeit. Papa, du weißt, ich liebe dich, aber dass du so verlässlich warst wie die Deutsche Bahn, wissen wir mittlerweile beide. Danke, dass du dir das zu Herzen genommen hast.

Vielleicht erinnerst du dich, was ich dir in Kapitel 3 über meine Familie erzählt habe, besonders über die Beziehung zu meinem Papa, die heute gereift ist und auf einem guten Fundament steht.

Lange verband ich mit meinem Papa eine große Verlustangst, die mit meiner Kindheit verknüpft war. Wenn wir uns in Berlin trafen und dann wieder trennten, wurde ich oft so traurig wie ein Kind. Das hatte nichts mit dem erwachsenen Verstand zu tun, denn ich führe längst mein eigenes Leben und ich weiß, dass mein Papa für mich da ist und ich ihn jederzeit wiedersehen kann.

Aber so bin ich groß geworden: Mein Papa kam und ging, wann er wollte. Und selbst wenn ich mir wünschte, dass er blieb, ist er gegangen. Dieser Schmerz setzte sich tief in mir fest. Und nicht nur das. Es setzte sich eine sehr ungesunde Vorstellung von Beziehung unbewusst in mir fest: Ich dachte, so muss Liebe sein. So unsicher und unbeständig. So außerhalb meiner Kontrolle. Ich konnte tun, was ich wollte, am Ende ging mein Gegenüber so oder so.

Gleichzeitig schlich sich bei mir der Gedanke ein, dass ich es nicht wert sei, geliebt zu werden. Dass ich nicht wichtig und nicht genug sei. Dass alle anderen wohl wichtiger sein müssten als ich. Ich konnte mir als Erwachsene sehr oft sagen, dass es nicht so ist. Aber das Gefühl klebte an mir wie eine Klette.

Denn wir lernen natürlich als Erstes das Thema Beziehung in der Familie, weil die Eltern (und Geschwister) unsere engsten Bezugspersonen sind. Die Partnerschaft meiner Eltern war aber besonders zum Ende hin nicht sehr lehrreich für mich. Schließlich hatten sich meine Eltern getrennt und unsere Familie war entzweit. Wer blieb mir dann zur Orientierung, um zu lernen? Ich finde es wirklich nicht einfach, gute Beispiele jenseits von klassischen Hollywoodfilmen mitten in der Realität zu finden. Bis heute kenne ich nur wenige Paare, bei denen ich sagen kann: Daran will ich mich orientieren. Oder: Diese Liebesbeziehung würde ich auch gerne führen.

Mein erster Tipp wäre, dass du aufhörst, deine Daddy Issues zu daten. Im übertragenen Sinne. Spare dir diesen Umweg, den ich gegangen bin. Oft denken wir, dass etwas gut oder gesund ist, weil wir es eben nicht anders kennen. Du realisierst oft gar nicht, wie ungesund ein gewisses Konstrukt ist, auch wenn du damit groß geworden bist und es sich für dich vertraut anfühlt.

Wenn ich einen Mann gedatet habe, der so ähnlich war wie mein Papa, hat das oft zu einer riesengroßen Komplikation geführt, weil ich zwar das hatte, was ich gewohnt war. Aber ich fühlte mich meist genauso wenig gesehen und gehört wie damals.

Dazu kommt auch, dass du das Problem mit deinem Vater nicht in einer Beziehung mit einem anderen Mann lösen kannst. Das ist eine Falle, eine Verlockung, weil es einfacher erscheint.

Mein Fehler war, dass ich mich oft für meine Partner aufgegeben habe, damit die Beziehung schön ist und heil bleibt. Wie ein Kind, das alles für seine Eltern tut, weil es geliebt und versorgt werden möchte.

Ich lebte nur noch für diese Beziehung und verfolgte keine Hobbys mehr. Ich sah kaum noch Freundinnen und Freunde oder Familie. Den ganzen Fokus und meine Liebe legte ich auf meinen Partner. Das war nicht sein Problem oder sein Fehler. Es war mein Fehler und meine alten Verhaltensweisen. Wenn ich eins aus der Zeit gelernt habe, dann, dass ich nie wieder meinen Partner über mich stelle. Ich tendiere dazu, dass ich andere mehr liebe als mich selbst. Das ist echt gefährlich, denn du solltest dich selbst am meisten lieben. Das hat nichts mit Egoismus oder Narzissmus zu tun, sondern mit einer gesunden Distanz zwischen sich und anderen.

Ich bin ein empathischer Mensch und musste erst einmal lernen, auch meine Bedürfnisse zu beachten – und durch Kommunikation einen gemeinsamen Nenner zu finden. Ich finde, es ist sehr elementar, dabei immer respektvoll zu bleiben.

Meine Erfahrung ist: Es gibt Menschen, die holen das Beste aus dir heraus. Und es gibt Menschen, die holen das Schlimmste aus dir heraus. Ich würde mir jemanden an meiner Seite wünschen, der mich herausfordert, aber auch wachsen lässt. Und den ich in seinem Wachstum unterstützen kann. Dass wir zusammen mutig sind, aus der Komfortzone herausspringen und uns auf neue Wege begeben.

Vielleicht ist das eine weniger intensive Beziehung, die nicht so viele Auf und Abs, nicht so viel Leidenschaft mit sich bringt, aber dafür eine stabilere Basis hat. Langfristig, glaube ich, ist eine solche Beziehung am gesündesten. Denn toxische Beziehungen können eine wahnsinnige Intensität haben. So extrem, dass du manchmal das Gefühl hast, du hältst es kaum noch aus. Ich erinnere mich an Situationen, in denen ich meinem Partner gegenüber saß und wir heulten, weil wir uns gestanden, wie sehr wir uns liebten.

Aber das muss nicht bedeuten, dass das gesund ist. Manchmal erscheint es gesünder, ein bisschen weniger intensiv zu lieben, aber dafür hast du ein funktionierendes Miteinander. Dann kannst du auf ein Fundament vertrauen, das auf reiner Liebe basiert und nicht auf Verstrickungen.

Wusstest du, dass gefühlte Schmetterlinge im Bauch oft einfach nur Angst sind, und dieses Adrenalin gar nicht bedeutet, dass man verliebt ist, sondern dass man riesengroße Angst hat? Ich erkenne mich darin wieder.

## WARUM ICH VERTRAUEN ERST WIEDER LERNEN MUSSTE

Mein inneres Kind hatte Angst. Es ging lange davon aus, dass man Männern nicht vertrauen kann. Egal, ob es Anzeichen dafür gab oder nicht – ich dachte immer, dass ich früher oder später betrogen oder sogar verlassen werde. Ich wachte morgens auf und dieses Gefühl war ungefragt da, diese beißende Angst, diese schleichende Ungewissheit klebte an mir. Auch wenn die Beziehung gerade sehr gut lief und mein damaliger Partner mir keinerlei Anlass gab, misstrauisch sein zu müssen.

Ich brauchte vielleicht auch mehr Liebesbeweise als andere. Den Männern an meiner Seite fiel es schwer, es mir recht zu machen. Ein Ex-Freund sagte mir einmal: »Ich will dich nicht mit Liebe überschütten. Du musst dich erst einmal selbst lieben. Und das sage ich dir, weil ich dich liebe.«

Ich war auch nie die beste Ratgeberin für meine Freundinnen bei Beziehungsproblemen. Ich bin bei den kleinsten Fehltritten oder Unstimmigkeiten oft davon ausgegangen, dass die Männer etwas falsch machen würden und dass da ein Haken war. Dieses Misstrauen zermürbte mich, auch wenn ich alles versuchte, um einen neutralen Blickwinkel einzunehmen.

Ich weiß heute: Mein Ziel bei all dem war es immer, nicht verletzt zu werden. Unter keinen Umständen. Aber das ist utopisch. Wir alle können jederzeit eine Erfahrung machen, die verletzend ist. Es ist unmöglich, andere und äußere Umstände steuern zu wollen. Deswegen kam ich innerlich nicht zur Ruhe, wenn ich in Beziehungen war, weil es diesen großen und risikoreichen emotionalen Kontrollverlust für mich bedeutete.

Was ich damals noch nicht wusste: Ich kann lernen, mich zu steuern. Ich erkannte auch: Wenn ich davon ausgehe, immer betrogen zu werden, manifestiere ich unbewusst, dass es Realität wird. Das war auch ein Schutzmechanismus, denn ich konnte im Fall der Fälle sagen: Ich wusste es doch, es ist keine Überraschung. Ich wusste, dass ich diesem Mann nicht vertrauen konnte. Das nennt man im psychologischen Fachjargon »Enttäuschungsprophylaxe«. Wie erleichtert war ich, als ich dieses Verhalten durchschaute.

Der erste Schritt ist für mich immer die Erkenntnis und dann der Wille, etwas zu ändern. Der war bei mir ungebremst und ist es bis heute noch.

Um dieses Thema aufzuarbeiten, habe ich bereits viele Sessions in Therapie und mit Coaches gemacht. Und ich bin immer noch dabei. Ich gebe nicht auf, bis ich eines Tages auch in einer heilsamen Beziehung bin – es geht nicht um Perfektion, aber ich sehne mich danach, dass Ruhe in mein Leben einkehrt und dass es jemanden an meiner Seite gibt, mit dem ich voller Vertrauen wachsen kann.

Mein Vorbild ist dabei heute meine Mama Conny. Sie hat auch viel durchgemacht bei dem Thema Partnerschaft. Aber sie ist mittlerweile in einer Beziehung mit einem passenden Partner, in der sie Geborgenheit und bedingungslose Liebe erfährt. Die beiden erlebe ich auch noch nach vielen Jahren verliebt wie Teenager und mein großes Ziel ist, dieses Gegenüber auch zu finden. Sie sind für mich der Beweis, dass es wahre Liebe und eine gesunde Partnerschaft gibt.

Die Liebe zwischen den beiden gibt mir Hoffnung und zeigt mir immer wieder: Ich finde es so wichtig, dass man eine*n Partner*in findet, für die oder den man sich nicht verkaufen muss. Ich habe so oft das Gefühl, dass ich, wenn ich einen Mann kennenlerne, ihm erst

mal zeigen muss, wie toll ich bin. Dabei ist es doch so: Entweder du siehst es oder du siehst es nicht. Aber ich will dich nicht darauf hinweisen müssen, wie toll ich bin und welche Macken ich habe. Wenn man schon zu Anfang sehr unterschiedlich ist und es ständig Komplikationen gibt, dann sollte es vielleicht auch einfach nicht sein.

Ich möchte mein Beziehungsmuster endlich so umpolen, dass ich die passenden Männer in mein Leben ziehe, dass ich mich nicht mehr ängstlich oder vermeidend verhalte, sondern mich sicher in Beziehungen fühle und mich voll darauf einlassen kann. Bis dahin übe ich jeden Tag daran, mir selbst und anderen zu vertrauen.

## WIR ERLERNEN NEUES DURCH UMDENKEN UND ANDERE GEFÜHLE

Die Psychologin und Psychotherapeutin Stefanie Stahl hat mich in ihren Podcast »Stahl aber herzlich« eingeladen, den ich sehr empfehle. Sie macht dort Live-Sitzungen mit ihren Gästen, aus denen du viel lernen kannst.

Ich habe durch unsere gemeinsame Folge zum Thema Vertrauen einmal mehr erkannt, wie wichtig die Arbeit mit dem inneren Kind und Triggern aus der Vergangenheit ist. Und ich habe auch das Vertrauen gewonnen, dass ich die Macht habe, etwas zu ändern.

Wichtig ist es, neue positive Anker zu setzen und immer wieder zu erkennen, dass die Vergangenheit vorbei ist. Dafür trenne ich bei jedem neuen Mann ganz bewusst das Bild von meinem Papa von diesem ganz anderen Menschen. Ich versuche zu erkennen, dass die Geschichte mit meinem Papa auf einem anderen Blatt steht und mich nicht alle Männer in meinem Leben verlassen werden.

Immerhin habe ich es schon geschafft, dass die Männer, für die ich mich heute interessiere, vom Wesen recht anders sind. Vor allem verlässlicher, auch wenn sie dann auf den ersten Blick ruhiger oder langweiliger wirken – und ich nicht sofort diese verrückte Vertrautheit und damit Anziehung spüre.

Dann übe ich mich bei vielen Gelegenheiten, in denen ich mich unsicher oder ängstlich fühle, darin, Vertrauen zu spüren. Unabhängig von allen Situationen. Ich fühle das Vertrauen in meinem Herzen als Wärme und Weite. Und ich spüre Ruhe und Geborgenheit in und mit mir. Dazu spreche ich oft eine positive Affirmation, wie zum Beispiel: »Ich lasse Angst und Misstrauen los und lade Liebe und Vertrauen ein.«

Von Stefanie Stahl habe ich erfahren, dass wir Neues durch Wiederholung und durch das Fühlen lernen. Es geht darum, ein Gegengefühl zu erzeugen, das angemessener ist als das alte. Bei mir stieß ich in der Tiefe immer auf dasselbe Thema: Angst.

In der Tiefe geht es auch darum, mir selbst zu vertrauen. Würde ich es überleben, wenn ein Mann mich betrügt? Kann ich ohne ihn leben? Heute kann ich sagen: Ja! Ich weiß, es würde mich sehr verletzen und da wäre wieder dieser Schmerz, allein gelassen zu werden. Doch ich habe dieses unerschütterliche Vertrauen in mich: Ich schaffe das!

Ich würde heute nicht mehr denken: Ich bin nicht wichtig genug. Der andere Mensch geht, auch wenn ich darum bettle, dass er bleibt. Aber es hat nichts mit meinem Wert als Mensch zu tun. Ich habe nichts falsch gemacht. Ich bin nicht das Problem. Das Thema hat nichts mit meinem Selbstwert zu tun, denn ich bin immer wertvoll. Das muss ich mir selbst wieder und wieder sagen. Es fühlt sich so an, als habe ich mit meinen Übungen und Affirmationen

kleine Feuerlöscher bereitstehen, die jeden Brand in mir löschen können. Ich darf vertrauen und bin dafür sehr dankbar.

## WIE ICH MEINEN BEZIEHUNGSKOMPASS NEU AUSRICHTE

Im nächsten Schritt möchte ich meinen Kompass, der mich zu einem passenden Mann und einer gesunden Beziehung führt, noch ein bisschen besser ausrichten. Mein Gefühl ist, dass er immer noch leicht irritiert ist.

Wenn ich plötzlich spüre, dass sich die Dynamik im Außen verändert und die Menschen um mich herum seltsam agieren, dann wird mir bewusst, dass auch mein Inneres ins Wanken gerät – ich verliere mich irgendwie wieder selbst. In solchen Momenten bemühe ich mich, eine Verbindung zu meinem inneren Kind herzustellen. Das mache ich, indem ich meinen Pinky-Promise-Schwur praktiziere – das Verbinden meiner beiden kleinen Finger. Dies ist für mich ein Symbol unserer Beziehung. Dann frage ich: »Was fehlt dir gerade? Was irritiert dich?« Diese Selbstreflexion enthüllt alte Ängste, die noch Heilung benötigen, sowie den Bedarf nach mehr Selbstliebe.

Ich erkenne gleichzeitig, dass alles, was ich brauche, bereits in mir vorhanden ist. Ich muss nicht im Außen suchen, sondern darf einfach zulassen und auf mein inneres Wissen vertrauen.

Wenn ich mich einsam fühle, erinnere ich mich daran, dass ich mich mit meinem inneren Kind austauschen kann. Ich schließe die Augen und nehme mich selbst in den Arm (egal, wie es aussieht!), vielleicht während ich Yoga praktiziere. In diesem Umfeld

werde ich übrigens nicht bewertet und alle verstehen sofort, was gemeint ist, wenn ich sage: »Mein inneres Kind braucht Liebe.« Ich gebe mir damit selbst genau die Liebe und Fürsorge, die ich mir manchmal von außen wünsche.

Ich glaube fest daran, dass ein solides Fundament und tief verwurzelte Selbstakzeptanz einem helfen können, selbst durch die stürmischsten Zeiten zu navigieren. Auch wenn ein Tsunami herannaht, weiß ich, dass ich fest verankert bin. Dass ich in Kontakt mit meinen Gefühlen bin.

Meine Wurzeln waren nicht immer stark, aber ich glaube, dass sie nachhaltig wachsen. Diese Reise der Selbstentwicklung ist eine kontinuierliche Metamorphose, und meine Wurzeln werden mit jedem Tag stärker.

## MEIN WUNDERBARES SINGLELEBEN

In der Zwischenzeit, wenn ich nicht in einer festen Beziehung bin, genieße ich mein Singleleben in vollen Zügen. Ich mache alles, was ich auch als Paar erleben würde: Ich gehe essen, verreise, lade mich ins Theater ein, gönne mir einen halben Tag im Spa. Mir sind die Blicke der anderen egal, wenn sie mich allein an einem Tisch sitzen sehen, der automatisch für zwei gedeckt wurde.

Leider ist es immer noch so, dass einem selten geglaubt wird, dass du als Singlefrau auch erfüllt leben und glücklich sein kannst. Oft werde ich gefragt »Bist du Single oder vergeben?« Die Frage finde ich noch angemessen und kann dann darauf sachlich antworten.

Was ich aber übergriffig finde, ist, wenn jemand schreibt: »Warum bist du Single? Das tut mir leid, du bist doch so hübsch!« Da läuft einiges schief, denn der Beziehungsstatus hat nichts mit dem Aussehen zu tun. Wir sollten langsam wissen, dass Schönheit immer relativ ist und für eine ernsthafte Beziehung auf Augenhöhe nicht das einzige Kriterium sein kann.

Ich glaube, ich bin eher Single, weil ich ganz genau weiß, was ich will. Und vor allem auch: Was ich nie wieder will. Es ist deshalb kein Mangel, allein durch das Leben zu gehen. Es ist eine absolute Stärke.

Sei froh, wenn du weißt, was du willst. Wenn du weißt, was du nie wieder willst. Wenn du dich nicht auf jeden einlässt, weil du dir denkst: Hauptsache, ich bin in einer festen Beziehung. Das kann vielleicht der leichte Weg in manchen Momenten sein, aber es ist mit Sicherheit nicht der zielführende.

Unsere Lebensreise verläuft ein bisschen wie eine Zugfahrt. Es gibt Menschen, die steigen ein. Es gibt Menschen, die steigen aus. Manche bleiben mit dir eine Weile sitzen und irgendwann müssen sie wieder aussteigen. Es hat einen Grund, warum jemand aussteigt. Reisende sollte man nie aufhalten. Einige wissen dich nicht wertzuschätzen. Dann sei froh. Jemand hat mir neulich gesagt: »Manchmal bringt sich der Müll selbst raus.« Es klingt zwar gemein, aber ich finde, dass da sehr viel Wahres dran ist. Wer dich nicht zu schätzen, zu respektieren und zu tolerieren weiß, hat dich nicht verdient. Kein Mensch, der dir gegenüber verbal oder sogar anderweitig übergriffig geworden ist, hat dich verdient. Renn! Und zwar bitte sofort. Das ist es nicht wert – und zur Erinnerung: Du bist nie allein, auch wenn es sich manchmal danach anfühlt!

In Wahrheit sind wir nie ohne Beziehungen. Ich habe so viele gute und enge Bindungen in meinem Leben.

Ich hatte oft auch Phasen, in denen ich sogar ganz bewusst Single war und keine Dates hatte. Ich lehnte alle Annäherungsversuche ab. Weil ich diesen Prozess, mich selbst zu lieben und zu verstehen, besser bewältigen kann, wenn ich nicht in einer Beziehung lebe.

Natürlich lernen wir uns selbst auch in Beziehungen kennen, aber ich wollte erst einmal einen Grundstein legen, bevor das ganze Haus gebaut wird.

Ich bin sehr wählerisch und möchte nicht in einer Beziehung sein, nur um nicht allein sein zu müssen. Oft empfinde ich es eher als Handicap, wenn man in einer Beziehung ist, die vielleicht nicht ganz gesund ist. Ich kenne so viele unglückliche Beziehungen. Lieber bin ich mit mir allein in einer gesunden Beziehung. Der Rest ergibt sich oder eben nicht. Wir sind auch so immer schon vollkommen – ob mit oder ohne Partner*in.

Meine Therapeutin hat mir gesagt: »Don't look for a firework, look for a fireplace«, also: »Suche nicht nach einem Feuerwerk, suche nach einer Feuerstelle.« Und sie hat damit in mir ziemlich was bewegt.

Ich suche nicht mehr nach einem Feuer in Form von flammender Leidenschaft, die wieder vergeht oder mich verbrennt. Ich suche eine Feuerstelle. Ich habe diese für mich noch nicht gefunden. Wer weiß, vielleicht kommt sie, vielleicht auch nicht. Die Feuerstelle kann auch ein Ort sein, wo ich mit meinen Freundinnen und Freunden sitze. Wenn ich nicht den Richtigen finde, bin ich deswegen nicht in einem Mangel. Ich bin deswegen trotzdem erfüllt.

Wir dürfen uns in Toleranz üben. Es ist kein Muss, dass wir eine Beziehung eingehen, um ein glückliches Leben zu führen. Deswegen möchte ich als Single niemals bedauert werden. Das finde ich schrecklich. Ich möchte nicht mit einem mitleidigen Unterton und Blick gefragt werden: »Wieso bist du denn immer noch Single, das tut mir leid?« Schließlich machst du das bei Paaren auch nicht. Niemand fragt: »Wieso seid ihr immer noch ein Paar? Wollt ihr euch nicht lieber trennen?« Auch wenn es vielleicht das Beste für beide Seiten wäre und alle längst denken: Die beiden tun sich nicht gut. Also wäre doch die Frage: Wann hast du den Mut, dich selbst zu lieben und den oder die passende*n Partner*in für dich zu finden?

In einer Beziehung zu sein, bietet oft weniger Angriffsfläche in der Gesellschaft, weil es der scheinbaren Norm entspricht. Vieles ist für Paare gedacht, ob nun Pauschalreisen oder Einladungen zu Events. Bei Hochzeiten an einem Singletisch zu sitzen, fühlt sich oft wie eine Degradierung an.

Es ist sehr aussagekräftig, dass die Gesellschaft Singlesein als Defizit oder gar als einen Zustand betrachtet, der bei anderen Ängste oder Mangelgefühle auslöst.

Für mich ist die wahre Champions League, glücklich Single zu sein und eine gesunde Beziehung mit sich selbst zu führen, ohne äußere Einflüsse. Wenn mir also jemand sagt, dass es ihm oder ihr leidtut, dass ich Single bin, dann sage ich: »Es tut mir leid, dass du mir sagst, dass es dir leidtut, denn ich bin glücklich Single.« Jedenfalls die meiste Zeit. Denn es kann manchmal wegen des gesellschaftlichen Drucks verdammt hart sein. Aber wieso sollte ich nur vollständig sein können, wenn ich in einer Beziehung lebe, Kinder habe, ein Eigenheim besitze und ein teures Auto vor der

Tür steht? Das ist Unsinn! Ich kann mir das heutzutage alles allein oder mit einer Gemeinschaft aufbauen, die nicht der scheinbaren Norm entspricht.

Nicht jeder Mensch schreibt dieselbe Lebensgeschichte. Wir brauchen nicht alle eine normierte Partnerschaft. Ja, es kann Teil des Lebens sein, aber ich bleibe lieber Single bis ans Ende meiner Tage, als mit dem falschen Partner alt zu werden, der mich nicht respektiert, mich kleinmacht und mich nicht so behandelt, wie ich es verdiene.

### ÜBER UNERWÜNSCHTE FRAGEN ZUM THEMA KINDER

Es gibt viele Bereiche, in denen der gesellschaftliche Druck auch beim Thema Kinderwunsch groß ist. Bei Familienfeiern werden Singles zusätzlich noch gefragt: »Möchtest du denn noch Kinder?« Oder wenn du mal einen Blähbauch oder eben einen runden Bauch auf einem Foto hast oder keinen Alkohol trinkst, heißt es gleich: »Bist du schwanger?« Das ist übergriffig. Lasst doch bitte diese Fragen sein! Wenn es etwas zu erzählen gibt, teile ich es schon von selbst mit. Ich wünsche mir eine höhere Sensibilität in unserer Gesellschaft. Vielleicht möchte ich keine Kinder, vielleicht kann ich keine Kinder bekommen, vielleicht wünsche ich es mir gerade sehnlichst, aber es klappt nicht? Mit einer Frage kannst du dann eine ganze Feier verderben oder jemanden bloßstellen.

Es ist auch wichtig, dass wir anerkennen, dass nicht jede*r Kinder haben muss, nur weil es der vermeintlichen gesellschaftlichen Norm entspricht. Ein erfülltes Leben ist auch ohne Kinder möglich. Mach das, was dich glücklich macht, aber lass dich nicht von äußeren Erwartungen leiten.

Es gibt kein Regelwerk, das besagt, dass ich Kinder brauche oder einen Partner. Ich schreibe meine eigene Geschichte und jede*r sollte das für sich tun, um persönliche Erfüllung zu finden.

Warum sind wir anderen Rechenschaft schuldig? Du bist, wenn überhaupt, nur dir selbst Rechenschaft schuldig. Vielleicht will ich morgen Kinder und heute nicht, wer weiß, ob es überhaupt klappen würde. Aber dass da immer von einem Defizit ausgegangen wird und manche Menschen ungefragt mit der Sensibilität einer Brechstange an einen herantreten und auf einen verbal einschlagen und es noch nicht mal mitbekommen, möchte ich nicht mehr hinnehmen. Ich wünsche mir einen Verhaltensknigge für die Gesellschaft.

Abschließend möchte ich dir sagen, falls du Single bist: Lebe es aus und genieße es. Vertraue darauf, dass zur richtigen Zeit die passende Person in dein Leben kommt. Bis dahin nutze jeden Tag, um ein erfüllter Mensch zu werden. Und auch wenn du in einer gesunden Beziehung bist: Vergiss nicht, dich selbst zu lieben und dich um dich selbst zu kümmern. Ich genieße es, Zeit mit mir zu verbringen, mir Blumen zu kaufen, jeden Morgen mit mir und meinem inneren Kind zu starten (lies gern mehr dazu im folgenden Kapitel 9).

Du führst dein ganzes Leben lang nur mit einem Menschen eine konstante Beziehung und das bist du selbst. Und egal wohin du gehst, du nimmst immer dich selbst mit.

Also investiere in dich und lerne dich so sehr zu lieben, wie du es auch verdient hast.

✴ ✴ ✴

# MEINE HERZENS-EMPFEHLUNGEN:

✴ Habe den Mut, dich aus einer toxischen Beziehung zu befreien. Trenne dich, auch wenn du den Menschen noch liebst, um dich selbst nicht zu verlieren. Vertraue, dass du eine Chance auf eine harmonische Beziehung hast.

✴ Kümmere dich um deine Beziehungsmuster und ergründe, warum du welchen Typ Mann oder Typ Frau attraktiv findest oder warum du immer wieder denselben Themen wie zum Beispiel Verlustangst begegnest. Sprich dazu mit Expertinnen und Experten, wenn du dich immer wieder in schwierigen Beziehungen verstrickst oder Personen datest, die den negativen Charakterzügen deines Vaters oder deiner Mutter ähneln.

✴ Sei regelmäßig in Kontakt mit deinem inneren Kind und schicke ihm so viel bedingungslose Liebe, wie es geht.

✴ Schäme dich nicht, Single zu sein. Trage diesen Status mit Würde und Stolz.

✴ Lerne, dich selbst zu lieben und kultiviere diese Liebe zu dir, indem du es dir vornimmst. Verbringe bewusst Me-Time und bereite dir einen schönen Moment mit dir selbst. Genieße die Zeit mit dir genauso wie mit anderen: ob allein im Café oder bei einem Spaziergang. Terminiere Dates mit dir selbst, die du auch wirklich in den Kalender einträgst und blockierst. Sei es dir wert, du hast es verdient.

# 9. SPIRITUALITÄT – HOKUSPOKUS?

## WAS IST DER SINN DES LEBENS?

**Journal-Eintrag vom 12. Januar 2022:**

*Ich kann nicht glauben, was die bewussten Bewegungen und Atemübungen mit mir gemacht haben. Es fällt mir gerade schwer, mein tiefes Gefühl dazu in Worte zu fassen. Als ich gerade auf meiner Yogamatte lag, flossen die Tränen nur so aus mir heraus. Nicht, weil ich alles so schrecklich und schwer fand, sondern weil mich ein völlig neues und so schönes Glücksgefühl durchströmte. Ich fühlte mich in einer Einheit mit mir und meinem Körper. Da ploppten keine Fragezeichen mehr in meinem Kopf auf. Es existierte keine Vergangenheit und keine Zukunft, sondern nur dieser Moment. Mit allen Sinnen nahm ich wahr. Ich fühlte mich tief verbunden mit mir, den Menschen und der Natur um mich herum. Ich spürte das Zwitschern der Vögel so intensiv wie nie zuvor und mich durchflutete ein reines Gefühl von Liebe. War es das also, was alle Kalendersprüche mir sagen wollten? Bedeutete dies, im Hier und Jetzt zu sein? Ich fragte Lotti nach einer Weile der wunderbaren Leere im Kopf: »Was passiert hier gerade?« Als ich unverhofft einen der glücklichsten Momente meines Lebens erlebte - ohne Handy,* dafür mit wildfremden Menschen –, sagte ich mir nur: »Ich will bitte dieses Glück, dieses schöne Gefühl, mit mir verbunden zu sein, für immer in mir tragen.«

Nach ununterbrochenem monatelangem Durcharbeiten wollte ich nur noch eins: Leben! Und das tat ich. In Saus und Braus mit meiner Schwester.

Denn alles in mir schrie: Auszeit! Jetzt bist du dran! Ich hatte mich nach meinem rasanten Einstieg in die TV-Branche komplett verausgabt. So sehr, dass ich gar nicht mehr entscheiden konnte, was ich wollte und wohin es gehen sollte. Deswegen ließ ich meine Schwester Lotti über mein Leben entscheiden und wir landeten in Südafrika.

Und so verabschiedete ich mich nach Südafrika zu ihr. Sie arbeitete dort in der »Villa Viva«, einem Gästehaus der Organisation »Viva con Agua« – welche dafür kämpft, dass Wasser endlich ein Grundrecht für alle Menschen auf der Welt wird. Fun Fact: In diese Villa Viva hatte ich mein erstes soziales Invest getätigt. Als einzige Frau.

Diese Reise wurde für mich viel mehr als nur eine Auszeit. Ich entdeckte, was Yoga und moderne Spiritualität wirklich bedeuten. Denn ich ließ mich das erste Mal in meinem Leben tiefer darauf ein, weil ich Zeit hatte, weil sich die Gelegenheit bot und weil ich dafür bereit war.

Wir erlebten das wahrscheinlich verrückteste und einmaligste Weihnachten, das wir uns nicht mal im Traum hätten ausmalen können. Ich mietete eine gigantische Villa in Camps Bay. Wir hatten eine wunderschöne Aussicht auf das Meer, welches wir von unserem riesengroßen Pool (der größer war als all meine WG-Zimmer zusammen) aus genossen, hatten sechs riesengroße Schlafzimmer und zwei Haushaltshilfen.

Alles total absurd und übertrieben. Wir mussten permanent lachen, weil wir nicht fassen konnten, in welcher Unterkunft wir gelandet waren.

Wir hatten an Weihnachten seit Jahren eine Tradition: fliehen! Fliehen vor der Entscheidung, ob wir nun mit unserer Mama oder unserem Papa feiern. Wir wollten niemanden traurig machen. Daher nahmen wir allen die Entscheidung ab und entschieden uns gar nicht. Weihnachten also in Kapstadt zu zweit. Wir waren das »doppelte Schrottchen«.

Am Weihnachtsmorgen beschlossen wir: Lass uns einfach ganz viele fremde Menschen einladen. Und so saßen wir am selben Abend mit zehn wildfremden Personen an unserem großen Küchentisch und jede*r hatte einen Gang vorbereitet und musste eine Rede halten. Es war herrlich. Wir trugen Papp-Krönchen und hatten unendlich viel Spaß, da wir diesem konservativen, stumpfen und oft so verklemmten Weihnachtsfest ein neues Gefühl zuteilten: Ein Gefühl von anders sein, nicht allein sein, verrückt sein, frei sein.

Je später die Nacht, desto wilder wurde es. Schlussendlich erwartete uns eine Käsekuchen-Schlacht, die nackt im Pool endete. Was für eine Sauerei und ich weiß: Mit Essen spielt man nicht. Dieser sonst aktive moralische Kompass war wohl mitsamt dem Käsekuchen und uns im Wasser untergegangen. Es war zum Schreien. Besser und verrückter hätten wir unser Weihnachten nicht feiern können.

Einige Tage danach entschieden meine Schwester und ich, die Segel zu streichen und wir begaben uns mit unserem selbsternannten »Tussi-Mobil« (einem gemieteten Mini-Cooper) auf einen Roadtrip entlang der Garden Route. Ihr müsst wissen: Wenn meine

Schwester Lotti und ich auf Tour sind, erleben wir die verrücktesten Dinge und ziehen die absurdesten Menschen an. Jedes Mal!

Wir landeten mitten im Nirgendwo in einem Hippie-Hostel. Als wir dort mit unserem Mini ankamen und uns die ganzen Vorzeige-Hippies sahen, wurden wir schneller abgestempelt, als wir schauen konnten. Doch das änderte sich wenige Minuten später. Denn beim Check-in sahen wir auf einer Veranstaltungstafel, dass ein »Lachyoga-Kurs« abgehalten wurde. Selbstverständlich saßen wir einen Augenblick später kichernd und voller Scham im Lachyoga-Kreis.

Und jetzt ratet mal, bei welchen Personen die Lachyoga-Lehrerin eingreifen musste, da sie nicht mehr aufhören konnten zu lachen. Richtig. Bei uns. Wir brüllten, was das Zeug hielt, lachten Tränen und waren in so einem Lachrausch, dass uns nichts und niemand herausholen konnte.

Alle beruhigten sich irgendwann, nur wir nicht. Und wir wissen alle: Wenn man nicht lachen darf, sagt das ungeschriebene Gesetz: Du wirst lachen. Und das taten wir. Aus voller Seele.

Zum Schluss legten wir uns Kopf an Kopf in einen Kreis, um uns summend wieder zu beruhigen, was bei Lotti und mir in einer Melange aus Prusten und Schreien endete. Nach einer Ewigkeit konnten wir uns beruhigen und aus den »Tussi-Schwestern« wurden die »Laughing Sisters«, also die lachenden Schwestern.

Ein Stempel, der so viel besser zu uns passte. Und wer machte bald eine Ausbildung in der Pampa Englands zur Lachyoga-Lehrerin? Genau: die Lach-Schwestern Lotti und Lola. Klingt nach einem Kinderbuchtitel.

## DER ANFANG MEINER SPIRITUELLEN REISE

Ich bin im Nachhinein so froh und dankbar dafür, dass mir das Leben diesen Schubs gegeben hat, denn ich bezeichnete Yoga lange als »Nicht-Sport« und Spiritualität als »esoterischen Hokuspokus«. Ich konnte den Hype nicht verstehen.

Für mich war Yoga keine zielführende Bewegungsform, weil es mir zu langsam war und ich mir nicht vorstellen konnte, dass du dabei ins Schwitzen kommst. Wie falsch ich damit lag!

Ich besuchte zuvor mit meinen Freundinnen eine Yogastunde in Stuttgart, weil sie mich mitschleppten, aber ich war hyperaktiv und aufgedreht. Ich nahm das Ganze wenig ernst und schubste die anderen bei den Übungen für Balance um. An meine liebsten Schlingel (so heißt meine Mädelstruppe aus Stuttgart): »Danke fürs Aushalten und Entschuldigung!« Heute weiß ich, dass ich mich damals nicht darauf einlassen konnte und deswegen schnell Langeweile empfand und albern wurde.

Erst in Südafrika konnte ich alle Vorurteile und Bedenken beiseiteschieben und wagte es, Yoga und Meditation ernsthaft in der Tiefe zu ergründen, um mir eine reflektierte Meinung zu bilden.

## MEIN MOMENT VON WAHRHAFTIGEM GLÜCK

Ich habe diesen einen Tag im Hippie-Hostel in Südafrika nie wieder vergessen, denn er hat mein Leben definitiv verändert. Seither praktiziere ich jeden Tag Yoga, um dieses magische Gefühl nicht mehr zu verlieren.

Denn es hat ein Gefühl in mir entstehen lassen, das ich so noch nie kannte. Ein Gefühl des vollkommenen Glücks, der Zufriedenheit und des Friedens.

Dieses spirituelle Erlebnis kannst du nur durch eigene Erfahrungen generieren. Deswegen möchte ich dich unbedingt ermutigen, mal ein Retreat oder eine Yogastunde für dich zu buchen. Mittlerweile gibt es auf der ganzen Welt, selbst in den kleinsten Orten in Deutschland oder auch online so ein riesiges Angebot, dass es für uns alle möglich ist, in die Welt der Yogis und Meditierenden hineinzuschnuppern. Vielleicht spricht dich auch Breathwork (bewusste Atemworkshops) oder eine Kakaozeremonie an? Sicherlich ist nicht alles für alle geeignet. Und natürlich gibt es auch wie überall seriöse und unseriöse Angebote, erfahrene und unerfahrene Anbieter. Es ist wichtig, dass du deinen Weg zu dir selbst findest und deiner Lehrerin oder deinem Lehrer vertraust. Folge deinem Gefühl, höre dich bei Freundinnen und Freunden oder Bekannten um.

Wichtig finde ich auch, dass du unabhängig bleibst. Dass du alle Inspirationen und Übungen nimmst, um mit dir jeden Tag einen Schritt weiterzugehen. Völlig frei von strengen Regeln. Wir brauchen niemanden, der uns unseren Weg vorgibt. Wir brauchen keine Dogmen. Wir brauchen nur die Werkzeuge dafür – die unglaublich viel Freude und Erfüllung bringen können.

### ICH SEHE UND WERDE GESEHEN

Ich bin seit meiner ersten Erfahrung immer tiefer eingetaucht und wie du vielleicht weißt, habe ich kurz nach meinem Erlebnis

in Südafrika auch mit meiner Mama Conny eine Ausbildung zur Yogalehrerin in Costa Rica absolviert.

Ich nahm damals meine Mama mit, weil sie sich das von allein nicht gegönnt hätte. Dabei hat sie sich schon sehr früh für Yoga, Meditation und Qi Gong interessiert – und alles ausprobiert. Ich wollte ihr unbedingt einmal ermöglichen, etwas für sich zu tun. Am Ende war es für mich sehr bereichernd, dass sie dabei war. So konnten wir uns auch noch einmal tiefer begegnen.

Mein Wunsch war es, unbedingt mehr über Yoga zu erfahren, weil ich immer das Gefühl hatte, ich mache diese Übungen, aber ich weiß gar nicht, was dahintersteckt. Wer hätte das gedacht? Von einer Yogaverweigerin zu einer Yogalehrerin.

Diese Zeit des Lernens über die Philosophie des Yoga, die einzelnen Übungen und ihre tiefere Bedeutung waren für mich ein riesiges Geschenk und eine tiefgreifende Erfahrung. Auch wenn du später nicht Yoga unterrichten möchtest, nimmst du aus einer Ausbildung so viele Erkenntnisse über dich selbst mit – es ist unglaublich. Heute würde ich dir empfehlen, die Ausbildung im Ursprungsland Indien zu machen, um noch mehr an die Wurzel der alten Philosophie zu kommen.

Yoga ist so viel mehr, als sich auf die absurdesten Arten in bunten Leggings zu verbiegen – das sind die Bilder, die Instagram oft ausspielt. Yoga ist primär Atmung. Atmung ist das Erste, was wir in unserem Leben machen und das Letzte. Mönche lernen deshalb als Erstes die Lehre der Atmung, was schon zeigt, wie elementar das Instrument der Atmung wirklich ist. Und deswegen ist es so schade, dass wir grundsätzlich nicht lernen, wie wir uns mit Atmung harmonisieren oder stärken können.

## WÄHREND EINER AUSBILDUNG LERNT MAN ERST EINMAL SICH SELBST KENNEN

Wir starteten den Tag um fünf Uhr morgens mit stiller Meditation auf einer Terrasse mitten im wilden Dschungel, wo wir ununterbrochen von Affen und Kolibris besucht wurden. Im Anschluss gab es stundenlange Lehren über die Theorie und Praxis des Yogas. Wir haben viel über die Energiezentren im Körper, die Chakren, erfahren und gelernt, wie man die Praxis anleitet. Dabei tauchten wir auch immer wieder in die Auseinandersetzung mit uns selbst ein.

Ich erinnere mich an eine Übung, bei der wir uns fünf Minuten lang im Spiegel anschauen sollten. Einfach nur in die eigenen Augen schauen und ergründen, wer wir sind. Ich habe Rotz und Wasser geheult, weil ich mich zum ersten Mal richtig gesehen habe. Man sagt ja, dass die Augen das Tor zur Seele sind. Ich kann es nur bestätigen. Probiere es mal aus!

Setz dich auch mit deinem Lieblingsmenschen fünf Minuten gegenüber, schaue ihr einfach nur in die Augen. Viele können das nicht lange aushalten und schauen weg, weil es so intensiv und konfrontierend ist. Du lässt dabei zu, dass du gesehen wirst und dass du dein Gegenüber siehst. Es ist wirklich sehr intim und bringt eine Tiefe und Verbundenheit in einer Kürze der Zeit, die nur schwer zu beschreiben ist. Deshalb: ausprobieren.

Für mich war es sehr bereichernd, Sternstunden mit Gleichgesinnten zu verbringen. Ich kann dir nicht sagen, wie oft wir uns in den

Armen lagen und es tat so gut, offen zu teilen, was jede*n Einzelne*n bewegte. Ohne Wertung, ohne Leistungsdruck. Ich kann dir
sehr empfehlen, dir auch eine Gruppe zu suchen, in der du einfach
nur du sein kannst und wo das gemeinsame Ziel darin besteht, zu-
sammenzuwachsen. Sich gegenseitig zu unterstützen, in dem Vertrauen: Jede*r geht für sich, aber wir sind füreinander da, wenn es
ungemütlich und dunkel wird.

Denn es zeigte sich einmal mehr, dass Yoga nicht nur sportlich sein
kann, sondern auch tiefgreifend emotional. Wenn du dich wirklich mit deinem Körper verbindest, lösen sich Spannungen in dir
und damit verdrängte Gefühle. Beim Yoga geht es nicht darum,
einen perfekten Körper zu formen, sondern diesen zu fühlen, deine Grenzen auszuloten und dich voller Hingabe immer mehr zu
dehnen, zu strecken, im Flow zu bewegen, bis du das Gefühl hast,
dich vollständig zu bewohnen und anzunehmen. Bis du das Vertrauen in deinen Körper gefasst hast und alle Signale verstehst, die
dir deine Intuition und dein Körperbewusstsein senden.

So entstand zum Beispiel auch der Wunsch in mir, viel loszulassen: In dem Fall wurde meine Gewissheit von Tag zu Tag klarer,
dass ich mich von meinem damaligen Freund trennen musste. Es
fühlte sich so außerhalb meiner neuen Harmonie an, die ich gefunden hatte.

Ich finde diese Klarheit, die mir Yoga und Meditation schenken,
wahnsinnig entlastend, denn du rennst nicht mehr von A nach B
und fragst alle, was du mit deinem Leben tun sollst. Du machst einfach. Du vertraust, dass du in dir so viel Weisheit und alle Antworten
auf deine Fragen findest, dass in dir ein leises Ja oder ein leises Nein
entsteht, wenn du nur hinhörst. Du brauchst nur noch deine Entscheidung, die von selbst zu dir gekommen ist, leben und verkünden.

Ich wünschte mir, das hätte ich noch viel früher für mich entdeckt. Ich wünschte, das würden alle für sich entdecken. Denn dadurch entstehen innere Stärke und ein authentisches Selbstbewusstsein. Yoga schenkt dir Haltung und innere Aufrichtung. Du fühlst dich stark, dich dem Leben mit allen Herausforderungen zu stellen und dem Universum zu vertrauen.

## DIE REISE ZU MEINEM KRAFTTIER

Zusätzlich findest du auf dem Weg auch noch andere Begleiter wie dein »Spirit Animal«. Die Erkenntnis kam mir in einer geführten Meditationsreise, während der wir visualisieren sollten, wo wir herkommen. Meine Ausbilderin sagte damals, als sie uns in der Meditation an unseren inneren Kraftort brachte: »Sieh dich um, es kann sein, dass du jetzt jemandem begegnest, dem du ganz nahestehst und vertraut bist.« Als ich mich mit meinen inneren Augen umschaute, stand da dieser gelbe große Vogel und wippte fröhlich. Und dann hat er zu mir wie in einem Traum gesagt: »Du bist hier, um Menschen glücklich zu machen. Du bringst dein kostbares Licht in die Welt. Genauso wie ich. Vergiss das nicht und lass dir das von niemandem nehmen!«

Ich weiß noch, wie nach der Meditation alle anderen erzählten, was sie erlebt hatten. Sie hatten Drachen, Löwen und Schlangen als ihre imaginären Tiere getroffen, die ihnen Kraft gaben.

Aber als ich an der Reihe war und von meinem Yellow Big Bird erzählte, haben mich alle ganz komisch angeschaut. Bei mir ist vieles eben etwas anders! So erfuhr ich, dass der Vogel Bibo heißt, dass er aus der Sesamstraße kommt und dass er ein immer positiv gestimmter, neugieriger Kindskopf und Menschenfreund ist, der freundlich Fragen stellt und andere ermutigt. Kennst du Bibo?

Ich wusste das alles nicht, denn in meiner Hippie-Familie auf dem Land gab es keinen Fernseher. Ich habe die Sesamstraße nie gesehen. Aber ich dachte mir sofort: Das passt! Jetzt, nachdem ich mich mit Bibo auseinandergesetzt habe, kann ich sagen: Ich fühle mich wie eine menschliche Version von Bibo. Wenn man das so liest, oder würde ich selbst mal mit der Vogelperspektive draufschauen, dann würde ich mir auch denken: Was? Bei der piept es wohl! Ja, bei mir piept Bibo! Und es ist lustig, wenn man alles so zulässt und sein lässt, welche Botschaften im Inneren entstehen.

Ich nehme es unter dem Strich aber sehr ernst, dass ich eine Aufgabe im Leben habe. Es ist mir eine große Freude, wenn ich dir gerade ein Lächeln ins Gesicht zaubere.

Vielleicht musst du noch mehr lachen, wenn ich dir sage, dass ich auch ein Delfin bin. Ja, du hast richtig gelesen. Es gibt diesen wunderbaren, wissenschaftlich fundierten Persönlichkeitstest von Tobias Beck, bei dem du herausfinden kannst, was dich ausmacht.[14] Mir hat das sehr geholfen, mich selbst und andere besser zu verstehen. Delfine haben vor allem eins im Leben: Spaß! Sie finden immer eine Lösung und einen Weg. Und sie sprühen vor Energie, Kreativität und Lebensfreude. Das ist ihre Superpower. Damit kann ich mich stark identifizieren und es gibt mir das Gefühl, dass ich okay bin, so wie ich bin. Dass es zu meiner Aufgabe gehört, dieses Wesen auszuleben und damit bestenfalls andere zu inspirieren oder ihnen den Tag zu verschönern.

### ES GEHT DARUM, FÜRS LEBEN ZU LERNEN

Wichtig ist es auch, zu wissen, dass ich Selbstreflexion praktiziere, um in dieser Welt klarzukommen. Ich entfliehe nicht dem Alltag, sondern ich tue dies alles, damit mein Leben leichter wird und ich

für andere angenehmer werde. Und dafür, dass ich einen Beitrag für diese Welt leisten kann, in der es noch sehr viel zu ordnen und zu verbessern gibt. Dafür fange ich bei mir selbst an, denn den Hebel kann ich bedienen. Das haben wir alle in der Hand: Wir können uns ändern – zum Wohle aller. Ich finde, das ist eine große Chance, aber auch Verantwortung.

Für mich hat sich gezeigt, dass es auch darum geht, den Sinn des Lebens zu ergründen und sich immer wieder an Weggabelungen zu fragen: Wer bin ich eigentlich – ohne Rollenzuschreibungen? Jenseits von Beruf, Alter, Geschlecht und Beziehungsstatus?

Ich frage mich auch: Was sind meine Werte? Wo will ich hin? Dies sind alles so wichtige Fragen, um sich selbst kennenzulernen. Je mehr Schritte du auf dich selbst zugehst, desto näher kommst du dir und desto mehr Respekt entwickelst du für dich, weil du siehst, wer du geworden bist und dass du nicht mehr alles mit dir machen lässt.

Ich bin unglaublich stolz darauf, dass ich erkannt habe, dass ich durch so viel Mist gegangen bin und mir so viel habe gefallen lassen, weil ich einfach kein Selbstwertgefühl hatte. Ich dachte immer, wenn jemand mich schlecht behandelte, müsste es an mir liegen, dass ich es nicht besser verdiente. Aber das ist Quatsch!

Das Leben stellt uns immer wieder vor die gleichen Herausforderungen, bis wir lernen, wer wir wirklich sind. Wer verbirgt sich hinter dieser äußeren Hülle? Welche Seele steckt darin? Warum bin ich hier, und warum werde ich immer wieder vor die gleichen Prüfungen gestellt? Hast du die Lektion gelernt? Es ist wie eine Matheaufgabe, bis du erkennst, dass zwei plus zwei nicht drei, sondern vier ergibt.

Seit ich für mich ergründet habe, wer ich wirklich bin, steht für mich fest, dass wir alle liebenswert sind. Du bist ein besonderer Mensch, so wie du bist. Du bist einzigartig. Niemand ist auf dieser Welt wie du. Es hat sich viel für mich verändert, weil ich gelernt habe, für mich einzustehen und meinem Leben zu vertrauen. Ich kontrolliere nicht mehr alles, sondern kann mich mittlerweile entspannen, weil ich weiß: Ich komme immer an.

Alles in meinem Leben passiert aus einem bestimmten Grund. Das gibt mir Kraft und lässt mich glauben, dass es eine höhere Ordnung gibt, die uns lenkt, sei es Karma, das Gesetz der Anziehung oder die Idee, dass das, was wir aussenden, zu uns zurückkommt. Ich möchte daran glauben. Und mein Leben wird immer mehr zu einem Beweis. So viel wunderbare Menschen und Möglichkeiten strömen in mein Leben, seitdem ich einige Ängste und Blockaden hinter mir gelassen habe. Seitdem ich mich so annehme, wie ich eben bin, und seitdem ich einen tieferen Sinn hinter allem erkennen kann.

Es hat einen Grund, warum du hier bist. Jede*r von uns hat eine Mission und einen bestimmten Weg vor sich.

Was mir geholfen hat, war die Antwort auf die Frage »Wer bin ich?« einfach mal aufzuschreiben. Dadurch wurde mir deutlich, wie viel Respekt ich verdient habe, wie viel Fülle das Leben uns bietet. Zugegeben, ich hadere auch immer mal wieder mit mir. Ich habe das Gefühl, dass ich wachse und manchmal knicke ich ein. Das ist auch menschlich. Aber gerade längere und bewusste Auszeiten haben mir da sehr geholfen, einmal mehr zu verstehen, wer ich wirklich bin und mich einmal mehr zu lieben.

Ich weiß noch, wie ich mir das erste Mal einen Liebesbrief geschrieben habe und mir dachte: Ist das peinlich und unangenehm. Aber je nachdem, wie du mit dir umgehst, lässt du auch zu, wie andere mit dir umgehen. Dein wichtigster Grundstein besteht aus Liebe, Respekt und Toleranz für dich selbst. Das ist Arbeit. Für mich fängt es ähnlich wie bei der Heilung des inneren Kindes mit der Transformation von Glaubenssätzen an. Ein Beispiel: »Ich bin nicht genug« wird zu »Ich bin genug«. Du streichst nur ein Wort in deinen Gedanken, aber der Weg dahin könnte etwas länger dauern, denn es geht darum, vollkommen zu verinnerlichen: Ich habe es verdient und ich bin es wert, geschätzt, geliebt, gesehen und gehört zu werden.

Ich muss jeden Tag daran erinnert werden. Und da dies niemand für mich übernimmt, habe ich mir selbst einen täglichen Weckruf in Form meiner Morgenroutine kreiert.

## MEIN MAGISCHER MORGEN

Was mir sehr durch mein wildes Leben hilft, ist mein Morgen voller magischer Momente. Weil ich so viel Wahnsinn im Außen habe, brauche ich ein Fundament am Tag, das ich mir gleich nach dem Aufstehen baue. Denn dann habe ich keine Termine und kann mir Zeit für mich nehmen, was sich positiv auf den gesamten Tag auswirkt.

Wenn ich morgens nicht Zeit mit mir verbringe, gerate ich ins Wanken wie ein Baum ohne Wurzeln. Dafür stehe ich sogar um fünf Uhr auf – ich weiß, das klingt für viele unschön und ich höre oft ein Raunen, wenn ich das erzähle. Denn schließlich müsste ich nicht so früh aufstehen, es sei denn, ich habe einen frühen Flug. Aber ich freue mich immer, wenn mein Wecker klingelt,

denn ich weiß, dass meine Me-Time beginnt – vor allem anderen. Ich liebe es seit Kindheitstagen, vor allen anderen wach zu sein, wenn es um mich herum noch ganz ruhig ist und dieser Zauber eines neuen Tages beginnt. Probiere es unbedingt einmal aus, dann spürst du die Magie des sogenannten 5am-Clubs, in den immer mehr Freiwillige eintreten und nicht mehr freiwillig austreten möchten.

Ich bin sehr dankbar, dass ich vor ein paar Jahren das grandiose Buch »Miracle Morning« von Hal Elrod entdeckt habe. Es änderte für mich alles. Kaum ein Buch habe ich so oft empfohlen, verschenkt und immer wieder gelesen. Es ist voller Knicke, Markierungen und Lesezeichen, weil ich dort immer wieder hineinschaue und mich inspirieren lasse. Der amerikanische Autor beschreibt in seinem Buch ganz genau, wie man sich durch verschiedene Aktivitäten wie Meditation, Lesen, Sport und Visualisierung einen Morgen erschafft, der einen belebt, bewegt, inspiriert und mit sich selbst verbindet. Alles dient dazu, positiv in den Tag zu starten und produktiver zu sein. Es geht unterm Strich darum, sein volles Potenzial zu entdecken und auszuleben. Denn wir haben jeden Morgen die Chance, wieder neu zu beginnen und unser Leben so auszurichten, dass wir darin die Gestalter*innen sind und nicht in einer Opferrolle. Wir sind auch nicht die 60.000 Gedanken, die uns jeden Tag im Kopf herumschwirren. Wir sind in der Tiefe viel mehr, als wir wissen – und das ergründe ich jeden Morgen für mich wie einen Ozean.

Bei mir sieht ein bewusster Start in den Tag folgendermaßen aus: Ich lasse mich von einem schönen Ton wecken, der mich nicht direkt das Aufstehen verteufeln lässt, weil er mich aus dem Schlaf reißt. Ich nutze dafür die App »Sleep Cycle«. Diese trackt meinen Schlaf und weckt mich innerhalb eines gesteckten Rahmens, aber spätestens zu meiner Aufstehzeit, je nachdem, in welcher Schlafphase ich mich gerade befinde. Sie weckt mich mit einem angenehmen Vogelzwitschern und dann folgt mein persönliches Highlight: Die App nimmt alles auf, was ich im Schlaf von mir gebe. Auf diese Art höre ich mir morgens an, was ich im Schlaf wieder alles erzählt habe oder wie ich vor mich hin geschnarcht habe und klang wie ein alter Mann. Der erste Lacher des Tages ist damit garantiert. Dann zünde ich die Kerze an, die neben meinem Bett steht, und mein »Palo Santo« (heißt übersetzt »Heiliges Holz«). Es ist ein Holz aus Südamerika, das seit Jahrtausenden zum Räuchern verwendet wird und die Energie im Raum harmonisiert, somit also eine wohltuende Wirkung auf Körper, Geist und Seele hat. Der Duft ist so angenehm, schwer zu beschreiben. Ich würde sagen, das Holz riecht eher süßlich, ein bisschen nach rauchiger Zeder.

Dann startet meine eigentliche Morgenroutine (etwas abgewandelt aus dem Buch »Miracle Morning«). Ich habe dafür eine Ecke in meiner Wohnung eingerichtet. Ich finde es sehr wichtig, einen Ort für meine spirituelle Routine zu haben, damit sie einen Platz und Raum in meinem Leben bekommt. Aber das Tolle ist, ich kann den magischen Morgen auch überall mit hinnehmen und auf Reisen praktizieren. Ich brauche dafür nur meine Yogamatte, mein Räucherwerk, mein Tagebuch und mein Kartenset – und notfalls improvisiere ich. Ich finde es wichtig, dass die spirituelle Praxis nie zu einem weiteren To-do wird, sondern zu einem wunderbaren Can-do. Allerdings ist auch meine Erfahrung, dass es wichtig ist, dranzubleiben und jeden Tag die Routine zu machen – notfalls auch später, wenn es zeitlich nicht anders geht.

Ich erkläre dir im Folgenden meine Schritte ganz genau – aber fühl dich auch hier frei, deine eigene Version zu erschaffen:

**Zehn Minuten stille Meditation:** Ich sitze mit geschlossenen Augen auf meinem Meditationskissen und lasse die Gedanken wie Wolken am Himmel vorbeiziehen. Ich spüre meinen Körper, meinen Atem und versuche, meine Aufmerksamkeit ganz auf den Moment zu lenken. Nicht auf gestern, nicht auf morgen. Ich plane nicht, ich durchdenke nichts. Ich bin. Mein Tipp: Versuche, nicht gegen Gedanken anzukämpfen, und verurteile nicht, wenn Gedanken aufkommen, denn das ist ganz normal. Akzeptiere all deine Gedanken und lenke deinen Fokus immer wieder bewusst auf das, was im Hier und Jetzt ist.

**Karten ziehen:** Ich besitze mehrere spirituelle Kartensets. Meine Empfehlung: Das Animal Spirit-Kartenset von der wunderbaren Laura Malina Seiler. Ich ziehe eine Karte als Impuls und lese den Text dazu im Begleitheft. Es ist immer wieder erstaunlich, wie passend die Karten zu meiner aktuellen Lebenssituation sind und mir wertvolle Hinweise geben, wie zum Beispiel geduldig zu sein oder wieder mehr auf mich zu achten. Und immer, wenn ich Personen Karten ziehen lasse, die davon eigentlich nichts halten, sind sie danach schockiert, wie gut die Karte zu ihrer jeweiligen Situation passt. Ich liebe es.

**Zehn Minuten Journaling:** Ich schreibe alles auf, was mir gerade durch den Kopf geht – ohne den Stift abzusetzen. Ab und zu stelle ich mir auch selbst eine Frage, wie zum Beispiel: »Wofür bin ich gerade dankbar? Was ist gerade wichtig für mich?« Damit entleere ich mich einerseits. Andererseits ist es immer wieder erstaunlich, dass mir während des Schreibens auch neue Aspekte zu einem Thema in meinem Leben bewusst werden. Es ist wirklich anders, als über etwas zu grübeln oder mit anderen zu sprechen. Es fühlt sich so an, als würde meine innere Stimme zu mir sprechen und oft weiser sein als alles, was mir sonst im Kopf herumschwirrt.

Und es ist verrückt zu sehen, wie man den Stift beim Journaling ansetzt und der Text fließt wie durch Magie auf das Blatt.

**Zehn Minuten lesen:** Ich beschäftige mich in dieser Zeit gern mit einem Buch zur Persönlichkeitsentwicklung, um immer wieder etwas Neues zu lernen und mich selbst zu reflektieren. Ich finde es sehr wichtig, sich immer weiterzubilden. Meine Buchtipps findest du ganz hinten in diesem Buch.

**Zehn Minuten visualisieren:** Ich schaue mir mein Vision Board mit all meinen selbst ausgewählten Bildern an, die mir zeigen, wer ich sein will und was ich im Leben erreichen möchte. Ich fühle mich dort auch mit geschlossenen Augen hinein und stelle mir vor, es sei schon Realität. Ich spüre dabei pure Freude, Mut und Erfüllung.

Und es motiviert mich ungemein, für das jeweilige Ziel aufzustehen und zu kämpfen.

**Zehn Minuten Bewegung:** Ich schließe meine Morgenroutine immer mit einem Workout und Yoga aus meinem eigenen Gymondo-Programm ab. Das kann auch mal länger dauern, je nachdem wie motiviert ich bin. Die zehn Minuten sind mein Minimum. Du kannst aber auch an die frische Luft gehen, um zu spazieren oder zu joggen. Was auch immer deine Lieblingsart ist, dich zu bewegen. Denn wenn wir keine Freude daran haben, machen wir es nicht auf Dauer.

Wenn die Morgenroutine abgeschlossen ist, liebe ich es, mich direkt kalt zu duschen. Das soll nicht nur die Abwehrkräfte stärken, sondern macht auch munter und glücklich, ich quietsche meist vor eisigem Vergnügen in mich hinein. Noch toller: eisbaden. Es gibt

Mini-Eistonnen zu kaufen, die du auf deinen Balkon oder in den Garten stellen kannst. Vielleicht hast du ja auch einen Fluss oder See vor der Tür, in den du hüpfen kannst. Hier gilt: Idealerweise drei Minuten mit der Wim-Hoff-Atmung 4-7-8 (4 Sekunden einatmen, 7 halten, 8 ausatmen), um dich auf das Bad in der Kälte vorzubereiten.

Am Ende wecke ich meinen Körper immer mit warmem Wasser und trinke Tee, um die Verdauung liebevoll anzukurbeln.

Danach bin ich bereit für meinen Arbeitstag, der immer anders aussieht. Ich arbeite immer an mehreren Projekten gleichzeitig: Ich entwickle ein neues Produkt wie meinen Duft oder bereite mich auf eine Moderation vor. Dafür habe ich einen sehr strukturierten digitalen Kalender mit unterschiedlichen Farben für die einzelnen Terminarten. Ich schreibe jeden Tag eine Can-do-Liste anstatt einer To-do-Liste. Das motiviert mich total, ich bekomme mehr Struktur sowie Überblick.

Ich schreibe auch immer kleine Zwischenstepps auf, um meinen langfristigen Zielen näherzukommen, indem ich jeden Tag einen kleinen Schritt gehe. Ich finde, das ist sehr hilfreich, wenn wir in kleinen Schritten denken und handeln, immer mit unserem großen Ziel vor Augen. Es unterstützt mich, dranzubleiben und überfordert mich nicht. Denn im Vergleich dazu empfinde ich es eher als belastend, wenn ich lediglich an die finalen 100 Prozent denke und mich frage: Wie soll ich das bloß in diesem Leben noch alles schaffen?

So habe ich es auch mit diesem Buch gemacht: Jeden Tag fünf Seiten zu schreiben ist machbar und kommt einem nicht so viel vor wie Hunderte von Seiten, die erreicht werden müssen, um am

Ende ein druckreifes Buch zu haben. Kleine Etappen bringen dich voran, egal, was deine Ziele sind. Aber manchmal muss man doch die ganze Nacht durcharbeiten und eine Nachtschicht einlegen und das ist auch voll okay.

Zusammenfassend kann ich dir sagen, dass ich gar nicht mehr weiß, wie ich ohne meine Morgenroutine zuvor in den Tag gestartet bin. Es macht einen so gravierenden Unterschied für mich. Wenn ich erst mal in mich hineinblicke, sehe ich wieder diese Stärke in mir und bin bei mir. Dann weiß ich, dass alles gut ist und gut wird. Die ganzen Lösungen präsentieren sich wie von selbst, weil ich mich besinne. Ich fühle mich auch nicht allein, selbst wenn ich morgens niemanden um mich herum habe und allein aufwache. Ich habe immer noch mich selbst. Natürlich kann ich mir das auch selbst sagen, aber der Unterschied ist: Während meiner einzelnen Übungen fühle ich dann, dass ich nicht einsam bin.

Ich kann mich selbst beruhigen und im Moment entspannen – egal, wie stressig das Tagesprogramm aussieht. Das hält wirklich lange an und ist für mich total wichtig, weil ich mich immer wieder daran erinnern muss, dass ich mich weiterhin priorisiere und auf meine Bedürfnisse achte. Denn wenn mir die Puste ausgeht, wenn ich mich nicht mehr fühle, wenn ich in Gedanken kreise, dann verliere ich mich. Dann entsteht dieser Sog, dass ich nur funktioniere und über meine Grenzen gehe. Das ist ungesund, denn dann gerät alles ins Wanken und ich steuere direkt in die Erschöpfung und zurück an den Punkt, an dem gar nichts mehr geht. Genau das möchte ich nie wieder erleben und mein Miracle Morning ist deshalb eine wichtige Stütze und Konstante in meinem Leben.

## MEINE BEZIEHUNG ZU MEINEM KÖRPER IST
## AUTOMATISCH BESSER GEWORDEN

Mir hat mal jemand gesagt: Du merkst, dass dir Meditation und Yoga etwas bringen, wenn sich dein Leben positiv verändert. Das merke ich in der Tat und freue mich besonders, wenn ich den Effekt gar nicht erwartet hätte. Ein Aspekt ist, dass meine Beziehung zu meinem Körper so gut geworden ist, dass ich mich automatisch besser um ihn kümmere. Ich achte darauf, dass ich mehr Schlaf und immer ausreichend Bewegung bekomme. Und ich achte darauf, wie ich mich ernähre und damit nähre – ohne eine bestimmte Diät oder Ernährungsphilosophie zu verfolgen. Ich merke einfach, was mir guttut und mir Energie gibt und was nicht.

Das hatte ich lange nicht. Ich war als Kind ziemlich verfressen. Meine Mama hat mir erzählt, ich sei ein properes Baby gewesen. Sie hatte wohl viele blaue Knutschflecke, weil ich immer so gierig an ihr saugte. Conny meint, ich habe immer für zwei getrunken und gegessen.

Sobald ich mir mein Essen selbst besorgen konnte, stapelte ich immer alle Kisten und Hocker übereinander und am Ende noch den Mülleimer darauf, um an die Süßigkeitenbox im oberen Küchenschrank zu kommen. Dann saß ich da mit verschmierten Mund und Händen, um alles zu inhalieren, was ich fand: Bonbons und Schokoriegel. Einmal verloren mich meine Eltern während einer Hochzeit kurz aus den Augen und schon landete mein Gesicht in der Hochzeitstorte. Überall klebten Schokolade und Sahne in meinem Gesicht. Als meine Mama mich fragte, ob ich heimlich genascht habe, sagte ich überzeugt: »Nee!« Aber alle wussten, dass ich eine freche »Raupe Nimmersatt« war und immer Wege fand, um an Essen zu kommen oder neue Rekorde aufzustellen. Zum Beispiel: zwölf Fischstäbchen hintereinander zu essen.

Für mich war Essen das Größte und das ist es bis heute. Mein Spitzname ist »Büfettfräse«, weil ich mir den Teller bei Partys immer volllade und im Restaurant immer mehrere Gerichte bestelle. Wenn man mir meinen Teller wegnimmt, kann es leider bis heute sogar passieren, dass ich anfange zu weinen. Wie ein kleines Kind. Und gleichzeitig kannst du mich mit einer meiner Lieblingsspeisen wie Käsespätzle so glücklich machen, als hättest du mir gerade einen Antrag gemacht. Ich habe einen Running Gag mit Conny: Immer wenn sie mich fragt: »Was soll ich kochen, wenn du nach Hause kommst?«, antworte ich: »Käsespätzle«. Das ist zwar nicht unbedingt gesund, aber für mich das Allergrößte, weil da die Liebe meiner Mama und die Erinnerung an meine Kindheit drinstecken. Und es schmeckt als Vollblutschwäbin auch einfach unsagbar lecker!

Dieser Teil von mir wird vermutlich immer bleiben, aber gleichzeitig haben sich mein Körper und meine Einstellung zum Essen transformiert: vom »korpulenten Tomboy« zu meiner eher sportlichen Figur.

An normalen Tagen achte ich auf meine Ernährung, indem ich mir sage: Du bist, was du isst. Ich habe dadurch automatisch angefangen, mich mehrheitlich gesünder zu ernähren – ohne mir irgendetwas zu verbieten oder auf etwas zu verzichten.

Ich fühle mich damit wohler mit mir und meinem Körper und ich habe auch mehr Energie, denn Zucker in Süßigkeiten dreht zwar kurzfristig auf, macht mich dann aber müde. Mein Körpergefühl hat sich so verändert, dass ich mich nun auch anders bewege, meine Haltung ist besser und ich spüre mehr Kraft, die mich auch wiederum stärker in mir selbst fühlen lässt.


## SPIRITUALITÄT IST MEIN ANKER GEWORDEN

Ich kann verstehen, wenn Menschen sagen: »Oh, Meditation, Yoga, bewusstes Atmen – das verstehe ich alles nicht. Das ist doch alles Quatsch.« Genauso würde ich vermutlich auch immer noch denken, hätte ich nicht mittlerweile so viele Erfahrungen gesammelt, die mich überzeugt haben: Wie ich da heulend in dieser Yogastunde lag, weil ich da das erste Mal erlebt habe, in welcher Tiefe ich mich verändern kann.

Erneut kann ich nur sagen: Danke, Mut! Danke, dass du mich im Leben immer wieder an neue Orte und zu neuen Erfahrungen führst. Und ich sehe es als großes Privileg, dies nun mit dir teilen zu können. Danke, dass du diese Zeilen liest und dich darauf einlässt.

Denn ich finde, es braucht erst einmal ein wenig Mut, sich selbst näher kennenzulernen – mit den Schatten- und Sonnenseiten. Wenn wir uns selbst ergründen, bedeutet das nicht, dass da nur »Licht und Liebe« ist. In der Öffentlichkeit entsteht oft das Bild, als ob Meditation und Yoga von Anfang an glücklich machen. Dann würden wir aber von »toxischer Positivität« sprechen, die auch wieder nur eine Ablenkung ist. Denn wenn du dir nur einredest, dass alles gut ist oder gut wird, dann kann es sein, dass du deine Themen verdrängst. Meine Erfahrung ist, dass wir uns oft erst von altem Schmerz lösen müssen, bevor wir uns besser und freier fühlen. Das bedeutet aber auch, dass ich alle Gefühle zulasse, auch die unbequemen wie Traurigkeit, Wut und Angst.

Spiritualität ist mein Anker geworden – und ich hoffe sehr, dass ich dich ermutigt habe, ein bewussteres Leben für dich auszuprobieren. Auf deine Art.

# MEINE HERZENS-
# EMPFEHLUNGEN:

✳ Komme auch in den 5am-Club und beginne deinen Morgen mit bewussten Ritualen. So hast du die Chance, dir jeden Tag neu zu begegnen
und das Beste für dich herauszuholen. Wenn du den Tag mit dir startest,
gibt dir das Halt und Energie – egal, was dir sonst noch bevorsteht.

✳ Probiere Yoga und Meditation aus. Schau dir verschiedene Stile
und Techniken an, damit du deine Praxis findest.

✳ Frage dich: »Wie werde ich wach?« Ich schlafe immer ohne
Vorhang und mit offenem Fenster, damit mich morgens die Sonne
samt Vogelgezwitscher wecken können.

✳ Feiere dich selbst. Es klingt bescheuert, aber ist echt witzig:
Applaudiere dir selbst, dass du es geschafft hast, aufzustehen!

✳ Schreib dir Dinge auf, wofür du heute dankbar bist. Fasse eine
Intention des Tages und frage dich auch: »Wie geht's mir wirklich?«

✳ Mache sofort dein Bett. Das gibt mir gleich das Gefühl, etwas
für mich getan zu haben und ich freue mich, wenn ich abends wieder ins ordentliche Bett gehe.

✳ Probiere spirituelle Dinge wie ein Retreat, Breathwork oder
Zeremonien aus. Hierbei möchte ich dir folgende Menschen ans
Herz legen, die du auf Instagram finden kannst: @carla_kuhlmann
@silvi.gian  @bea.bewegt  @lauramalinaseiler  @matiamubysofia
@christinedohler  @cari_merriam  @melrobbins  @jayshetty

# 10. SEI MUTIG UND DIR GEHÖRT DIE WELT

**Journal-Eintrag vom 18. März 2024:**

*Wovor habe ich Angst?*

*Heute ist der Tag gekommen: Ich mache zum ersten Mal in meinem Leben allein Urlaub.*

*Ich trage gemischte Gefühle in mir. Ich bin stolz auf mich, dass ich mich traue, allein loszuziehen, und dass ich mich endlich dem Alleinsein stelle. Und dann sind da noch Angst und Aufregung. Angst vor dem, was hochkommen könnte.*

*Bei meiner letzten Reise nach Los Angeles fühlte ich mich dort teils sehr allein und fehl am Platz. Ich wusste nicht, wohin mit mir, fühlte mich unsicher, allein, traurig. Ich habe etwas Angst, dass diese Gefühle wieder hochkommen. Was mache ich dann? Da sein, zuhören, akzeptieren. Alle Gefühle haben eine Daseinsberechtigung und dürfen, nein, sie müssen sogar, gelebt werden. Und ich darf einmal mehr lernen, mit meinen Dämonen in der Dunkelheit zu tanzen und ihnen zu zeigen, dass ich keine Angst mehr vor ihnen habe.*

*Und auch da bin ich nicht allein, ich habe ja immer mich und werde vom Universum geleitet.*

**Journal-Eintrag vom 19. März 2024:**

*Ich habe mich getraut und bin so unendlich stolz auf mich. Ganz allein verreisen, lange unvorstellbar, und jetzt habe ich es mich getraut und bin so stolz, dass ich eben erst mal heulend in dieser wunderschönen Villa auf Teneriffa stand und mein Glück kaum fassen konnte.*

*Ich investiere gerade das erste Mal vollständig in mich! In keinen Partner im Außen, nein, ich investiere in alle Partnerschaften in mir und das fühlt sich so besonders an.*

*Endlich erreiche ich mit und in mir die Wichtigkeit, die sonst nur andere bei mir erreicht haben.*

*Kaum hatte ich in der Vergangenheit einen Partner, war er meine Nummer eins und ich habe all meine Bedürfnisse erst mal hintangestellt und mich regelrecht vergessen.*

*Ich kam immer an denselben Punkt: Ich fühlte mich leer und ausgesaugt.*

*Weil ich immer mehr gab, als ich zurückbekam. Deshalb ist dieser Invest der Beste meines ganzen Lebens. Ich lerne mich endlich so zu lieben und wertzuschätzen, wie ich es lange nicht getan habe. Ich stelle mich auf Platz eins, wo ich zuvor nie war. Endlich stehe ich hier und darf ein gesundes Fundament für mich, meine Beziehung und meine Zukunft bauen. Es fühlt sich noch nicht ganz real an, aber das kommt. Ich bin genug! Ich brauche nichts und niemanden im Außen, um glücklich und vollkommen zu sein. Ich habe eine große Familie in mir wohnen, alle werden endlich gehört und gesehen, niemand kommt zu kurz, wir sind alle füreinander da und kümmern uns um die Person, der es gerade nicht so gut geht. Ich bin so dankbar, dass ich mir das alles selbst erarbeitet habe und so ein privilegiertes Leben führen darf. Wer hätte das gedacht? Ich nicht, aber ich habe es mir immer gewünscht und endlich geht der Traum in Erfüllung. Ein Glück habe ich nicht auf all die anderen und deren Empfehlungen gehört, sonst würde ich heute noch in Stuttgart wohnen, beim Radio arbeiten und hätte all den Wahnsinn der letzten Jahre versäumt. Mut wird belohnt und wie mein guter Freund Felix mir damals gesagt hat: »Sei mutig und dir gehört die Welt.« Danke Felix, der Spruch deiner Oma hat mein Leben verändert.*

Ich bin fest davon überzeugt, dass wir die Chance haben, ein erfülltes Leben zu führen. Für mich besteht das aus konstantem Wachstum. Hab den Mut, immer wieder deine Komfortzone zu verlassen. Auch wenn alles gut in der Schule, bei der Arbeit, bei dir zu Hause im privaten Umfeld erscheint. Mache deine eigenen Erfahrungen und wähle die Wege, die du gehen willst und nicht die Wege, die dir andere vorgeben! Wenn ich zu sehr in der Komfortzone verweile, stagniere ich. Dann kann ich nicht wachsen und lernen. So war es schon immer in meinem Leben.

## MEIN LEBEN IST MEIN WEGWEISER

Ich ging zum Beispiel mit 15 Jahren allein für drei Monate nach Paris. Das konnte ich mit meinem Ersparten zwar nicht finanzieren, aber es gab die Möglichkeit, einen Schulaustausch zu machen und ich wollte unbedingt Französisch lernen, also kam das Angebot wie gerufen. Ich wollte ebenso lernen, mir zu vertrauen. Deswegen habe ich mich für den Austausch angemeldet – und es gleich bereut. Ich weiß noch, wie ich meiner Mama zum Abschied winkte und es mir das Herz zerriss. Ich saß im Zug nach Paris, weinte bitterlich, weil ich mir plötzlich dachte: Mein Leben ist eigentlich schön und vollkommen. Warum gehe ich? Doch da sprach auch diese andere Stimme in mir, die mich in die Welt schickte und mir zuflüsterte: Du kannst in ein neues Land gehen, wo du eine tolle Sprache lernst. Das Interessante aber war, dass ich in der Fremde auch einem altbekannten Gefühl begegnete: der Einsamkeit. Denn meine französische Austauschschülerin grenzte mich aus, weil sie mich wohl nicht mochte, und ich stand in Frankreich allein auf dem Schulhof. Ich weiß noch, dass sie mich sogar ausgerechnet an meinem Geburtstag einfach nicht mit zurück nach Hause nahm und ich musste mich allein mit meinem Schulfranzösisch zurück

nach Hause durchfragen, weil ich damals auch kein Handy hatte. Dann kam ich nach Hause und sie sagte frech an der Tür: »Der Kuchen war lecker.« Mein Geburtstagskuchen, den ich mir am Vorabend selbst gebacken hatte.

Ich war so verletzt, dass ich mich in ein Café setzte und stundenlang schrieb, was ich fühlte. Der Kellner dachte, ich sei fleißig und würde meine Hausaufgaben machen, aber ich habe einfach aufgeschrieben, was mich bewegte. Es war mein Ventil. Über die Worte, die da aus mir herauskamen, habe ich viel verarbeitet und über mich selbst gelernt und mich verstanden. Im Nachhinein betrachtet, hat mich diese Situation dazu gezwungen, meine inneren Schulaufgaben zu machen. Aus diesem Moment wurde ein Ritual für mich. Jeden Tag nach der Schule schrieb ich zehn Seiten und schickte sie an meine damals beste Freundin. Dieser Moment hat mir auch gezeigt, wie wichtig Schreiben für mich ist. Bis heute. Vielleicht gäbe es dieses Buch auch nicht, wenn ich diese Erfahrung nicht gemacht hätte? Eine Erfahrung führt immer zu der nächsten.

Ich erzähle dir diese Geschichte, weil sie wie viele Situationen beweist: Du kannst immer das Beste aus allem machen. Auch Umwege führen zu deiner Bestimmung. Gib nicht auf! Zeig dich! Teile mit der Welt, wer du bist. Denn ich glaube, dass jede und jeder Einzelne ein Licht in sich trägt, das die Welt ein wenig heller macht. Aber dafür müssen wir uns anknipsen. So schnell wie möglich.

## SEI EINE HUMMEL!

Ich sage zu meinen Freundinnen und Freunden manchmal – und sie machen sich dann immer über mich lustig –, dass ich

Menschen als Hummeln und Fliegen sehe. Ich liebe Hummeln. Sie vibrieren so leicht durchs Leben, obwohl man es ihnen körperlich nicht zutrauen würde. Das sind für mich im übertragenen Sinne Menschen, die eine sehr hohe Frequenz haben, die ihr Leben erschaffen, andere inspirieren und gute Laune verbreiten. Dann gibt es Fliegen. Sie vibrieren nicht von sich aus. Sie haben vielleicht nicht die höchsten Erwartungen an das Leben und geben sich mit einem Okay zufrieden.

Ich möchte für immer eine Hummel sein – und wünschte mir, dass du mit mir vibrierst. Entscheide dich dafür, nicht nur okay zu leben, sondern anders: bewusst, erfüllt, mitfühlend, kreativ, emotional und natürlich mutig. Egal, was andere sagen. Egal, wie oft du unterschätzt wirst. Geh immer weiter, lass dich nie ausbremsen oder entmutigen. Erobere Neuland und gehe die Extrameile! Versuche, als Vorbild voranzugehen und zu den Menschen zu gehören, die mehr lieben als hassen.

Dann bist du selbst eine Quelle der Inspiration, verteilst keine Standard-Ratschläge, sondern kannst für jemanden wirklich da sein. Zuhören, ermutigen, präsent sein. Dann bist du in der Lage, anderen Menschen ein hilfreiches Tool aus deinem Handwerkskasten zu geben und etwa zu sagen: »Mir hat Yoga sehr geholfen, meinen Körper kennenzulernen. Willst du das nicht einmal ausprobieren?«

## UNSER LEBEN IST EIN PRIVILEG

Wir dürfen unser Leben nicht als Selbstverständlichkeit ansehen, wir müssen es vor allem nutzen und das Beste herausholen, das Leben auskosten und ausschöpfen. Wir wissen nie, wie lange wir leben dürfen.

Du bist die Autorin oder der Autor deines Lebens. Du schreibst dein Drehbuch und du hältst den Stift in der Hand. Lass dir diesen Stift von niemandem aus deiner Hand reißen. Denn wenn das passiert, dann schreibt irgendjemand für dich deine Lebensgeschichte, die dir aber vielleicht gar nicht gefällt.

Schreib dein Leben kapitelweise, so wie du es magst und nicht, wie es andere wollen. Entscheide demnach, was deine Ziele sind und nicht, was deine Eltern wollen. Mache beruflich genau das, was dir Freude bringt und nicht, was die Gesellschaft von dir verlangt. Wähle nicht die sichere Bank, die dich langweilt und auf Dauer unzufrieden macht. Denke nicht: Ich lebe erst richtig, wenn meine Rente beginnt. Denn wir haben keine Garantie, dass uns so viel Zeit bleibt.

Entscheide frei, wie du deine private Bubble gestaltest. Familie ist heutzutage ein breit gefächerter Begriff. Wenn du heiraten möchtest: super! Wenn du für immer Single bleiben magst: super! Ob und wann du Kinder kriegen magst: deine Entscheidung.

Ich sage nicht, dass alles immer einfach ist. Ich ertappe mich manchmal selbst dabei, wie ich auf hohem Niveau jammere. Dann werde ich wehleidig, traurig und wütend. Aber wenn ich bis hierher auf mein Leben schaue, sind das Schlimmste, was mir passiert ist, meine Kindheitstraumata und in einer toxischen Beziehung gefangen und vollkommen erschöpft zu sein. Da gibt es definitiv Schlimmeres! Ich lebe in Deutschland ein sehr komfortables und abgesichertes Leben. Daran darf ich mich immer wieder erinnern. Es ist ein Sechser im Lotto, dass ich in Deutschland geboren bin. Wir bekommen hier eine umfassende Bildung, soziale Absicherung und eine sehr gute Gesundheitsversorgung. Ich darf hier als Frau tragen, was ich möchte. Alles, was ich dir erzählt habe, entstand

aus meinem Privileg, in einem Wohlstandsland ohne Krieg geboren worden zu sein. Dieses Privileg nicht zum Wohle aller zu nutzen, wäre eine Verschwendung!

## FEHLER SIND MENSCHLICH

Aber dennoch gerate ich auch an meine Grenzen – und darf dadurch immer noch weiterwachsen. Ich glaube auch, dass alles, was du erlebt hast, dich auf die Reise zu dir selbst schickt. Du lernst aus deinen Fehlern und wir lernen, wenn wir hinfallen. Wir lernen nicht, wenn wir an der Spitze des Berges angekommen sind. Wir lernen nur, wenn wir falsch abgebogen sind. Es ist wichtig, sich das zu erlauben. Fehler sind menschlich.

Wenn du also keine Steine in den Weg gestellt bekommst, läufst du das ganze Leben lang einfach stupide geradeaus und reflektierst dich nicht. Du findest keine Alternativrouten, keine Abkürzungen, keine neuen Ausblicke und keine Wege, die noch auf keiner Karte eingezeichnet sind. Du wirst kreativ und gestaltest deine Lebensreise selbst. Das ist für mich das Magische am Leben und deswegen bin ich jeden Tag dankbar, dass ich diesen mutigen Weg gehen kann – egal, was ist! Danke! Danke, dass du hier bist und ein Stück mit mir gegangen bist.

Was ich dir zum Schluss noch von Herzen empfehle: Ich bin mir sicher, dass du vor allem durch das Erleben etwas über das Leben lernst. Wenn du allein Ratgeber oder die Geschichten von anderen liest, dann ist das nicht mehr als ein Impuls und eine Inspiration. Deswegen ist es wichtig, dass du jetzt gleich dieses Buch zuklappst, um deine eigene Geschichte zu schreiben.

Dein Mut wird belohnt, das verspreche ich dir!

# NACHWORT

Ich bin nun 28 Jahre alt und ein paar Erfahrungen weiser. Eine Zeit lang dachte ich wirklich, ich wäre klug und wüsste ganz viel. Dann wurde mir bewusst: Ich weiß im Prinzip überhaupt nichts. Ich habe kaum Ahnung vom Leben. Dafür ist es einfach zu groß. Ich fühle diese Demut, hier sein zu dürfen, den Rest genieße ich so gut ich kann und mache das Beste aus allem.

Es ist nicht schlimm, nicht alles zu wissen. Du kannst im ersten Schritt immer vertrauen. Und dann hast du die Möglichkeit, dich laufend vom Leben schulen zu lassen. Du kannst dir für alle Bereiche Unterstützung holen. Aber vergiss eins nicht: Du musst innerlich und äußerlich lebendig sein. Du musst dich fühlen, du musst dich gut kennen, du musst immer ein bisschen mutiger sein als deine Angst.

Bei jedem Kapitel, das ich für dich geschrieben habe, gab ich einen Teil von mir preis. Glaub mir, ich habe zwischendurch immer riesige Angst gehabt, wie und ob meine Worte bei dir ankommen. Es ist sehr herausfordernd, sich zu öffnen und ich gehe damit ein Risiko ein, denn ich zeige mich verletzlich. Der Grund, warum du nun über mich genauso viel weißt wie meine beste Freundin, ist, dass du das Licht, das du bestenfalls zwischen den Zeilen gefunden hast, weiterträgst. Auch wenn niemand an dich glaubt – ich tue es. Bis du andere ermutigst und wir alle zusammen der lebende Beweis für mein Lieblingsmantra sind: »Sei mutig und dir gehört die Welt.«

Von Herzen

*Deine Lole*

# DEIN LIEBESBRIEF

Schreibe einen Liebesbrief an dich selbst! Wir alle sollten uns selbst viel mehr Liebe schenken. Nutze den Platz und formuliere liebevolle Worte an dich selbst. Hierher kannst du stets zurückkommen, wenn es dir nicht gut geht.

_____

_____

_____

_____

_____

_____

_____

_____

_____

_____

# MEINE EMPFEHLUNGEN UND TIPPS

**»Der Circle«**
von Dave Eggers, Kiepenheuer & Witsch 2014

**»Du darfst nicht alles glauben, was du denkst«**
von Kurt Krömer, Kiepenheuer & Witsch 2022

**»Gestatten, ich bin ein Arschloch«**
von Dr. med. Pablo Hagemeyer, Eden Books 2020

**»Was weiße Menschen nicht über Rassismus hören wollen, aber wissen sollten«**
von Alice Hasters, hanserblau 2019

**»The Secret – Das Geheimnis«**
von Rhonda Byrne, Arkana 2007

**»Jetzt! Die Kraft der Gegenwart«**
von Eckhart Tolle, Arkana 2010

**»Ikigai: Die japanische Lebenskunst«**
von Ken Mogi, DuMont 2018

**»Attached. Are you Anxious, Avoidant or Secure? How the science of adult attachment can help you find – and keep – love«**
von Amir Levine, Pan Macmillan 2019

**»Unsichtbare Frauen«**
von Caroline Criado-Perez, btb 2020

**»Kirmes im Kopf«**
von Angelina Boerger, Kiepenheuer & Witsch 2023

## ZUM ANSCHAUEN:
### DOKUMENTARFILME:

* ✳ The Social Dilemma

* ✳ Seaspiracy

* ✳ Cowspiracy

* ✳ What the Health

* ✳ Explained

* ✳ The Secret

* ✳ The Gamechangers

### BIOGRAPHIEN:

* ✳ Michelle Obama

* ✳ Beyoncé

* ✳ Taylor Swift

* ✳ J.Lo

* ✳ Lady Gaga

* ✳ Apache

✳ Beckham

✳ Robbie Williams

✳ Wim Hof

✳ Britney Spears

✳ Pink

**ZUM HÖREN MEINE SPOTIFY-PLAYLISTEN:**

Wer's entspannend möchte: **»Spirituality«** (von Lola Weippert)

Wer elektronisch beflügelt werden will: **»LOLA DROP«**

Wer im Auto alte Schinken voller Inbrunst mitgrölen will:
**»Mitsingen«** (von Lola Weippert)

**WEITERE ADRESSEN UND TIPPS:**

Persönlichkeitstest von Tobias Beck:
www.tobias-beck.com/persoenlichkeitstest/

Human Design Chart berechnen:
www.myhumandesign.com/get-your-chart/

# ENDNOTEN

1  Mein Tipp: Suche dir hierfür therapeutisches Fachpersonal und mache besser keinen Test im Internet.

2  Quelle: https://www.postbank.de/themenwelten/innovationen/so-lange-sind-jugendliche-online.html, zuletzt abgerufen am 26.03.2024

3  Quelle: https://www.as-courage.de/mobbing, zuletzt aufgerufen am 16.05.2024

4  Quelle: https://www.tk.de/presse/themen/praevention/medienkompetenz/cybermobbing-gemeinsam-klasse-sein-evaluationsbericht-2164990?tkcm=aaus, zuletzt aufgerufen am 16.05.2024

5  Quelle: DAK-Studie vom 28.04.2011, www.dak.de, zuletzt aufgerufen am 16.05.2024

6  Quelle: Destatis (Stat. Bundesamt) 2023, zuletzt aufgerufen am 16.05.2024

7  Quelle: Studie des Zentralinstituts für Seelische Gesundheit (ZI) in Mannheim im Auftrag der WEISSER RING Stiftung, https://weisser-ring-stiftung.de/projekte/studie-praevalenz-von-stalking-in-deutschland-ergebnisbericht, zuletzt abgerufen am 26.03.2024

8  Quelle: https://www.bmfsfj.de/bmfsfj/themen/gleichstellung/
frauen-vor-gewalt-schuetzen/haeusliche-gewalt/, zuletzt
abgerufen am 08.05.2024

9  Quelle: https://www.tagesschau.de/inland/gesellschaft/
femizide-101.html, zuletzt abgerufen am 08.05.2024

10  Quelle: https://www.bmfsfj.de/bmfsfj/aktuelles/presse/
pressemitteilungen/haeusliche-gewalt-im-jahr-2022-
opferzahl-um-8-5-prozent-gestiegen-dunkelfeld-wird-staerker-
ausgeleuchtet-228400, zuletzt abgerufen am 08.05.2024

11  Hinweis: Wenn du an Depressionen leidest oder an Selbst-
tötung denkst, hole dir bitte umgehend therapeutische oder
ärztliche Hilfe oder suche Unterstützung bei entsprechenden
Organisationen wie z. B. der Deutschen Depressionshilfe:
www.deutsche-depressionshilfe.de

12  Quelle: Repräsentative Online-Befragung im Jahr 2019 mit
7.349 Teilnehmenden im Alter zwischen 18 und 95 Jahren
realisiert im Auftrag von Campact e.V., durchgeführt vom
Meinungsforschungsinstitut YouGov und ausgewertet vom
Institut für Demokratie und Zivilgesellschaft (IDZ),
https://www.idz-jena.de/forschung/hass-im-netz-eine-
bundesweite-repraesentative-untersuchung-2019, zuletzt
abgerufen am 26.03.2024

13  Quelle: https://hateaid.org/ratgeber/#fragen, zuletzt
abgerufen am 26.03.2024

14  Du findest den Test auf folgender Seite: www.tobias-beck.com/
persoenlichkeitstest/, zuletzt abgerufen am 20.05.2024

*Sei mutig und dir gehört die Welt*

Druckprodukt mit finanziellem

**Klimabeitrag**

ClimatePartner.com/20273-2404-1013

MIX
Papier | Fördert
gute Waldnutzung
FSC
www.fsc.org FSC® C014496

1. Auflage

© 2024 Community Editions GmbH
Weyerstraße 88-90, 50676 Köln

Text: Lola Weippert
Vorwort S. 10–13: Stefanie Stahl
Foto Cover: Felix Rachor
Layout & Design: Vanessa Weuffel
Satz: Joachim Buhmann
Projektleitung: Johanna Bachmann
Redaktion: Christine Dohler
Lektorat: Waltraud Grill

Gesetzt aus der Didot Pro Bold von Linotype
und den Adobe-Fonts Bely Regular und Mixta Didone/Pro.

Gesamtherstellung: Community Editions GmbH

ISBN 978-3-96096-393-6

Druck: GGP Media GmbH, Karl-Marx-Str. 24, 07381 Pößneck
Printed in Germany

www.community-editions.de